该课题被全国教育科学规划办列为全国“十一五”规划课题（课题编号：GHB093212），被江苏省教育科学规划办列入省级“十二五”规划课题（课题编号D/2013/02/452）。

千古文章千古情

带学生读懂国学名篇背后的生命情怀

柳青 著

江蘇鳳凰教育出版社
Phoenix Education Publishing, Ltd

图书在版编目（CIP）数据

千古文章千古情：带学生读懂国学名篇背后的生命情怀
/柳青著. --南京：江苏凤凰教育出版社，2014.4
ISBN 978-7-5499-3885-8

Ⅰ.①千… Ⅱ.①柳… Ⅲ.① 国学-青年读物 ②国学-少年读物
Ⅳ.①Z126-49

中国版本图书馆CIP数据核字（2014）第041424号

书　　名 千古文章千古情——带学生读懂国学名篇背后的生命情怀
作　　者 柳　青
责任编辑 午新生　雷利军　万晓文
出版发行 凤凰出版传媒有限公司
江苏凤凰教育出版社（南京市湖南路1号A楼　邮编210009）
苏教网址 http://www.1088.com.cn
照　　排 北京星源工作室
印　　刷 九洲财鑫印刷有限公司
厂　　址 河北省三河市灵山大口
开　　本 787毫米×1092毫米 1/16
印　　张 14.25
字　　数 254千字
版　　次 2014年4月第1版　2014年4月第1次印刷
书　　号 ISBN 978-7-5499-3885-8
定　　价 29.00元
网店地址 http://jsfhjycbs.tmall.com
邮购电话 025-85406265，85400774 短信02585420909
E - mail jsep@vip.163.com
盗版举报 025-83658579

江苏省校本课程精品系列

校长寄语

周永良

地处江南福地的常熟，是一座美丽而富饶的江南小城，四季景色优美，气候宜人。在历史的长河中，南方夫子言子、两代帝师翁同龢、文坛奇才钱谦益……无数文学才俊，是常熟学界的骄傲，也成就了常熟厚重的文化底蕴。

创建于1924年的江苏省常熟市中学，是具有悠久历史的江南名校，是常熟市最早的公办学校，经过几代人的不懈努力，历经90年的风雨洗礼、励精图治，延续千年形成的久远而厚重的文化之脉，形成自己独特的办学风格。

学校以打造"现代化、高品位、有特色"的一流名校为目标，以"全面育人、全员育人、全程育人"为办学思想，90年来，向国家输送优秀毕业生4万余名，其中有北京大学原校长吴树青，中国科学院院士姚鑫、陆埮、吕达仁，中国工程院院士范滇元，中国社会科学院荣誉学部委员黄心川，以及遍布国内外的学者、专家、教授、博士生导师数百人。

文化是民族之魂，基础教育对弘扬中华民族优秀文化、民族精神和传统美德具有义不容辞的责任。学校秉承"诚敬"校训精神，弘扬"诚敬奠基人生"的理念，走文化发展之路。学校主课题、全国教育科学"十一五"规划课题《"文化浸润课程，学生综合发展"的创新研究》就是在此背景下展开的。在课题的引领下，学校着力打造七大"文化浸润"校本课程板块，目前已取得较为丰硕的成果。

作为新课程改革的产物，校本课程是学校教师按照一定的目标自主编制、实施和评价的课程，是为学生发展而设计的课程。开设这样一个弘扬传统文化的校本课程，不仅仅是校园文化建设的需求，更体现一种教学理念。我们打造的课程是贴近学生的课程，是充满意蕴的课程，是有文化气息的课程。我们追求的读书，是有意义的读书，是有趣味的读书，是有思辨的读书，是充满感悟的读书。

期盼更多的学生在《千古文章千古情》中悟出读书之道，感出文化之魅，期盼《千古文章千古情》对丰富校园文化起到促进作用。

目录

◎第二章　千姿百媚的魏晋辞藻

◎第四章　温柔敦厚的唐音古韵

◎第五章　纡徐舒缓的宋文复古

◎第七章　恣肆纵横的清代辞章

◎后　记

序　一

文学欣赏，以生命解读生命

邹贤敏

关于文学欣赏的书，坊间实在是不少了，乃至一看到此类书名，就会产生视觉疲劳，所以，当我看到《千古文章千古情》的书稿时，并没有立即打开，而是放了一段时间。给书写序，最怕书本身并无多少可赞之处而又非赞不可，还要赞得煞有介事，那是很让人纠结的。然而当我抱着完成任务的心态读完书稿，终于放下心来，因为这是一本有特色的书，提笔写点读后感还是有话可说的。

如果说文学是人类生命的表现，是作家对人生的体验和反思，那么文学欣赏就是人的一种独特的生命运动，是一种生命表现的肯定方式，是在创作者和欣赏者两个生命的交集中对人生的再体验和再反思。欣赏和创作一样，需要生命的投入，好的作品是作家的生命充盈其间的，好的欣赏者是善于把自己的生命融入并充盈于作品中的作家生命的。读了《千古文章千古情》，我不得不承认柳青是一位好的欣赏者，一位善于引导读者进入欣赏胜景的老师，她不从“作品评论”或“作品欣赏”的角度条分缕析作品的思想意义和艺术技巧，也不从史的发展角度看作品究竟比前代提供了多少新的元素，而是站在审美的立场，从个人对作品的具体感悟出发，以自己的心去感受、思索流淌在文本里面的灵魂颤栗的波纹，捕捉、发掘隐藏在文本背后的历史文化信息。她带领我们徜徉在古代散文的百花园，抛开烦琐的论证与简单的翻译，冲破功利化、技术化、应试化模式的禁锢，以一种新的视野关照那些真性情而又能超越时代的散文、政论、史论、传记、论说杂文和骈文辞赋，仰望历史的星空，低凝人生的沃土，游走于精神的宇宙，采撷美学的果实，她这种投入自己的生命解读作品的方式，对我们登上文学欣赏的堂奥颇有启发。

诗意的解读。柳青说："诗意的意象只能进行一些诗意的解读，如此，才能有独特的美学欣赏。"此言极是。她对《渔父》的欣赏堪称范例。在她眼里，把屈原仅仅看成一个悲剧的主角，把渔父仅仅看成消极遁世的孤芳自赏者，责备屈子对现实没有清醒的认识，不该让自己的思想禁锢于行将就木的楚国，责备渔父不理解屈原，眼睁睁看着他悲鸣而见死不救。这些解读都是非诗意非审美的，离作品中诗意的意象内涵相距太远。那么她是如何解读的呢？请看下面两段文字：

自沉汨罗的屈原是美的。他的坚韧与坚持是执著精神的典范。湘江之水如此冰凉，空廓蓝天如此黯淡，那个行吟江畔的诗人，那个形容枯槁、面容憔悴的诗人，那个上下求索的诗人，在他身后，留下了多少悠远的记忆？

吟啸烟霞的渔夫是美的。他的放浪形骸，他的空灵古朴，饱含悠远不尽的生活韵味。青山绿水之间，涟漪荡漾的水面上，那远去的船帆，那随风而去的歌声，那孤舟蓑笠的隐者，那一声清雅的歌声中，留下多少美丽的遐想？

她还以独特的美学想象，假想屈原追随渔父远去的背影，从此隐遁江湖，假想渔父带领屈原到了世外桃源，以抒发自己对屈子高贵灵魂的讴歌。"但是，我们依旧要在无奈中，一次次经受屈原自沉之后的灵魂煎熬。因为屈原的痛苦，是中国文人普遍的痛苦。屈原的宿命，是中国文人普遍的宿命。"最后，她将眼光射向整个古典文学的天空，揭示《渔父》中屈原形象的丰富美学意蕴在文学史上的诗意延续。

又如对《洛神赋》，柳青不愿受那些学究们所谓考据的影响，非要读成曹子建郁郁不得志的失意之作，非要考证出他与兄嫂之间的爱，非要争论什么洛神的原型是甄后，她认为如此思路皆是"妄谈"，要想领略这篇作品的无穷魅力，唯有诗意的解读一途，因为"《洛神赋》，是诗人一次心灵的旅游、思绪的放飞、真爱的追慕，是诗人对超凡事物的无限神往，是浪漫情怀的尽情挥洒。"

自在的解读。柳青解释，就是"不要带着时代的有色眼镜"，不从政治、历史、思想偏见出发，受世俗、流俗的左右，让这些外在的因素捆绑自己的身心，只有卸下种种思想感情的包袱，"我们方是释放了自己的身心，方是自在阅读，自在与古人对话”。比如，《与山巨源绝交书》最让读者难以理解的是，嵇康为何向不愿为伍者托付后事？山涛为何背负骂名却为嵇康养儿育女？历代阐释者都聚焦于山涛先事曹魏后投司马，“带着理学的惯性”对他颇有非议。可是在柳青看来，山涛其实并没有错，为曹魏效忠，那是因为可让他才情挥洒，为司马效忠，那是因为可让他安身立命，保全朋友亲人。他邀嵇康为官，并无亵渎之意，嵇康向他托孤，也证明了他的人品；而他为朋友养儿育女，当然也是出于对嵇康人品的无比敬重，惺惺相惜，品德使然。她认为，嵇康“不屑与山涛为伍，是因为不屑与司马为伍。他始终相信曹魏才是正宗”，然而，“何必一定要为曹魏效忠，曹魏难道不是刘家王朝的篡位者？何必一定要排斥司马王朝，司马王朝也只是将曹魏篡得的政权夺取而已。”这是问题的关键，诸多解释者正是在这里走入了误区。她认为，卸去了曹魏正统这个包袱，就能读懂《与山巨源绝交书》，读懂嵇康：

我读《与山巨源绝交书》，并不能真正读出酣畅淋漓之感。读出的是嵇康在历史转折时期无可奈何的凄凉，是嵇康在山林与朝堂之间忐忑不安的尴尬，是儿女不保、生命堪忧的惶恐。

但是，嵇康，毕竟又有着魏晋风骨、曹魏遗风。他不会真的让人明白内心的凄惶，不会让人看懂他外表潇洒而内心无奈，不会让人走进他的心灵世界而只是在外张望猜测。于是，我们读《与山巨源绝交书》，就读出了一份真潇洒，读出了一份真自在，读出了一份真性情。

历代不少文人因“终南捷径”的负累而误读《归去来兮辞》，将诗人解读成简单的隐逸者，当代有些论者则因教条式思维曲解苛求陶渊明，将桃源梦想看成诗人对现实的逃避，思想被外物禁锢，心灵随时风摇摆，当然自在不起来，也就理解不了追慕自然、向往自由的陶渊明。如有自在的心态，就能分辨出陶公前四次归隐，“实在是一种不得已而为之的无奈之举，人虽归隐，心难安适”，而最后一次他已看透那个社会，“似乎明白了自己真正需要的生活状态”，于是，“田园将芜胡不归”。如此，陶公内心深处的美学情愫才瓜熟蒂落地被揭示出来：“还是让自己在这个清醒的早晨，在这个晨曦微露的时刻，独自离开吧！去到田间，去到高岗，去到溪边，去吟啸，去放歌，去赋诗，去看风景，去郊游……让生命归于大化，让理想归于尘土，让心性自在起来。”这是两个自由心灵碰撞、对话、融合的结果。陶渊明地下有知，当引柳青为知己。

自见的解读。从司马迁的“论书策以舒其愤，思垂空文以自见”的治学之道，从王世贞《蔺相如完璧归赵论》的另类思维，柳青悟出：“读历史，读文典，不能只是看懂了，还要思考。”“在不疑处见疑，是一种智慧，是一种学问的积淀，更是一种精神。挑战经典，挑战常识，挑战共识，就是一种真正的勇士精神。”循此去实践，她果然从贾谊的处境与心境，从那些故作轻松超然的字里行间，读懂了他内心的无奈与挣扎，身心疲惫的感伤，怀才不遇的悲愤，前途未卜的惆怅，从而看出《鵩鸟赋》一定不是贾谊内心真的看懂生死、看透名利、看破红尘的心灵独白，只是他在自己最无奈最无助的时候的一种自我安慰。她从被誉为“至情之语、至真之文”的《陈情表》中读出了矫情，说此文不过是“深悟政治游戏，在乱世如何保全自己，如何求得生存的范例”。在她眼里，李商隐对李贺之死的思考——《李贺小传》中那段自问自答，“看似多余，实则痛苦，看似单纯，实则无奈，看似玩笑，实则心酸”。她怀疑欧阳修写《六一居士传》，“或许是为了表明，始终处于风口浪尖的四十年悲喜人生，只是一次精神的出轨，归家之后才是找回自我的开始”。方孝孺在“靖难之役”中表现出的绝然与坚定，在株连十族的惨剧面前表现的镇定与从容，历来被誉为士大夫坚守自己的操守与理想的楷模。而她敢于挑战共识，大胆质疑，认定“让无数无辜的生命牺牲在暴君的淫威下，直接的促成者是方孝孺”。出于对人性与生命的尊崇，她愤然直书：“面对七日七夜的屠杀，面对八百多鲜活的生命，我始终不能原谅方孝孺个人的坚持。他可以视死如归，但是，他不能让八百多人与他一起视死如归。方孝孺死后，青史留盛名。那么，那些孤魂呢？”如此不随流俗，何愁没有主见？所以，她读方孝孺的《指喻》，“读到的是根深蒂固的思想形成的原因，读到的是学究之气的浓重，读到的是为人师表的迂腐”。当然，自见的解读不一定全是标新立异，将已有之见发挥，并有所深化，有所升华，也是有价值的。柳青对侯方域的《李姬传》的解读即是一例。

以诗意、自在、自见三种不同的生命投入方式欣赏作品，其实颇多相通相融之处，只是欣赏者依据不同的欣赏文本而有所侧重罢了。它们最大的共同点在于，拒绝以当下的功利需求为目的去阐释作品，拒绝以标准答案去绑架欣赏者的思维和想象，因为那既糟蹋了千古名文，更异化了欣赏者自身。真正的文学欣赏是自由的、多元的、个性化的，它应该顺乎和培育人心中求真、向善、爱美的天性，应当激发和提升人们热爱生命，关注人生，滋养人格，救赎灵魂，并进而改变现实的欲求。《千古文章千古情》不是什么“欣赏宝典”“应试攻略”，我们从中看到的远不止如何欣赏文学作品的示范。她告诉我：所选的宣泄个人情感和关注社会民生的古典散文，对今天人们精神的空虚与贫乏有警示和启迪作用；采用这种解读方式是为了提高读者兴趣，使之更易接受，达到知人论世的目的。她说的不是大话空话，《千古文章千古情》的确为我们打开了中国古代知识分子的精神世界，他们的思想、情感、价值观、思维方式展露无遗，与他们对话，与解读他们的作者对话，会是一次心旷神怡、荡气回肠的文学之旅，一次反思自我、净化灵魂的精神之旅。这对于我们以现代眼光汲取中华文化的精粹，从根本上提高文学欣赏的能力是大有裨益的。

不过书稿中也有不足之处，有的篇幅写得过犹不及，情感与文字缺乏必要的节制；有的篇章对感悟的表达过于直露，有“越俎代庖”之嫌。另外有一个建议，就是全书偏重于历史文化、心理内涵的挖掘，对古代散文的艺术创造缺乏具体探究，如有机会修改，能否做一些弥补呢？或许作者的下一本书能满足我的这个愿望吧！从对苏辙《黄州快哉亭记》收放自如、大气脱俗这个艺术特色相当精确的把握来看，柳青是有这个能力的。

拉拉杂杂写了以上的话，对与不对，当与不当，请读者诸君作出自己的判断。

（邹贤敏：湖北大学博士生导师，中国资深美学家，文艺理论家，中学语文教学研究专家，曾任《中学语文》主编。）

序 二

穿越时空的灵魂

曹 旭

在21世纪的今天，文化的多元性多边呈现，一览无遗。尤其是网络媒体的普及，似乎成了“沉寂”的个性意识宣泄的最佳场所，“快餐式”的文学体裁充斥其间。毋庸置疑，文化意识流变相对“简单而模糊”，快节奏的文化疏导和灌溉方式缺乏一种厚重感，渲染表象世界的繁华和绚烂占据了精神领域。太多的人，淡漠了深度的思考，遗忘了生命本该具有的真实和寓意。这让我想起了狄更斯在《双城记》开篇语中的两句话：

这是一个最好的时代！

这是一个最坏的时代！

近日，寓居江南的柳青女士给我发来《千古文章千古情》一书样稿，邀我为其作序，不胜欣然却又惶恐。与君相识多年，对其文风、意识思维、写作手法相对了解和熟悉。但是，系统而全面地阅读这本对千百年华夏文库精髓的篇章的解读，可以说用“震撼”一词也不为过。这种震撼源自作者浓郁的华夏文化情结，震撼于作者凝重的灵魂在脉脉文化长河穿越中理性而厚重的思考，震撼于作者蛰伏于喧嚣尘世中的那氤氲的艺术气和书卷气。

全书50篇文章，从诸子横议的先秦古风，到雄文如林的汉代骚赋；从千姿百媚的魏晋辞藻，到温柔敦厚的唐音古韵；从迂徐舒缓的宋文复古，到独抒性灵的明代遗风，再到恣肆纵横的清代辞章，几乎囊括了华夏数千年文化精髓的标杆，作者对这些传承千百年的思想、社会、人文、政治文化的经典之作进行了独到的、系统的、精辟的解析和评述。最难能可贵的是，在解析这些经典之作的同时，灌注的是作者自我意识漫步和穿梭中凝聚的深厚思想和个性思维。

任何传世的经典之作都相对具有时代的局限性，在感性的文学领域中我们更需要理性的哲学思考，“留其精华、去其糟粕”其真实含义和目的在于孕育崭新的思维观点和观念。这点，柳青女士很敏锐地感触到了，在所有文章的字里行间都在渗透这一思想。这是一种理性的写作，是一种超然中寻求进取的痴情和执著。她领悟到了自身作为一位教书育人的教师，应该用何种方式将华夏文化精髓传播和弘扬，深度地明晰了传承的方式和含义。

我们经常告诫自己“勿读死书”，意思是告诫自己不要被那些经典桎梏，不要被大师深邃睿智的思想所囚禁。鉴赏与借鉴，目的是产生新的论点和观念。那些能够传承千古的文化理念，是大师们毕生思维精血的浓聚，后人所要做的，是在前人基础上的传承和超越，是创新。时代在变迁，时光的车轮在不停歇地前进，我们沉浸和沐浴在那些惊世骇俗的文化园林中汲取养分以充实匮乏的意识领域，更重要的是超越自我，为人类文明的发展肩负更多的担纲。我想，这才是传承的终极意义。

以尖锐和激进而著称的结构主义大师德里达先生曾说过一句话：“我梦想如一个女人那样的写作。”女性写作，在某种意义上会给人更真实、更感性、更本真的感觉，尤其在精神领域，会给人更洁净的感触。读其文，感其人，我以为，柳青女士是一个寓居江南、真正身袭江南气质的女子。

表层上，江南文化精致而奢侈、隐逸而桀骜。小桥流水、雕梁画栋、古镇园林、吴侬软语、才子佳人等词汇形成了一个个画面，汇聚的是婉约、流苏、怀古、伤感以及纤细等隐约心事，快意山林、寻幽探胜、欢宴交游已成为中国人说起江南时的直觉反应。一些学者认为，在明清两代，江南文化其实代表了中国传统文化和社会形态的巅峰状态。只是随着历史的变迁，人们似乎无法找到曾经的隐逸与桀骜的融合点，缺少悲壮凄美的血色落日，缺乏荡气回肠的铁马金戈，更缺少剑指江湖的英雄豪气。这也导致近代一些学者哀叹江南文化的“陨落”。

于是我在思索，作为一个江南女子，在《千古文章千古情》这一本书中，她的写作方向、写作范围、创作文风、创作手法，饱含豪迈的精神、浪漫的气质、庄重的格调、独到的视觉，让我们时时感到一种“风骨”的存在。“风”说的是文章的内在之气，充沛清峻的情感之气，深沉坚定的豪迈之气。而“骨”说的是坚实遒劲、骨鲠有力的言辞，她摒弃了呻吟和哀怨，让大气和豪迈的笔锋贯穿古今，用理性的思考、理性的解析、理性的评述为我们展开了一场历史精髓文化的盛宴。更重要的是，她用个性意识的新视角完成了古今文化之旅的漫步和穿梭，用理性而浪漫的姿态完成了一次“诗意”的抵达，用自我的灵魂唤起古老精髓文化的又一次复苏，为华夏文库的光辉点燃了一盏智慧的心灯。

中国是一个多民族国家，五千年的文化历史长河滋养了我们这个多风多雨的民族，无数次的千锤百炼让我们这个民族浴火重生、凤凰涅槃。文化的传承，与一个民族消亡还是强盛息息相关。我们需要睿智而理性的思考，需要无数个性思维汇聚后浓缩的远瞻理念，这是一个文者的责任，也一个文者首当其冲的责任和担当。

你能够驾驭文字，就等于你有了一双飞翔的翅膀，拥有感知而感悟的灵魂。千古文章千古情，多少尘烟尽怀中。思索之路是一条深远的探寻之路，意味着一种执著、一种坚持和一种信念，让你在生命的路上永不寂寞！

（曹旭：笔名南山逸风，自由作家，诗人，天津作协会员，《峨眉印象》杂志主编，以诗歌、散文、杂文、评论见长，文章散见于各大报章杂志。）

自　序

古典散文的深情

柳　青

喜欢古典散文的情韵，就如同喜欢蓝天白云的脱俗，高山森林的神秘，小桥流水的温婉，江南水乡的古朴，大漠黄沙的浩瀚，草原大海的深广。是的，古典散文，具有如此种种的艺术魅力，令我无数次地神魂颠倒，无数次地陷入痴迷神往的状态。当我们的心灵真的开始与诗文共起舞，当我们的心灵漫步古典的文化长廊，当我们的身心沉入灿烂辉煌的古典文明，突然之间，我们完成了凤凰涅磐。

神往着可以生活于宋玉的时代，那么，就可以欣赏宋玉衣袖飘飘、峨冠博带行走在皇宫中的风姿神韵，亲自问问他登徒子果真好色乎？

幻想着可以生活于司马相如的时代，亲自看看卓文君锦绣才华、倾国倾城，亲耳听听司马相如的《凤求凰》，亲眼看看大家闺秀当街沽酒的姿态。

梦想着可以生活于赵壹的时代，看他将笔锋直指腐朽社会核心的胆略，一起高谈政治风云的变幻无穷。

希望着可以生活于曹植的时代，可以一睹他的风姿神韵，一起唱和，一起饮酒，一起畅游虚幻之境，共赴一次美好的约会。

期盼着可以生活于陶渊明的时代，可以与他一起悠游庐山南麓，东篱把酒，相约黄昏，云游桃源。

……

我并不能令自己脱离如今浮躁喧嚣的都市，也不能令自己逃离纷争的世事。我无法选择自己出生于远古的文明时代。但是，可以在某一个宁静的夜晚，在某一个不想外出的周末，让心灵放松，让思绪纷飞，让生活充实点，让视野开阔点，让情感丰满点。

在灿若星辰的古典情韵中，穿越时空，与古典对话，走入他们的生活空间，走入他们的文学视野，走入他们的情感世界。这是世外桃源般的生活方式，这种令心灵自适的生活模式，是我们内心梦寐以求的生活方式。

翻开古典散文，呈现在我们眼前的，是一篇篇灿烂的文化标志，是一场场精彩的文化盛宴，是一次次厚重的文化之旅。

从先秦的古风古韵，到两汉辞赋的蔚为大观，到魏晋风骨的遗风流俗，到唐宋文人的英姿勃发，到明清文人的社会担当，做一次这样的文化之旅，是一件幸福的事情。当我们能够沉下心来，沉入作品中，突然之间，我们发现自己开始丰盈起来，开始不是那么的浮躁了，开始可以关注我们心灵的需求而不单是肉体的享受了。

是的，在这里，我试图通过他们人生中最精彩的故事走进他们最经典的作品，通过他们最经典的作品走进他们最丰盈的心灵世界，用最美的语言阐释他们的悲欢离合，用最真的深情演绎他们最难忘的人生之旅，用最放松的姿态走入古典的神圣殿堂，去倾听，去触摸，去寻觅，去追寻，去玩味。穿越时空，与先贤对话，与经典对话，与古韵古风共舞，与远古情怀共鸣。

第一章 诸子横溢的先秦古风

烟波浩渺间，那远去的孤魂

——《渔父》屈原

渔　父

屈原既放，游于江潭，行吟泽畔，颜色憔悴，形容枯槁。渔父见而问之曰：“子非三闾大夫欤？何故至于斯？”屈原曰：“举世皆浊我独清，众人皆醉我独醒，是以见放。”

渔父曰：“圣人不凝滞于物，而能与世推移。世人皆浊，何不淈其泥而扬其波？众人皆醉，何不馆其糟而歠其醨？何故深思高举，自令放为？”

屈原曰：“吾闻之，新沐者必弹冠，新浴者必振衣。安能以身之察察，受物之汶汶者乎？宁赴湘流，葬於江鱼之腹中，安能以皓皓之白，而蒙世俗之尘埃乎！”

渔父莞尔而笑，鼓枻而去，乃歌曰：“沧浪之水清兮，可以濯吾缨；沧浪之水浊兮，可以濯吾足。”遂去，不复与言。

千百次的阅读，依旧难以从屈原与渔父的对话中跳出来，做一些更为理性的思考，无法理性地分析那个孤独徘徊在湘江之滨的行吟者。我总固执地以为，诗意的意象只能进行诗意的解读，如此才能有独特的美学欣赏。我不想将自沉的屈原仅仅看成一个悲剧的主角，也不想将摇橹而去的渔父仅仅看成消极遁世的孤芳自赏者。

怎么可以告诉不为瓦全、宁为玉碎的行吟者：应该对现实有清醒的认识，而不应该让你那如水的才华湮没于波涛之中，不应该让你的思想禁锢于行将就木的楚国。我无法面对这样高贵的灵魂，说出那些最世俗的话语。怎么可以告诉高蹈遁世、吟啸烟霞的渔父：你为什么不能多理解一点我们悲鸣的诗人？为什么不陪他一起流泪、一起呻吟，却独自放歌？怎么可以让一个孤独的灵魂就这么消散了、远去了，而见死不救？

自沉汨罗的屈原是美的。他的坚韧与坚持，是执著精神的典范。湘江之水如此冰凉，空廓蓝天如此黯淡，那个行吟江畔的诗人，那个形容枯槁、面容憔悴的诗人，那个上下求索的诗人，在他身后，留下了多少悠远的记忆？吟啸烟霞的渔父是美的。他的放浪形骸，他的空灵古朴，饱含悠远不尽的生活韵味。青山绿水之间，涟漪荡漾的水面上，那远去的船帆，那随风而去的歌声，那孤舟蓑笠的隐者，那一声清雅的歌声中，留下多少美丽的遐想？

我愿意假设，屈原追随渔父远去的背影从此隐遁江湖。世上虽然少了端午佳话，但是，我们一定可以读到更多优美的诗词。我们在开讲中国古典文学之初，就不用那么悲伤地一次次想起那个痛苦的背影。

我愿意假设，渔父携手屈原消失于江波之上，远处飘来“沧浪之水清兮，可以濯吾缨；沧浪之水浊兮，可以濯吾足”的和鸣。多么愿意听到屈原顿悟之后的开怀，多么希望在烟波之上、山峰之巅、田园之畔，奏响高山流水的清音。

但是，我们依旧要在无奈中，一次次经受屈原自沉之后的灵魂煎熬。因为，屈原的痛苦，是中国文人普遍的痛苦；屈原的宿命，是中国文人普遍的宿命。屈原首先是一个文学家，而不是政治家，以文学家的自尊与自重来谈论政治的阴谋与阳谋，不管过程如何，注定都是悲剧。我们古典文学之中有着太多这样的情结，这是中国文学一道独特的风景，也是中国文人无法逃离的梦魇。

几千年的文学史，让我们看到太多的游离在政治历史之外的孤魂，那些孤苦的灵魂一直徘徊在古典文学的天空，使我们的千年文学有着无穷的魅力，使我们诗文之中的古典情韵源远流长。

屈原小像

一段被公认的冤案

——《登徒子好色赋》宋玉

登徒子好色赋

大夫登徒子侍于楚王，短宋玉曰："玉为人体貌闲丽，口多微辞，又性好色。愿王勿与出入后宫。"王以登徒子之言问宋玉。玉曰："体貌闲丽，所受于天也；口多微辞，所学于师也；至于好色，臣无有也。"王曰："子不好色，亦有说乎？有说则止，无说则退。"

玉曰："天下之佳人莫若楚国，楚国之丽者莫若臣里，臣里之美者莫若臣东家之子。东家之子，增之一分则太长，减之一分则太短，著粉则太白，施朱则太赤。眉如翠羽，肌如白雪，腰如束素，齿如含贝。嫣然一笑，惑阳城，迷下蔡。然此女登墙窥臣三年，至今未许也。登徒子则不然。其妻蓬头挛耳，龋唇历齿，旁行踽偻，又疥且痔。登徒子悦之，使有五子。王孰察之，谁为好色者矣。"

是时秦章华大夫在侧，因进而称曰："今夫宋玉盛称邻之女，以为美色愚乱之邪，臣自以为守德，谓不如彼矣。且夫南楚穷巷之妾，焉足为大王言乎？若臣之陋，目所曾睹者，未敢云也。"王曰："试为寡人说之。"

大夫曰："唯唯。臣少曾远游，周览九土，足历五都。出咸阳、熙邯郸，从容郑卫溱洧之间。是时向春之末，迎夏之阳，鸧鹒喈喈，群女出桑。此郊之姝，华色含光，体美容冶，不待饰装。臣观其丽者，因称诗曰：遵大路兮揽子祛。赠以芳华辞甚妙。于是处子恍若有望而不来，忽若有来而不见。意密体疏，俯仰异观；含喜微笑，窃视流眄。复称诗曰：'寤春风兮发鲜荣，絜斋俟兮惠音声，赠我如此兮不如无生。'因迁延而辞避。盖徒以微辞相感动，精神相依凭，目欲其颜，心顾其义，扬诗守礼，终不过差。故足称也。”

于是楚王称善，宋玉遂不退。

或许真的是天妒奇才，四大美女西施、貂蝉、王昭君、杨玉环，命途坎坷，红颜薄命。四大美男潘安、宋玉、兰陵王、卫玠，英年早逝，郁郁寡欢。无一善终。

宋玉貌美之说流传千古，无从考证。宋玉才高与屈原媲美同样流传千古，以诗为证。我们无从知晓，如此俊美又如此多才的美男子行走宫廷会有什么样的结局？想必当年衣袖飘飘、峨冠博带、健步如飞走下宫廷台阶时的那种潇洒，定然引来无数钦慕的目光与追随的脚步。

那个登徒子，被冠于轻浮孟浪、浪荡公子的代名词，不知道始于何时？或许就因为宋玉有很强的号召力，他说的话当即就被奉为圣旨了吧。人们就不再关心登徒子只是一个官职的名称。这位能与宋玉在朝堂辩论的登徒子，据说是一个叫唐勒的人。唐勒何许人已无从考证，只是在《史记》中有一段记载：“屈原即死之后，楚有宋玉、唐勒、景差之徒者，皆好辞而以赋见称；然皆祖屈原之从容辞令，终莫敢直谏。”后人因为这一段记载而对宋玉微词颇多，认为当屈原以死力谏顷襄王不要相信秦国将公主下嫁给他而长跪城门之外的时候，宋玉一句话也不说。最终，秦王的军队长驱直入，进入楚国都城，屈原无路可走，投水自尽。许多时候，历史的真相只是一个难以言说的谜语。这样的传说，让喜欢屈原的人对宋玉意见很大。即使如此，也无法改变宋玉身为才子美男的巨大号召力。

宋玉说登徒子好色，后人就跟着说他真的好色。试想当年，宫中传出了一个谣言，说有一个登徒子很好色。有人会问，他怎么好色呢？没有人知道。这时，有人开始一本正经地说：因为这话是宋玉说的。听的人就很相信了，特别是长舌妇们，她们几乎全是宋玉的超级粉丝，虽然她们中的很多人其实并没见过这个被传说的美男到底如何俊美。

好色，其实并不是罪过。男人好色，女人也好色。所谓好色，就是喜欢美丽的颜色。我们看见美丽的女子，看见俊美的男子，就如同欣赏一朵花、一幅美景，不必讳言。若说登徒子好色，实在是冤枉，因为他的妻子并非佳人，更不是绝色，只是寻常百姓过日子的糟糠之妻。

两个大臣，在君王面前大谈美色，是否有失身份呢？不然。因为，顷襄王不仅好色，而且荒淫。“群臣相女石以功，谄谀用事。良臣斥疏，百姓心离，城池不修”。鄢之战，当白起引西山长谷水，水溃城东北角，“百姓随水流，死于城东者数十万”。面对这样的君王，才高八斗又如何？

从古至今，谏议大夫聪明如魏征者寥寥无几，自古帝王纳谏如唐太宗者更是寥寥。魏征关于良臣与忠臣的评论精辟之至。所谓良臣，是能给君主提好建议且被君主采纳，而身得美名，与君共享富贵，流誉青史的大臣。所谓忠臣，虽能给君主提好建议并敢于规劝君主，对君主忠心耿耿，但终被君主杀戮，国家灭亡，只落个忠臣的空名。只有明君才会造就名臣，魏征再聪明，若碰到顷襄王又奈何？

“摇落深知宋玉悲，风流儒雅亦吾师。”杜甫一定是读懂了《登徒子好色赋》，否则，如何以宋玉为师，如何感知宋玉内心的伤悲，如何钦慕宋玉的儒雅？

“何事荆台百万家，唯教宋玉擅才华？”李商隐也一定是懂宋玉的，亦或也懂得登徒子唐勒，否则，何苦发此千古一问？凭借李商隐的高才，怎会甘拜下风？

“增之一分则太长，减之一分则太短，著粉则太白，施朱则太赤。眉如翠羽，肌如白雪，腰如束素，齿如含贝。”东邻之子之美，在于适度，在于圣洁，在于完美无缺。这样的女子对他痴心三年，顾盼流连，宋玉却始终不为所动？宋玉只是为了说明自己不好色。而荒淫的顷襄王一定对这样的女子垂涎三尺了。后文没有交代，看来这个故事是杜撰的了。后人又根据这个杜撰的故事推演出宋玉俊美无比，看来也是不可靠的了。可靠的是，宋玉很会欣赏美女。在宋玉眼中，登徒子对女子没有审美的要求。此时，我很好奇，登徒子是否很猥琐呢？但是又想，能够出入朝堂的大臣，想必不会长得有碍观瞻，因为人往往是才华与气质对等的。登徒子是爱女子而不是爱女色，宋玉是矫情而故弄玄虚，章华大夫是好色而节制守德。

发乎情止乎礼，如此好色乃是君子所为吧？女子美艳以适度为当，否则难免沦为妖艳。君王宠幸嫔妃也当如此吧！只是不知道，顷襄王是否听懂了这一番宏论，或许只知道回味那个东邻之子的美色也未可知。

第二章 雄文如林的汉代骚赋

死亡之鸟泄漏的天机

——《鵩鸟赋（并序）》贾谊

鵩　鸟　赋（并序）

谊为长沙王傅，三年，有鵩飞入谊舍。鵩似鸮，不祥鸟也。谊即以谪居长沙，长沙卑湿，以为寿不得长，乃为赋以自广也。其辞曰：

单阏之岁兮，四月孟夏，庚子日斜兮，鵩集予舍。止于坐隅兮，貌甚闲暇。异物来萃兮，私怪其故。发书占之兮，谶言其度，曰："野鸟入室兮，主人将去。"请问于鵩兮："予去何之？吉乎告我，凶言其灾。淹速之度兮，语予其期。"鵩乃叹息，举首奋翼；口不能言，请对以臆：

"万物变化兮，固无休息。斡流而迁兮，或推而还。形气转续兮，变化而嬗。沕穆无穷兮，胡可胜言！祸兮福所依，福兮祸所伏；忧喜聚门兮，吉凶同域。彼吴强大兮，夫差以败；越栖会稽兮，勾践霸世。斯游遂成兮，卒被五刑；傅说胥靡兮，乃相武丁。夫祸之与福兮，何异纠纆；命不可说兮，孰知其极！水激则旱兮，矢激则远；万物回薄兮，振荡相转。云蒸雨降兮，纠错相纷；大钧播物兮，坱圠无垠。天不可预虑兮，道不可预谋；迟速有命兮，焉识其时。

且夫天地为炉兮，造化为工；阴阳为炭兮，万物为铜。合散消息兮，安有常则？千变万化兮，未始有极，忽然为人兮，何足控抟；化为异物兮，又何足患！小智自私兮，贱彼贵我；达人大观兮，物无不可。贪夫殉财兮，烈士殉名。夸者死权兮，品庶每生。怵迫之徒兮，或趋西东；大人不曲兮，意变齐同。愚士系俗兮，窘若囚拘；至人遗物兮，独与道俱。众人惑惑兮，好恶积亿；真人恬漠兮，独与道息。释智遗形兮，超然自丧；寥廓忽荒兮，与道翱翔。乘流则逝兮，得坻则止；纵躯委命兮，不私与己。其生兮若浮，其死兮若休；澹乎若深渊之静，泛乎若不系之舟。不以生故自宝兮，养空而浮；德人无累兮，知命不忧。细故蒂芥兮，何足以疑！”

无论是《过秦论》还是《治安策》，只看一篇，就足见贾谊出色的政治才华。无论是《吊屈原赋》还是《鹏鸟赋》，只是一篇，也足见贾谊斐然的文采。

贾谊，18岁已经扬名，20岁被文帝看重，21岁贵为太中大夫，可谓顺风顺水。可是，太顺利的仕途是一定会招致猜忌与排挤的。23岁被贬，为长沙王太傅。后被召回长安，为梁怀王太傅。梁怀王坠马而死，贾谊深自歉疚，33岁抑郁而终。所以，读《鹏鸟赋》，读到最后，只觉得满纸辛酸、满纸泪痕、满纸伤情。

中国文人既是幸运的，又是不幸的。不幸的是，官本位思想使得文人总是于王朝的夹缝之中艰难呼吸；幸运的是，不管得意还是失意总可以找到精神寄托。或许，这正是中国文人特别在乎自己操守的原因吧！人读《鹏鸟赋》，以为此时的贾谊已经心静如水。我读此文，深信《鹏鸟赋》一定不是贾谊真的看懂生死、看透名利、看破尘世的心灵独白，只是在最失意、最无奈、最无助时的自我安慰。据记载，《鹏鸟赋》是在贾谊被贬长沙三年后所写，此时贾谊应该26岁。这一时期的贾谊，不可能真正放得下曾经有过的辉煌与成就。只是因为人生无常，前后落差太大一时难以接受，只有寄情于诗赋，寄情于与鹏鸟的一次对话。此时的贾谊是孤独的，而这样的孤独无人可以诉说，只能与鸟对话。

中国哲学的源头来自《易经》。《易经》被历代文人推崇为经典的根本原因，是它试图解说人生之谜，试图告诉人们在穷途末路的时候不要抱怨，在命运多舛的时候不要哀叹，在生死难料的时候不要恐慌，因为一切皆为天意，一切皆有定数，一切都是因果。

当那不速之客突然降临的时候，我分明感觉到自己末日的来临。当它悠闲地在落日的余晖中漫步于屋檐的时候，我分明感觉到它向我启示人生箴言。当它深深叹息继而昂首高飞，不留半点言辞的时候，我分明读懂了那些无需用语言表达的深意。我透过《易经》，听懂了鹏鸟转身离去时的暗语，看懂了它漫步屋檐之时

贾谊小像

的悠闲，了然它深深叹息之时的独白。世俗之人妄想上天启示自己生死之命、吉凶之兆，其实，天机岂可泄露？妄加猜测只是愚笨之举。

中国哲学从来不将是与非分辨得清清楚楚，不会将祸与福分辨得明明白白，也不会将生死的界限界定得泾渭分明，相生相息、相存相依的关系才是中国哲学中永恒的命题。关照历史，几乎是偶然性构筑了巍巍大厦，没有什么是必然的，没有什么是可以确定的，一切皆是反复无常，一切皆是变化万端。

你看，当年夫差多么骄横，多么意气风发，令越王勾践为他牵马，做他最忠诚的奴仆，供他任意驱使。越王勾践多么卑微，蜗居于会稽山方寸之地，向吴国称臣。可世事真是难料啊，人生逆转真是很有戏剧性，夫差最终畏罪自杀，勾践最终称霸天下。叹乎？

你看，那个不甘寂寞的李斯，周游列国，终为秦重用，协助始皇，一统天下，贵为丞相，统一文字，统一度量衡，何等威风，何等尊贵，最终却是聪明反被聪明误，为赵高所忌，腰斩于市，夷灭三族。真可谓，世事难以预测，祸福真是相辅相成。想当初，出人头地的时候，何曾想到有朝一日会祸及家人。悲乎？

你看，那名不见经传的傅说，从一个筑墙之奴隶而成为殷商中兴的重臣，青史留名，被后代无数文人士子奉为楷模与圣人。或许，这种命运的转折来自那位胸怀远大、励精图治的商王武丁，才使得傅说有机会辅佐武丁安邦治国，开创“武丁中兴”的辉煌盛世。谁曾想，随时会掩埋于荒草间的一介平民，却因为一个偶然的机会结识商王武丁，从而成就了一个良臣，也成就了一代明主。羡乎？

天道岂可预见，人生岂可预测。一切只可顺应自然，一切只可听天由命，就如同那云朵积聚天要下雨，如同那激流不会停止，如同那飞矢只会射向远方，天道深远精妙无从探究，不如顺应万物，在齐同万物、泯灭生死之中逍遥自适。

人的生命本就是一个极为偶然的产物。没有生何来死，没有死何来生，生生死死本就只是不同的存在形式而已，不明白世人为何要将那一段以生的形式存在

简介

▷ 贾谊：西汉初年著名的政论家、文学家。18岁即有才名，20余岁被文帝召为博士，不到一年被破格提为太中大夫；在23岁时，因遭群臣忌恨，被贬为长沙王的太傅；后被召回长安，为梁怀王太傅。梁怀王坠马而死后，贾谊深自歉疚，直至33岁忧伤而死。其著作主要有散文和辞赋两类，散文有《过秦论》《论积贮疏》《陈政事疏》等；辞赋以《吊屈原赋》《鹏鸟赋》最著名。

的状态看得如此重要，不明白世人为何要将那些身外之物看得如此珍贵。

那些浅陋之人，多么看重自己，眼中心中看到的只是“我”，他们不明白通达明理者是将自己与万物融为一体从而达到永恒。那些贪财之人为财富而累，贪权之人为权势而牵，贪名之人为虚名而死。他们怎会明白，道德高尚者遗弃外物，与自然大道同行而身心自由。他们怎会明白，看透天地之道者，超然自适独与天地精神相往来的自在与自由。

活着，恬淡安然，去除好恶之心；死亡，亦坦然面对。在众人眼中的不祥之鸟、死亡之鸟，在泯灭生死的人眼中，不过是上天对将死之人的一次特别眷顾，将天机泄露于自己，好让自己在生命的最后时刻做一次反思、一次思考。

当我们真正明白了贾谊此时的处境与心境，就不难从那些故作轻松超然的字里行间，读懂贾谊内心的无奈与挣扎，身心疲惫的感伤，怀才不遇的悲愤，前途未卜的惆怅。

最是痴情怨妇心

——《长门赋》司马相如

长 门 赋

夫何一佳人兮，步逍遥以自虞。魂逾佚而不反兮，形枯槁而独居。言我朝往而暮来兮，饮食乐而忘人。心慊移而不省故兮，交得意而相亲。

伊予志之慢愚兮，怀贞悫之欢心。愿赐问而自进兮，得尚君之玉音。奉虚言而望诚兮，期城南之离宫。修薄具而自设兮，君曾不肯乎幸临。廓独潜而专精兮，天漂漂而疾风。登兰台而遥望兮，神怳怳而外淫。浮云郁而四塞兮，天窈窈而昼阴。雷殷殷而响起兮，声象君之车音。飘风回而起闺兮，举帷幄之襜襜。桂树交而相纷兮，芳酷烈之訚訚。孔雀集而相存兮，玄猿啸而长吟。翡翠胁翼而来萃兮，鸾凤翔而北南。

心凭噫而不舒兮，邪气壮而攻中。下兰台而周览兮，步从容于深宫。正殿块以造天兮，郁并起而穹崇。间徙倚于东厢兮，观夫靡靡而无穷。挤玉户以撼金铺兮，声噌吰而似钟音。

刻木兰以为榱兮，饰文杏以为梁。罗丰茸之游树兮，离楼梧而相撑。施瑰木之欂栌兮，委参差以槺梁。时仿佛以物类兮，象积石之将将。五色炫以相曜兮，烂耀耀而成光。致错石之瓴甓兮，象玳瑁之文章。张罗绮之幔帷兮，垂楚组之连纲。

抚柱楣以从容兮，览曲台之央央。白鹤噭以哀号兮，孤雌跱于枯杨。日黄昏而望绝兮，怅独托于空堂。悬明月以自照兮，徂清夜于洞房。援雅琴以变调兮，奏愁思之不可长。案流徵以却转兮，声幼妙而复扬。贯历览其中操兮，意慷慨而自昂。左右悲而垂泪兮，涕流离而从横。舒息悒而增欷兮，蹝履起而彷徨。揄长袂以自翳兮，数昔日之諐殃。无面目之可显兮，遂颓思而就床。抟芬若以为枕兮，席荃兰而茝香。

忽寝寐而梦想兮，魄若君之在旁。惕寤觉而无见兮，魂迋迋若有亡。众鸡鸣而愁予兮，起视月之精光。观众星之行列兮，毕昴出于东方。望中庭之蔼蔼兮，若季秋之降霜。夜曼曼其若岁兮，怀郁郁其不可再更。澹偃蹇而待曙兮，荒亭亭而复明。妾人窃自悲兮，究年岁而不敢忘。

一曲《长门赋》，引出无数佳话传说。据说，失宠的陈皇后，因难耐冷宫寂寞，重金聘请当朝最善辞赋的司马相如作此曲，以重新引得武帝恩宠。据说，司马相如因为不识抬举，大胆向武帝进言而被逐出朝堂，借助失宠宫女的口吻抒写胸中郁闷不平之气。据说，司马相如晚年得志，生活优越，遂有淫逸之心，忘却当年卓文君抛却富贵、携手山野之情，卓文君于是愤而成文。

曾经也柔情似水，曾经也海誓山盟，曾经也如胶似漆，只是，这些早已经随风而逝。纵然轻舞飞扬，也只是自娱自乐，魂牵梦绕亦是徒然。

卓文君图

容颜憔悴，形容枯槁，幽怨独居，无人怜惜。那些誓言还在耳边回响，却已听新人欢笑。曾说要朝朝暮暮携手相守，如今，却已时过境迁，恍如隔世，如沧海桑田。

最是痴情怨妇心，为君消得人憔悴，依旧无怨无悔，依旧期盼走远的郎君回心转意。最是难解少妇意，以为日夜守望就可以云开日出，以为痴心不改就可以换回当年的恩爱之情。最是可怜女儿情，依旧相信那些誓言不会真的那么快就消失，不愿相信曾经的欢会蜜意就这么烟消云散，依旧固执地洒扫庭院，整理床铺，期待郎君归来。

翘首以待，在寒夜萧瑟的每一个傍晚，在风霜侵袭的每一个早晨，在清冷静默的走廊，在四野茫茫的兰台，遥望郎君，期盼相会。远处，雷声阵阵，那是君王车马的蹄声吧？寒风吹拂，那是君王撩起我低垂的帷幔吧？渺渺飘香，是哪个佳人房间飘出的芳香？孔雀翩跹起舞，是哪里的绝世佳人纷纷降临？宫闱之中，美女如云，朝堂之上，进贡如潮，君王怎么会想起当年的一时兴起？长猿哀鸣，那是我悲鸣之音；翡翠折翅，该是我退隐的时候了。君王此时怎么会想起，还有一个独自伤悲、独自奢望的女子？还是让我回到山野，回到山林，与凤凰为伍。或许，还可相伴苦度余生。

简介

▷ 司马相如：字长卿，西汉盛世汉武帝时期的文学家、政治家。工辞赋，其代表作品为《子虚赋》。作品词藻富丽，结构宏大，使他成为汉赋的代表作家，后人称之为“赋圣”和“辞宗”。

明知无望却总是不到黄河心不死，甚至到了黄河也不改初衷，这就是痴心痴情啊！深宫寂寞，又兼冷宫。登上兰台，遥望撵车；走下兰台，四顾茫茫。

想当初：亦曾长袖飘舞，亦曾金楼倚翠，亦曾呼风唤雨。那些亭台楼阁，那些雕栏玉砌，那些莺歌燕舞，那些参天殿宇，只是属于独享恩宠的自己。以美玉为门户，以宝石为砖瓦，以玳瑁为纹饰，以黄金为宫殿。金屋藏娇娃，何时何人有此恩宠？奢华的浮雕，华美的服饰，耀眼的光芒，芬芳的鲜花，与美艳绝伦的佳人多么相配。

那时候，何曾知落寞之感？何曾知人去楼空之苦？何曾料一朝失宠独伤怀？夜夜笙歌的日子该是一去不复返了吧？

心中不平，是不愿死心啊，是不甘寂寞啊，多么期盼昔日光景重现，哪怕只是一刹那的抚慰也好啊！

手抚玉柱，思绪万千。只有孤高失群的白鹤懂得我此时的孤寂而声声哀鸣，只有栖于枯杨的孤雁懂得我内心的伤悲而久久徘徊，只有空中孤悬的明月懂得我长夜的难捱而不离不弃。

白昼已是难捱，长夜漫漫，情何以堪？空堂清冷，何以苦度时光？千种忧愁万种离情，更与何人说，更有何人听？怀抱瑶琴，忧思难遣。那声声哀婉的琴音是我声声诉说，那凄恻含悲的旋律是我心灵告白，难道是我当初做错了什么？是我不懂珍惜令君王不满，是我不忘自己高贵的身份不知迁就，还是红颜老去君王厌倦？宫女闻声，暗自落泪，唏嘘不已，知我难逃情劫，知我痴心不悔，知我误入歧途太深。

空室起彷徨，思绪更难掩。还是忘却吧，还是忘情吧！那些誓言早已经是一文不值的谎言，洞房花烛的温情似乎还在眼前，却早已新人换旧人。泪流满面的容颜如何示人？以袖掩面，颓然就寝。芳草编织的香枕芬芳依旧，引我入梦，睡梦中，恍惚间，似乎君王在侧，缠绵依旧。

魂牵梦绕，只换得南柯一梦。夜夜期盼，夜夜失望。幻影中，鸡鸣之声入耳，起身却见月华如水，苍穹群星闪耀。深秋的夜晚，庭院寂寂，寒霜袭人，睡意顿消。似乎还沉浸在那个虚幻的梦境中，忧思之情益发难排。等待黎明，等待一天这样过去，可是，今天捱过，明天又将如何？今年过去，明年又将怎样？读文至此，令人唏嘘，泪湿衣襟。

耳听《汉宫秋月》曲，口诵《长门赋》词，神游八极，心有所往，可达阅读此赋最佳境界。《汉宫秋月》，曲调纾缓，回肠荡气，幽怨悲鸣，如泣如诉。想见失宠的深宫嫔妃们，面对秋夜明月，伤怀惆怅，申诉寂寥清冷的生命之悲。《长门赋》，悲鸣之音若高山瀑布，倾泻千里，诉说之语似涓涓细流，绵绵不绝。

《长门赋》，开骈体宫怨题材之先河，首次在辞赋中用以景写情手法，达到情景交融之境。汉代另一位著名的辞赋家扬雄曾赞叹：“长卿赋不似从人间来，其神化所至邪！”相如口吃，却善写文章，看来是上天的有意安排了。

一篇刺痛灵魂的杰作

——《刺世疾邪赋》赵壹

刺世疾邪赋

伊五帝之不同礼，三王亦又不同乐。数极自然变化，非是故相反驳。德政不能救世溷乱，赏罚岂足惩时清浊？春秋时祸败之始，战国逾增其荼毒。秦汉无以相逾越，乃更加其怨酷。宁计生民之命，唯利己而自足。

于兹迄今，情伪万方。佞谄日炽，刚克消亡。舐痔结驷，正色徒行。妪名势，抚拍豪强。偃蹇反俗，立致咎殃。捷慑逐物，日富月昌。浑然同惑，孰温孰凉？邪夫显进，直士幽藏。

原斯瘼之攸兴，实执政之匪贤。女谒掩其视听兮，近习秉其威权。所好则钻皮出其毛羽，所恶则洗垢求其瘢痕。虽欲竭诚而尽忠，路绝险而靡缘。九重既不可启，又群吠之狺狺。安危亡于旦夕，肆嗜欲于目前。奚异涉海之失柂，积薪而待燃？荣纳由于闪榆，孰知辨其蚩妍？故法禁屈挠于势族，恩泽不逮于单门。宁饥寒于尧舜之荒岁兮，不饱暖于当今之丰年。乘理虽死而非亡，违义虽生而匪存。

有秦客者乃为诗曰："河清不可俟，人命不可延。顺风激靡草，富贵者称贤。文籍虽满腹，不如一囊钱。伊优北堂上，抗脏倚门边。"

鲁生闻此辞，系而作歌曰："势家多所宜，咳唾自成珠。被褐怀金玉，兰蕙化为刍。贤者虽独悟，所困在群愚。且各守尔分，勿复空驰驱。哀哉复哀哉，此是命矣夫！"

任何一个时代，锋芒毕露的人总是历经挫折，心与愿违，最终遗世独立。但是，任何一个时代，也总是需要这样的耿直之士发出另类的声音，为震惊昏聩之人，为警醒盲从之人，为历史的前行开路，为文明的进步导航。历史总是在社会进入无路可走的死胡同时开启新的发展之路，总是在最黑暗的地方现出光明的希望。社会总是要进步，历史总是要向前发展，文明总是要从一个阶段过渡到另一个阶段。

生活于东汉末年最为黑暗时期的赵壹，用他那非凡的才华与超绝的智慧，将笔锋直指腐朽社会的核心，令躲在黑暗中的小人无处藏身，令卑鄙之人寝食难安，令正人君子扬眉吐气，令流放之人心生共鸣。

赵壹，这个伟岸的美男子，这个多才的真君子，这个秉性刚直的批判家，他锋芒所指，毫无顾忌。从三皇五帝到历代帝王，从阿谀奉承的群小到朝中重臣，甚至是当朝君王，也成为他嬉笑怒骂的对象。这样的胆略，这样的勇气，这样的刚毅，无人可比，无人能比。

就如同张若虚，《春江花月夜》孤篇压全唐。早在张若虚之前，这位特立独行的赵壹，更是以一篇《刺世疾邪赋》盖过所有的汉赋大作。《春江花月夜》是因为那美丽深远的意境而横绝古今，《刺世疾邪赋》是因为那孤标一格的文风而大放异彩，使得两汉辞赋文风为之改变，由铺采雕琢、描摹物象的大赋走向明朗畅达的抒情小赋。

据说，他曾经仰慕刚正廉洁而被贬的当朝名臣皇甫规，欣然前往拜访，却不料被门人挡在门外。当皇甫规得知是赵壹来访，派人快马追赶，得到的是赵壹对他怠于接纳士人的严词批评。心中无私，于是不卑不亢，于是天地开阔。

据说，他同样是仰慕当朝名士羊陟而屡次拜访，当羊陟傲慢待之，他同样秉持个性，最终令羊陟对他另眼相看，与之席地而坐，相谈甚欢，全然没有丝毫尴尬。学富五车，才具君子风骨，才能底气十足。

据说，清朝乾隆年间一位私塾先生读《刺世疾邪赋》，即兴横批“古今同慨”，被人告发，连累全家被处于极刑。

东汉王朝，同样是文字狱极为猖獗的时期，这篇文字的任何一句话都有可能给赵壹带来灭顶之灾，但是他无所畏惧。于是，我们有幸可以历经两千年领略斯文风采。

赵壹小像

世事变迁，是永恒不变的法则。三皇五帝，是中国历史传说中的圣贤帝王。但是，他们的典章礼乐不是一成不变，也是随着历史的变迁、随着社会的进步而逐渐演变。三皇五帝，依靠德政就可以天下太平，依靠礼乐就可以相安无事，依靠圣君就可以百姓安居。但是，随着社会的发展，欲望开始膨胀，世道开始混浊，社会开始动荡。

在所有人眼中，春秋时期是一个值得期待的时代，百家争鸣的局面是多少士子梦寐以求的佳境。那是一个培养圣人、培养明主的时代，是一个培养思想家、培养辩论家的时代。今天，中国文化传统的丰富多彩，无疑得益于那个开明的时代，也得益于那个纷争的时代。但是，我们同样不可回避地看到，那同样也是一个欲望无限膨胀的时代，一个将权利推崇到极致的时代，一个草菅人命的时代，一个令无数百姓流离失所无家可归的时代。这样的混乱，已经不是空谈的道德可以扭转乾坤的，也不是一纸空文可以约束膨胀野心的。

暴秦自然不必说，西汉王朝，起码汉武大帝在许多文人和史学家的笔下是一个值得歌颂的对象，但是，赵壹一概否认之。因为他清醒地认识到，所有的政治都是强权政治，所有的统治都是独裁统治。那些高高在上的统治者怎么会对草民施舍哪怕一丝的怜悯？他们心中所想的，只有他们的帝国，他们的野心，他们的征服与征讨。最终，所有的牺牲与战争，所有的动乱与灾祸，埋单者都是草民。真所谓“兴，百姓苦；亡，百姓苦”。

赵壹将自己的立论建立在整个历史长河中，批判的锋芒因此深刻而深远。在他眼中，从春秋战国到秦汉王朝，没有一个是真正清明的时代，也没有一个真正清明的君王。他将所有的伪装都无情而彻底地撕碎，将所有华美的外衣都剥离开来，让历史显露出肮脏的真相。

这就是赵壹，这个大无畏、充满浩然正气的赵壹。在他的笔下，那些伪装成君子的群小无处可逃，那些阿谀奉承的小人原形毕露。别看他们高高在上，趾高气扬，谁不知道他们发迹的过程多么卑鄙，登上权贵的阶梯多么无耻。但是，他们依旧不知羞耻地享尽荣华富贵，依旧恬不知耻地发号施令，依然底气十足地弄虚作假，依旧人模狗样地道貌岸然。

这是一个是非颠倒、黑白混淆的社会，也是一个小人得志、奸佞横行的社会，更是一个无药可救、无计可施的社会。正直最终招致祸患，清廉只能拥有贫穷，刚正却要落得被贬，这就是真相。

混乱已经深入骨髓。根源在于统治者的昏聩，在于全凭个人好恶任人唯亲，在于大权旁落宠臣弄权。居安思危，需要超群的智慧与超前的眼光。但是，历数历朝历代，有谁真正做到了呢？正直之士永远被打入冷宫，寒门永远别想进入朝堂，权贵永远不需为他们的错误付出代价。

寒门士子，刚直之人，已经一无所有，所剩下的就只有一点尊严与精神了，所能把握的就只有自己孤独的灵魂与坚守的道义了。如果可以，我们宁愿挨饿，也不愿看到世风败坏。但是，我们别无选择。那么，就让我们在孤独中忍受饥饿，在道义中坚守真理，在精神的高涛中让灵魂不灭。

我们真的需要在意那些名利吗，需要为了名利而读书吗？若心无挂碍，你可以为心灵读书，为自己寻找一个可以安顿道义的所在。那么，不管别人如何认为你是草芥，我们自己，依旧可以襟怀坦荡，我心依然如故。

简介

▷ 赵壹：（本名懿，避司马懿名讳，故作“壹”）字元叔，东汉辞赋家。体貌魁伟，美须眉，恃才傲物。所作辞赋语言流畅，朴实典雅，观点鲜明尖锐，其代表作《刺世疾邪赋》表达了对不合理社会制度的强烈不满，对封建王朝的腐朽及其统治者的昏庸进行了辛辣的、愤怒的批判。其作品被后人结集为《赵壹集》。

一篇换取封侯的自白书

——《登楼赋》王粲

登楼赋

登兹楼以四望兮，聊暇日以销忧。览兹宇之所处兮，实显敞而寡仇。挟清漳之通浦兮，倚曲沮之长洲。背坟衍之广陆兮，临皋隰之沃流。北弥陶牧，西接昭丘。华实蔽野，黍稷盈畴。虽信美而非吾土兮，曾何足以少留！

遭纷浊而迁逝兮，漫逾纪以迄今。情眷眷而怀归兮，孰忧思之可任！凭轩槛以遥望兮，向北风而开襟。平原远而极目兮，蔽荆山之高岑。路逶迤而修迥兮，川既漾而济深。悲旧乡之壅隔兮，涕横坠而弗禁。昔尼父之在陈兮，有归欤之叹音。钟仪幽而楚奏兮，庄舄显而越吟。人情同于怀土兮，岂穷达而异心！

惟日月之逾迈兮，俟河清其未极。冀王道之一平兮，假高衢而骋力。惧匏瓜之徒悬兮，畏井渫之莫食。步栖迟以徙倚兮，白日忽其将匿。风萧瑟而并兴兮，天惨惨而无色。兽狂顾以求群兮，鸟相鸣而举翼。原野阒其无人兮，征夫行而未息。心凄怆以感发兮，意忉怛而憯恻。循阶除而下降兮，气交愤于胸臆。夜参半而不寐兮，怅盘桓以反侧。

当昂首挺胸前去拜会当朝文坛宗师蔡邕的时候，他年仅十三岁，却让蔡大学士来不及穿鞋，慌忙出迎，举座皆惊。当被朝廷推举为黄门侍郎时，他年仅十七岁，却清醒地看到东汉王朝已如西山落日，绝然放弃进入仕途的捷径。当壮怀激烈，想要一番作为而投奔刘表之时，他却被冷落十五年。只因其貌不扬，身材矮小，被“外貌儒雅，内多疑忌”的刘表当作一个普通的幕僚而始终不用。

十五年的人生，对只有四十一年生命的王粲来说何其珍贵。依附刘表，只是有了一个安身之所，却难施展才华，是留是去，进退两难，登高望远，以抒忧怀。“不歌而咏谓之赋，登高能赋可以为大夫。”从此，开风气之先，“登高”成为中国古典诗歌的传统题材，或游子思乡，或思妇怀人，或壮士悲歌，或文士不遇，千百年来，被历代文人反复吟咏。

一直不明白，登高望远真可忘忧？是因登高而胸襟开阔不再为眼前烦忧，是因登高而视野开阔不再纠缠当下，还是因登高而觉天地之大自身渺小便不再庸人自扰？只是，登上层楼，却总是烦忧更深更甚。

王粲登楼，实为消忧。地处高冈，楼阁宽敞，视野开阔。头枕清澈的漳水令人浮想联翩，心灵为之澄明。脚下蜿蜒的沮水将你的视线引向远方，如同回望曲折坎坷的人生之路。那连绵起伏的大地，似乎在诉说人世的沧桑。那流向远方的清波，哪里才是它们真正的家园？

哦，它们是要去与陶朱公相会，向他讨教如何实现人生中的一次华丽转身吗？当年的范蠡也曾命运坎坷，纵有圣人之资，在贵胄专权、政治紊乱的楚国不为世人所识，与今日自己的处境何其相似！是向他讨教如何寻找施展抱负的契机，辅佐穷途末路的勾践成就霸业，赢得千古贤臣的美名，还是向他讨教当年如何无师自通地明白兔死狗烹、鸟尽弓藏而功成身退的道理？

哦，它们是去拜会那个贤明的楚昭王，向他讨教如何重用贤才，平息吴国入侵之祸，成为一代中兴明主吗？它们回来是否可以告诉我，我的人生契机在哪里，我可以依附的明君又在哪里？

荆楚之地，春天山花烂漫，秋天果实累累，千里沃土，稻谷飘香，粮仓殷实。可是，富饶之地，却不是我的故乡。想当年，踌躇满志，却不想十五年的光阴弹指之间，在无所作为中虚度。此地虽好，却非故土，还是回去吧！

人生苦短，我已经在等待中度过了漫长的十五年，战火纷飞中期待，战火纷飞中流亡，忧心如焚，还是回去吧！我可爱的家园啊，是我当年离去时的模样，还是历经战乱更加萧条？登上层楼，凭栏抒怀。哦，那是来自故乡的风吗？风儿啊，愿你送去我深深的怀念与牵挂。风儿啊，愿你吹散我满腹的忧思与无奈。

“胡马依北风，越鸟巢南枝。”此时，我们似乎看到了一个独孤的身影独立苍穹，依北风而哀告。可是，风儿如何懂得一个落魄游子的心魂？心念家园，望尽天涯路，却高山难越，江水阻隔，黯然神伤，独自流泪。又有谁知道，飘散的北风，哪一缕是来自故乡的呢？乘着风儿，还是回去吧！

穿越历史，回望先贤，似乎看到了穷途末路时的孔子，徘徊在陈国的边界，食不果腹、衣不蔽体的狼狈，发出“知其不可为而为之”的那一声不如归去的叹息；似乎听到了钟仪瑶琴声中绵长的思乡曲，凄楚婉转，情动晋君，得以返回家园；似乎听到了越人庄舄在病中操着乡音，倾吐乡情，即使春风得意，依旧乡音不改，乡情难忘。何况自己，寄居异乡却又无所作为，生逢乱世而又怀才不遇。心中伤悲，何人可解？心中矛盾，何人理会？还是回去吧！

简介

▷ 王粲：字仲宣，东汉末年著名文学家，以诗赋见长，《初征》《登楼赋》《槐赋》《七哀诗》等是其作品的精华，也是东汉建安时代抒情小赋和诗的代表作。同时，王粲还撰有中国历史上第一部专门记载“英雄”传记的史书《汉末英雄记》。

想当年，长安城中，曾经盛名一时，令蔡邕为之折腰，令朝堂为之降阶。今日，屈居江东，却无立锥之地。真是今非昔比。何时再有太平景象？何时再现当年风采？何时再可独领风骚？难道要等到黄河之水清澈吗？难道自己真的就一如那高悬的匏瓜只供欣赏？难道真的就如同那一口淘净的井无人饮用，从此埋没吗？此地还有什么眷恋的？还是回去吧！

可是，缓步行走，四顾茫茫，不知路在何方，不知何树可依，何枝可栖。岁月，在蹉跎中褪去。眼见暮色苍茫，顿感心灰意冷。耳听晚风瑟瑟，顿觉彻骨心寒。孑然一身，竟不如群兽相逐，嬉戏自在；不如鸟儿和鸣，相互依傍。自己离群索居，了无知音，又如那一路奔波的征夫，何时是尽头？

冷嘲热讽，冷眼旁观，如鲠在喉。一向恃才而骄，今日却寄人篱下，苟且偷生。满腹经纶，经天纬地之才，只换得衣食温饱。为消愁上层楼，上得层楼愁更愁。千载之下，今人诵之，亦感慨万千，唏嘘不已。

家国沦落、山河破碎之痛，怀才不遇、不被重用的身世之悲，身世飘零、怀念故土之情，熔铸登高情景之中，自然天成，不事雕饰。南宋大儒朱熹盛赞《登楼赋》是魏晋第一赋，虽有夸饰之嫌，却也足见此赋影响深远。

王粲也算幸运，后遇思贤若渴的曹操，短短的三五年时间连升数级，是“建安七子”中唯一封侯者。只是四十一岁即因病而死，可叹英年早逝，天妒英才！

第三章 千姿百媚的魏晋辞藻

有位佳人，在水一方

——《洛神赋》曹植

洛　神　赋

黄初三年，余朝京师，还济洛川。古人有言，斯水之神，名曰宓妃。感宋玉对楚王神女之事，遂作斯赋，其辞曰：

余从京域，言归东藩，背伊阙，越轘辕，经通谷，陵景山。日既西倾，车殆马烦。尔乃税驾乎蘅皋，秣驷乎芝田，容与乎阳林，流眄乎洛川。于是精移神骇，忽焉思散，俯则未察，仰以殊观，睹一丽人，于岩之畔。乃援御者而告之曰："尔有觌于彼者乎？彼何人斯，若此之艳也！"御者对曰："臣闻河洛之神，名曰宓妃。然则君王所见也，无乃是乎？其状若何，臣愿闻之。"

余告之曰：其形也，翩若惊鸿，婉若游龙，荣曜秋菊，华茂春松。髣髴兮若轻云之蔽月，飘飖兮若流风之回雪。远而望之，皎若太阳升朝霞；迫而察之，灼若芙蕖出渌波。秾纤得衷，修短合度。肩若削成，腰如约素。延颈秀项，皓质呈露。芳泽无加，铅华弗御。云髻峨峨，修眉联娟，丹唇外朗，皓齿内鲜。明眸善睐，靥辅承权。瑰姿艳逸，仪静体闲。柔情绰态，媚于语言。奇服旷世，骨象应图。披罗衣之璀粲兮，珥瑶碧之华琚。戴金翠之首饰，缀明珠以耀躯。践远游之文履，曳雾绡之轻裾。微幽兰之芳蔼兮，步踟蹰于山隅。

于是忽焉纵体，以遨以嬉。左倚采旄，右荫桂旗。攘皓腕于神浒兮，采湍濑之玄芝。余情悦其淑美兮，心振荡而不怡。无良媒以接欢兮，托微波而通辞。愿诚素之先达兮，解玉佩以要之。嗟佳人之信修兮，羌习礼而明诗。抗琼珶以和予兮，指潜渊而为期。执眷眷之款实兮，惧斯灵之我欺。感交甫之弃言兮，怅犹豫而狐疑。收和颜而静志兮，申礼防以自持。

于是洛灵感焉，徙倚彷徨。神光离合，乍阴乍阳。竦轻躯以鹤立，若将飞而未翔。践椒涂之郁烈，步蘅薄而流芳。超长吟以永慕兮，声哀厉而弥长。

尔乃众灵杂遝，命俦啸侣。或戏清流，或翔神渚，或采明珠，或拾翠羽。从南湘之二妃，携汉滨之游女。叹匏瓜之无匹兮，咏牵牛之独处。扬轻袿之猗靡兮，翳修袖以延伫。体迅飞凫，飘忽若神。凌波微步，罗袜生尘。动无常则，若危若安。进止难期，若往若还。转眄流精，光润玉颜。含辞未吐，气若幽兰。华容婀娜，令我忘餐。

于是屏翳收风，川后静波。冯夷鸣鼓，女娲清歌。腾文鱼以警乘，鸣玉鸾以偕逝。六龙俨其齐首，载云车之容裔。鲸鲵踊而夹毂，水禽翔而为卫。于是越北沚，过南冈，纡素领，回清阳。动朱唇以徐言，陈交接之大纲。恨人神之道殊兮，怨盛年之莫当。抗罗袂以掩涕兮，泪流襟之浪浪。悼良会之永绝兮，哀一逝而异乡。无微情以效爱兮，献江南之明珰。虽潜处于太阴，长寄心于君王。忽不悟其所舍，怅神宵而蔽光。

于是背下陵高，足往神留。遗情想像，顾望怀愁。冀灵体之复形，御轻舟而上溯。浮长川而忘反，思绵绵而增慕。夜耿耿而不寐，沾繁霜而至曙。命仆夫而就驾，吾将归乎东路。揽騑辔以抗策，怅盘桓而不能去。

狂放不羁的谢灵运独服曹子建：“天下才共一石，子建独占八斗，吾占一斗，天下才共分一斗。”谢灵运应有资本傲视一切，因他是山水诗的开山鼻祖。曹子建应有资本被推崇，单是《洛神赋》便令天下英才折腰。

曹植，聪明灵秀，十岁为文，语惊四座，十九岁写《登台赋》，“骨气奇高，词采华茂”，令酷爱人才的曹操起另立世子之心。

曹植，七步成诗，“煮豆持作羹，漉菽以为汁。其在釜下燃，豆在釜中泣。本自同根生，相煎何太急？”，用词之妙，取譬之当，无出其右，一诗定生死，千古奇谈。

曹植，声名远播，穿越古今。齐鲁之地，鱼山之麓，至今成为世界梵音发源地，首创者即是精通音律的曹植。登临鱼山梵呗寺，俯瞰滚滚黄河，面临青翠群

东晋·顾恺之《洛神赋图》（局部）

山，背倚鱼山，似可与才高八斗的曹子建共赏缥缈绝伦的梵音，心旷神怡。

曹植，传世之作颇多，《洛神赋》独步古今，词藻华丽，错落有致，音律回环，婉约华美，既吸收了楚辞的浪漫手法，又有抒情小赋之风，可谓建安文学集大成者。

我读《洛神赋》，实在不愿受那些学究们的所谓考据的影响，非要读成曹子建郁郁不得志的失意之作，非要考据出与兄嫂之爱，争论什么洛神原型是甄后之说。如此思路，岂非妄谈，如何领略《洛神赋》的无穷魅力？

《洛神赋》，是诗人一次心灵的旅游、思绪的放飞、真爱的追慕，是诗人对超凡事物的无限神往，是浪漫情怀的尽情挥洒。如此，我们，千年之下，依旧可以追溯诗人的脚步，一起畅游虚幻之境，共赴一次美好的约会。到洛水之滨，一睹洛神芳容，与子建，与仙子，有一次亲密的接触，来一次灵魂的唱和，真是何其快哉！

在落日余辉中，在山崖之际，在洛水之滨，在香草满地的河岸，有位佳人。此情此景，令人心醉神迷，恍如梦境般迷离。在这荒芜之地，怎会有此奇异女子？

但见那女子，体态轻盈摇曳若翩翩飞舞之大雁，身材柔美如嬉戏深潭的蛟龙，容颜艳丽似秋天盛开的秋菊，气质高贵若崖边耸立的青松，举止灵动若随风飞舞的雪花，长发飘逸又似薄雾轻扬下的朦胧月色，如雾如风，如影如幻，如醉如痴。远望处，暮色中，亦如初升的朝霞，霞光四溢，皎洁明亮。近观时，霞光里，若那一泓清水中亭亭玉立的芙蓉，脱俗而娇媚，娇艳而沉静。

但见那女子，绝世风华，完美无瑕，无一不美。那肩部，若鬼斧神工的造化；那腰部，似纤纤白绢织就；那脖颈，那下颚……哦，我无法用言语表达那种美到极致的晕眩。上苍真是对我厚爱有加，令我在这孤寂的旅途之中得见仙子。

但见那女子，不施粉黛，自然妖娆明艳；无需薰香，自然香溢四方。鬓发如云似泼墨，细眉修长似弯月。巧笑时，丹唇微启似星辰闪烁，眼眸明眸顾盼生姿，双颊酒窝若隐若现。静处时，姿态万方，姿容高雅，体态娴熟，情态柔美，令人心旷神怡，赏心悦目。

容颜之美，已是极致，又兼气质高雅，风度翩跹。那气质，高贵脱俗，仙子下凡临人间。那服饰，鲜艳明净，绫罗绸缎真飘逸。那装扮，光彩夺目，翡翠美玉似叠翠。那步履，盈盈轻扬，轻纱迷漫似梦幻。顾盼间，随风飘来幽幽兰香。再抬眼，却见她缓步山边，嬉戏洛水，与灵芝为伴，与桂枝为舞。这样的女子，何曾见过？不由意乱情迷，心驰荡漾。

如此出色的绝世女子，岂不是我日日追慕的梦中人？有谁可为我传达款款深情？有谁愿做那月下老人、牵线的红娘？正当我含情脉脉、思绪纷飞时，却见那女子款款走来。我正要解下玉佩表达爱意，她却已以玉佩回应。难道我们一见钟情，心有灵犀，我心所想，她已明了？

真是善解人意的美人啊！不似世上俗女子惺惺作态，故作清高。正得意，却猛然忆起，似乎也是在这洛水之滨，曾经有过一个美丽的故事：楚国大夫郑交甫游于汉水之滨，偶遇佳人，得佳人玉佩，喜不自禁，行不多时，回望佳人，杳无踪迹，伸手探怀，佩珠已失，不禁怅然。仙子或不可信，佳人怎会如此易得？不能过于孟浪，岂能如此造次？

可是，她是那么的美丽超群，她那低首徘徊的举动牵引着我的目光，那轻盈如飞鹤的步态吸引着我的视线，那芬芳迷人的幽香萦绕于周身，纵然是那声声叹息，亦是如此动人心魂。哦，难道我内心的波澜，她亦已明了？

我似乎听到她声声哀叹，那叹息声中，分明有着丝丝哀怨，同情匏瓜的孤独，怜悯牵牛星的寂寞，倾诉自己的哀思。

我的爱人，我无意伤害你。不是我不相信你，是我不相信自己，不相信今生有幸认识你，不相信今生可与你携手。我何德何能，得佳人青睐？请你

简介

▷ 曹植：字子建，建安文学的代表人物。曹植是第一位大力写作五言诗的文人，现存有诗歌九十余首，其中有六十多首是五言诗。他的诗歌，既体现了《诗经》“哀而不伤”的庄雅，又蕴含《楚辞》窈窕深邃的奇谲；既继承了汉乐府反映现实的笔力，又保留了《古诗十九首》温丽悲远的情调。曹植的诗有着鲜明独特的风格，完成了从乐府民歌向文人诗的转变。

不要如此伤悲。

此时，似乎看到她那众神簇拥的身影，长袖飘飘，迎风飞动，凌波微步，顿生青雾；似乎看到她那顾盼生辉、流连忘返的眼神，喜忧参半，深不可测。我不可自制地陷入其中，难以自拔。

面对如此佳人，谁能做到坐怀不乱镇定自若？只觉自己已飞升仙境，不知身处何方？恍惚间，眼前似乎出现了一个盛大的婚礼场面：

风神远去，水神安静下来，太阳神敲响了乐鼓，女神唱起了赞歌，六龙驾驭着婚车，鱼儿跳跃欢腾，云儿缓步前行，鲸鲵导驾护航，水鸟殷勤护卫，洛神越过岛屿，来到水中央。只见她轻启丹唇，柔声细语，宛如天籁：

你是我今生唯一所爱。

顿觉自己如在仙境。

可是，我们是两个世界的人，人神难以相通。

怎么会？牛郎织女不也是人神交会？

可是，我是洛神，不是织女……

泪水涟涟，天地永隔。

那来年的相会只是一个美丽的谎言？

今日已不能相守，来年更待何时？

洛神那怅然若失的眼神，那哀怨的深深叹息，飘荡在洛水上空……

女神，你真的就这样走了吗？我要追随你，上下求索，可是，不知路在何方。四顾茫茫，心中悲伤，思念绵绵不绝，难以抑制。洛神啊洛神，难道这就是我们的宿命？一面之缘，带来的将是无尽的思念与守望。这样的际遇是否值得，谁能告诉我？此时，我似乎听到了那来自空中的回音，虽只是黄粱一梦，一生有这样一件可遇不可求的事，有这样一次心灵交融，不也是极为幸福的事，不也是上苍特别的眷顾与恩宠？于是，心中释然。

《洛神赋》，以其无穷的艺术魅力，传唱不已。极写女子美貌，宋玉是第一人，曹植是第二人，曹植可谓后来者居上。后代文人，再写女子之美，无出其右，基本沿袭老调，套用而失其率真，再难有新意，难达清水出芙蓉的境界。

绝交书中蕴真意

——《与山巨源绝交书》嵇康

与山巨源绝交书

康白：足下昔称吾于颍川，吾尝谓之知音。然经怪此意尚未熟悉于足下，何从便得之也？前年从河东还，显宗、阿都说足下议以吾自代；事虽不行，知足下故不知之。足下傍通，多可而少怪；吾直性狭中，多所不堪，偶与足下相知耳。间闻足下迁，惕然不喜，恐足下羞庖人之独割，引尸祝以自助，手荐鸾刀，漫之膻腥。故具为足下陈其可否。

吾昔读书，得并介之人，或谓无之，今乃信其真有耳。性有所不堪，真不可强。今空语同知有达人，无所不堪，外不殊俗，而内不失正，与一世同其波流，而悔吝不生耳。老子、庄周，吾之师也，亲居贱职；柳下惠、东方朔，达人也，安乎卑位。吾岂敢短之哉！又仲尼兼爱，不羞执鞭；子文无欲卿相，而三登令尹。是乃君子思济物之意也。所谓达能兼善而不渝，穷则自得而无闷。以此观之，故尧、舜之君世，许由之岩栖，子房之佐汉，接舆之行歌，其揆一也。仰瞻数君，可谓能遂其志者也。故君子百行，殊途而同致，循性而动，各附所安。故有处朝廷而不出，入山林而不反之论。且延陵高子臧之风，长卿慕相如之节，志气所托，不可夺也。吾每读尚子平、台孝威传，慨然慕之，想其为人。加少孤露，母兄见骄，不涉经学。性复疏懒，筋驽肉缓，头面常一月十五日不洗；不大闷痒，不能沐也。每常小便而忍不起，令胞中略转乃起耳。又纵逸来久，情意傲散，简与礼相背，懒与慢相成，而为侪类见宽，不功其过。又读庄、老，重增其放。故使荣进之心日颓，任实之情转笃。此由禽鹿，少见驯育，则服从教制；长而见羁，则狂顾顿缨，赴蹈汤火；虽饰以金镳，飨以嘉肴，逾思长林而志在丰草也。

阮嗣宗口不论人过，吾每师之，而未能及。至性过人，与物无伤，唯饮酒过差耳。至为礼法之士所绳，疾之如仇，幸赖大将军保持之耳。吾不如嗣宗之资，而有慢驰之阙；又不识人情，暗于机宜；无万石之慎，而有好尽之累，久与事接，疵衅日兴，虽欲无患，其可得乎？又人伦有礼，朝庭有法，自惟至熟，有必不堪者七，甚不可者二：卧喜晚起，而当关呼之不置，一不堪也。抱琴行吟，弋钩草野，而吏卒守之，不得妄动，二不堪也。危坐一时，痹不得摇，性复多虱，把搔无已，而当裹以章服，揖拜上官，三不堪也。素不便书，又不喜作书，而人间多事，堆案盈机，不相酬答，则犯教伤义，欲自勉强，则不能久，四不堪也。不喜吊丧，而人道以此为重，己未见恕者所怨，至欲见中伤者；虽瞿然自责，然性不可化，欲降心顺俗，则诡故不情，亦终不能获无咎无誉，如此五不堪也。不喜俗人，而当与之共事，或宾客盈坐，鸣声聒耳，嚣尘臭处，千变百伎，在人目前，六不堪也。心不耐烦，而官事鞅掌，机务缠其心，世故繁其虑，七不堪也。又每非汤武而薄周、孔，在人间不止，此事会显，世教所不容，此甚不可一也。刚肠疾恶，轻肆直言，遇事便发，此甚不可二也。以促中小心之性，统此九患，不有外难，当有内病，宁可久处人间邪？又闻道士遗言，饵术黄精，令人久寿，意甚信之。游山泽，观鱼鸟，心甚乐之。一行作吏，此事便废，安能舍其所乐而从其所惧哉！

夫人之相知，贵识其天性，因而济之。禹不逼伯成子高，全其节也；仲尼不假盖于子夏，护其短也；近诸葛孔明不逼元直以入蜀，华子鱼不强幼安以卿相。此可谓能相始终，真相知者也。足下见直木必不可为轮，曲者不可为桷，盖不欲以枉其天才，令得其所也。故四民有业，各以得志为乐，唯达者为能通之；此足下度内耳。不可自见好章甫，强越人以文冕也；己嗜臭腐，养鹓雏以死鼠也。吾顷学养生之术，方外荣华，去滋味，游心于寂寞，以无为为贵。纵无九患，尚不顾足下所好者。又有心闷疾，顷转增笃，私意自试，不能堪其所不乐。自卜已审，若道尽途穷则已耳。足下无事冤之，令转于沟壑也。吾新失母兄之欢，意常凄切。女年十三，男年八岁，未及成人，况复多病，顾此悢悢，如何可言。今但愿守陋巷，教养子孙；时与亲旧叙阔，陈说平生。浊酒一杯，弹琴一曲，志愿毕矣。足下若嬲之不置，不过欲为官得人，以益时用耳。足下旧知吾潦倒粗疏，不切事情，自惟亦皆不如今日之贤能也。若以俗人皆喜荣华，独能离之，以此为快；此最近之，可得言耳。然使长才广度，无所不淹，而能不营，乃可贵耳。若吾多病困，欲离事自全，以保馀年，此真所乏耳。岂可见黄门而称贞哉！若趣欲共登王途，期于相致，共为欢益，一旦迫之，必发其狂疾。自非重怨，不至于此也。野人有快炙背而美芹子者，欲献之至尊，虽有区区之意，亦已疏矣。愿足下勿似之。其意如此。既以解足下，并以为别。嵇康白。

经历过汉赋华章的浸润，经历过曹魏风骨的滋养，经历过西晋初年的砥砺，“竹林七贤”，大不幸而生活于西晋最为黑暗的政治时期，他们的性格因此而扭曲，志趣因此而另类，情感因此而癫狂；“竹林七贤”，甚幸而生活于西晋最为纷乱的文化氛围，他们的行为因此而放浪，思想因此而极端，文才因此而张扬。“竹林七贤”，曹魏之际，因才华，因相知，而相惜相遇；司马之初，因天性，因穷达，而分道扬镳。

嵇康，“竹林七贤”之首，最终并没有带领这些才子们走向一个更为光明的时代。这个历史上俊才兼具的美男子，最终留给后人的是一种邋遢而不修边幅的狂士形象。

嵇康，当弹奏千古名曲《广陵散》走向死亡的时候，内心却是想着，自己的儿女因为有山巨源而释怀，因为自己不必再牵绊于曹魏与司马之间而释怀，因为有三千子弟为他请命、为他呼喊而释怀。

“文变染乎世情，兴废系乎时序。”在司马氏的屠刀之下，“竹林七贤”死的死，降的降，而嵇康，在这样的背景下硬是站成了一座高峰，成就了一道风景，造就了一个奇迹。他可以为志同道合者证明清白，即使这样的担保有着太大的危险，最终也因此而被推向刑场，但是他无怨无悔。他也可以因为话不投机而大声宣布，要与推荐他入朝为官的山涛绝交，语词铿锵不容置疑，至死不渝。

山涛有何错？只是在风云变幻的时代，为自己寻找一个立身之所，为自己的家人寻找一个养身之地。山涛有何错？只是在曹魏失败之后转投司马。为曹魏效忠，那是因为曹魏之时可以让他才情挥洒。为司马效忠，那是因为司马可以让他安身立命，可以保全朋友、保全亲人。何必一定要为曹魏效忠，曹魏难道不是刘家王朝的篡位者？何必一定要排斥司马王朝，司马王朝也只是将曹魏篡得的政权夺取而已。

近代·傅抱石《竹林七贤》

山涛真是冤枉啊，因为推荐友人为官，就落得了如此的骂名。嵇康也真怪异啊，因为朋友推荐自己为官就要宣布绝交。山涛真是忠厚啊，背负骂名却为嵇康养育儿女。嵇康也真癫狂啊，成就自己的美名却向不屑为伍者付托后事。这是一种怎样的交情，一种怎样的关系！是朋友？口称朋友的，有几人真的可以托付后事！是敌人？口称敌人的，有几人不是冤冤相报！

想必，山涛至始至终敬重嵇康的人品，邀嵇康为官，是出于真心并没有亵渎之意，否则不会令嵇康代替自己的位置。想必，山涛始终不明白为何嵇康要如此决绝、如此孤高，否则以山涛的才华，为何没有一词半语的辩解呢？想必，这一个历史公案无需争辩，无需道明，自有后人评说了。只是后人评说之时，不要老是带着那时代的有色镜，带着理学的惯性，游走于历史，游走于文学的殿堂。如此，我们方是释放了自己的身心，方是可以自在阅读、自在与古人对话。

想必，嵇康是要维护他始终追求的道德标准，始终要将自己打扮成曹魏的忠臣。他不屑与山涛为伍，是因为不屑与司马为伍。他始终相信曹魏才是正宗，是因为他不必在曹魏与刘汉之间选择。他排斥司马，是因为他必须在曹魏与司马之间选择。嵇康的思想，其实更符合孔孟思想，而不是他自己宣称的老庄思想。

我读《与山巨源绝交书》，并不能真正读出酣畅淋漓之感，读出的是嵇康在历史转折时期无可奈何的凄凉，是嵇康在山林与朝堂之间忐忑不安的尴尬，是儿女不保、生命堪忧的惶恐。

但是，嵇康，毕竟又有着魏晋风骨、曹魏遗风，他不会真的让人明白内心的凄惶，不会让人看懂他外表潇洒而内心无奈，不会让人走进他的心灵世界而只是在外张望猜测。于是，我们读《与山巨源绝交书》，就读出了一份真潇洒，读出了一份真自在，读出了一份真性情。

你看他，形容枯槁，栖身茅屋，却气壮山河。

权势于我如浮云，即使栖身茅屋又何妨？虚情于我如草芥，即使孤身无缘又何妨？地位于我如敝履，即使高才没世又何妨？有谁的智慧可以超越老子和庄周，你看他们甘于陋巷身居卑微。有谁的经国之才可以超越柳下惠和东方朔，你看他们依旧安于卑微从不张扬。有谁的理想如孔子般执著，你看他执鞭奔波从无怨言。有谁的悟性如接舆般通透，你看他行吟田野心静如水。有人为利而奔波朝野，有人为名而执著山林。其实，不管是如子文位居高位，如张良成就功名，还是如许由抛却王位，如接舆行吟田间，随性而已。不固执为名为利才是真的本性、真的性情，就如同山涛可以入世为官，不管朝代更替；就如同嵇康可以出世为民，不管声名牵累。

如此才是嵇康的本性吧，如此才是《与山巨源绝交书》的本意吧，否则如何会坦然走向死亡而对山涛倚重如初。绝交只是一种借口，只是想要打消山涛的念想，只是为了向司马集团表明自己的态度吧。

你看他，衣衫褴褛，举止放荡，却口吐锦绣。

据说嵇康身高八尺有余，体貌伟岸，长相英俊，可是，总以邋遢示人，以不修边幅示人。他调侃自己是一月有余不洗面，懒惰到不愿如厕，散漫到如没有驯服的小鹿。这样的一个人却是“竹林七贤”之首，是三千子弟的榜样，或许真是只有魏晋风流才会有如此奇谈。

嵇康，以他的魅力示人，以他的才情示人，所以不屑那些外在的光亮。那一首《广陵散》因他几成绝唱。想当年，从容弹奏《广陵散》，在余音绕梁中命断刑台，是何等的悲壮，何等的气贯长虹！

你听他说：宁愿抱琴歌唱也不愿随从相伴，宁愿睡到自然醒也不愿有人提醒他早朝。他说，自己身上虱子很多，随时要瘙痒，而不愿被官服牵制。他说，自己文笔拙劣，不愿应对公文的繁复。他说，自己因不喜吊唁而得罪人，不喜客人满座而怕喧闹，不喜官务纠缠而忧烦扰。这所有

简介

▷ 嵇康：字叔夜，三国魏晋时期著名思想家、音乐家、文学家，倡玄学新风，主张“越名教而任自然”“审贵贱而通物情”，为“竹林七贤”的精神领袖。曾娶曹操曾孙女，官曹魏中散大夫，世称嵇中散。后因得罪钟会，为其构陷，而被司马昭处死。

的不喜欢、不适应、不愿半点迁就，但为那不愿半句谎言的真实，但为那快意恩仇的欢悦，但为那山林之静、草野之美，但为那一份真性情、一份真自在。

你看他，身逢乱世，性命堪忧，却傲岸不群。

嵇康，可以不要富贵，但是不可打扰清净；可以不要朋友，但是不可亵玩天性；可以不要生命，但是不能失却本性。他多么希望自己的朋友山涛，能如夏禹般明智，不会强迫伯成子高出仕而成全他的气节；如孔子般体恤，为子夏遮掩短处而成全他的美德；如孔明般智慧，为徐庶选择退路而成全他的孝心，让他心灵安适。

读文至此，突然想到，若山涛没有推荐嵇康，就可以成就另一个高山流水的佳话。但是，历史不能假设，虽则如此，我们依旧可以欣赏到两位杰出的俊才，嵇康因他的禀赋成就美名，山涛因他的忠贞成就朋友之义。即使一封绝交信在手，依旧可以托付后事；即使一封绝交信如鲠在喉，依旧无怨无悔完成朋友之托。斯人已逝，其文其人无不令人感叹唏嘘。

生当陨首，死当结草

——《陈情表》李密

陈　情　表

臣密言：臣以险衅，夙遭闵凶。生孩六月，慈父见背；行年四岁，舅夺母志。祖母刘愍臣孤弱，躬亲抚养。臣少多疾病，九岁不行，零丁孤苦，至于成立。既无伯叔，终鲜兄弟。门衰祚薄，晚有儿息。外无期、功强近之亲，内无应门五尺之僮。茕茕孑立，形影相吊。而刘夙婴疾病，常在床蓐，臣侍汤药，未曾废离。

逮奉圣朝，沐浴清化。前太守臣逵察臣孝廉，后刺史臣荣举臣秀才，臣以供养无主，辞不赴命。诏书特下，拜臣郎中，寻蒙国恩，除臣洗马。猥以微贱，当侍东宫，非臣陨首所能上报。臣具以表闻，辞不就职。诏书切峻，责臣逋慢。郡县逼迫，催臣上道；州司临门，急于星火。臣欲奉诏奔驰，则刘病日笃；欲苟顺私情，则告诉不许：臣之进退，实为狼狈。

伏惟圣朝以孝治天下，凡在故老，犹蒙矜育，况臣孤苦，特为尤甚。且臣少仕伪朝，历职郎署，本图宦达，不矜名节。今臣亡国贱俘，至微至陋，过蒙拔擢，宠命优渥，岂敢盘桓，有所希冀。但以刘日薄西山，气息奄奄，人命危浅，朝不虑夕。臣无祖母，无以至今日；祖母无臣，无以终余年。母孙二人，更相为命，是以区区不能废远。

臣密今年四十有四，祖母今年九十有六，是臣尽节于陛下之日长，报养刘之日短也。乌鸟私情，愿乞终养。臣之辛苦，非独蜀之人士及二州牧伯所见明知，皇天后土实所共鉴。愿陛下矜愍愚诚，听臣微志，庶刘侥幸，保卒余年。臣生当陨首，死当结草。臣不胜犬马怖惧之情，谨拜表以闻。

宋代有个赵与时，考据《四库总目》成就斐然，后人知之者甚少。但他说了一句很著名的话，被后人广为流传："读诸葛孔明《出师表》而不堕泪者，其人必不忠；读李令伯《陈情表》而不堕泪者，其人必不孝；读韩退之《祭十二郎文》而不堕泪者，其人必不友。"但我想，读书而坠泪者只是情感比较丰富脆弱而已，与其人是否忠孝友并无关系。

《陈情表》，是真的令人动容，还是后人的一厢情愿？想泱泱中国古典文学殿堂，文笔优美、情感深切者比比皆是，为何此文独享如此高的待遇？张若虚《春江花月夜》孤篇压全唐，李密《陈情表》也可谓孤篇享盛名了。既然历代文人对此深信不疑，那么，自然也是有过人之处的。比如：

叙孤苦之状，一泻千里。描摹人生困苦之状，苦不堪言，人生孤苦之境无以复加，所有不幸集于一身。人生多难，语义丰富，可谓一唱三叹。

抒婉转之情，情深意切。彰显人间真挚之情，感天动地，生离死别之悲难以尽说，真情无法阻挡死神的来临。人生多悲，情感悲切，可谓泣血成文。

解穷困之境，避重就轻。凸现作者人生智慧，亦真亦假，出世入世之难瞬间化解，亡国之臣何以安身立命？命运多舛，狼狈之状，可谓肺腑之语。

这些当是此文成功之处。那么，关于是否真是孝行感天动地，还是值得商榷。若说因为祖母晚年无人照料，需要奉养，那么，西晋王朝可以轻易地为他配备丫鬟解决这个简单的问题，也可以携祖母赴任而常侍左右以尽孝心。若说为亡蜀尽忠，不愿在蜀国刚亡就出仕新主，表明一个亡国之臣的尊严，那么，祖母去世之时，就不会再次出山而会选择归隐。这样的心理是作者最想回避的，也是最怕武帝猜忌的。

事实是，李密聪明地利用了西晋王朝所谓的以孝治天下的治国方针，也聪明地利用了自己对祖母的奉养义务来为自己争取时间，来进一步地看清西晋王朝对自己的真实态度。喜怒无常的武帝是真心请他出仕还是虚情假意，让李密琢磨不透，左右为难。以祖孙之情为借口，是一个非常好的切入点。其实，谁都明白，一个通过阴谋与屠杀建立起来的王朝，是不可能真正推行以孝治国的。西晋王朝的文字狱与滥杀无辜，可谓令人发指，是中国历史上最黑暗的时期之一。

称前朝为伪朝，称通过阴谋夺取天下的西晋为圣朝，言辞虚假，尽显不忠。“逮奉圣朝”，作为前朝重臣，对后朝过于谦卑。“沐浴清化”，作为孝廉之人，阿谀之气过于明显。名义是为打消新皇的猜忌，实有邀宠之嫌。此一节，造作矫情，可谓文中败笔。

“伏惟圣朝以孝治天下”，假戏可以真做，这是常见的政治游戏。李密可谓深悟此道。“凡在故老，犹蒙矜育”，明显是不实之词，睁眼瞎话。西晋王朝，统一中国，不过三十年，第一代当政的司马炎即是纨绔子弟。他登上帝座，整个朝廷几无可用之人，凡是有才能的都被他的祖父辈赶尽杀绝，侥幸存活下来的或选择逃避，或遁入清谈，懒于问政。此一节，处心积虑，示好邀宠明显，亦可谓文中败笔。

“臣生当陨首，死当结草。”假意可以当真，就如同李密利用了以孝治国的借口一样，李密对于初建的西晋王朝也只是一个工具，为他们所谓的以孝治天下而佐证。西晋王朝或许并不一定要李密真的出仕做什么官，而是要树立这样的一个典型，来证明所谓的孝行天下的谎言是真实的。聪明的李密深知其中道理，可以说，他冒险了，但是，成功地化险为夷了。李密所谓的感恩就显得很不可靠，如此说，亦是睁眼瞎话了。“臣不胜犬马怖惧之情”，此话或许是真，在如此黑暗的朝代，今日可以诏书切峻，委以重任，明日亦可要人性命，抛尸荒野，全凭帝王好恶。此一节，看似感人，实则为救性命的阿谀之词。若说此文以真情动人，实在牵强。

若只是将《陈情表》看成深悟政治游戏，在乱世如何保全自己，如何求得生存的范例，倒是可以认同。若非说此文是至情之语、至真之文，或许难以令人信服。

当然，李密比他的前辈阮籍、嵇康等人更懂得变通，懂得不作无谓的牺牲，懂得如何在乱世求生存、求保全家人甚而求发展。这样的人生追求，或者说处世哲学，是值得小民学习效仿的。翻看中国历史，功臣被杀，良臣被贬，忠臣赐死，良将被疑，所有的纷纷扰扰，如今读来，真就如一场游戏一场梦。

中国酒文化鸣锣开道之作

——《酒德颂》刘伶

酒 德 颂

有大人先生，以天地为一朝，以万期为须臾，日月为扃牖，八荒为庭衢。行无辙迹，居无室庐，幕天席地，纵意所如。止则操卮执觚，动则挈榼提壶，唯酒是务，焉知其馀；有贵介公子，缙绅处士，闻吾风声，议其所以。乃奋袂攘襟，怒目切齿，陈说礼法，是非锋起。先生于是方捧罂承槽，衔杯漱醪。奋髯箕踞，枕麴藉糟，无思无虑，其乐陶陶。兀然而醉，豁尔而醒。静听不闻雷霆之声，熟视不睹泰山之形。不觉寒暑之切肌，利欲之感情。俯观万物扰扰，焉如江汉之载浮萍。二豪侍侧，焉如蜾蠃之与螟蛉。

魏晋时期，玄学之风盛行，“弃经典而尚老庄，蔑礼法而崇放达”的思维方式，为脱离政治又苦闷不堪的文人学士找到了一种新的精神寄托。于是，玄谈之风盛行，饮酒之俗炽热。饮酒名士层出不穷，独领风骚，史载阮籍为拒司马氏的征婚曾连醉六十日，创历史最高记录。

据说，“竹林七贤”之一的刘伶，原来是王母娘娘的书童，因偷喝了蟠桃宴上的御酒被贬下凡，最后也是因醉酒而被重新召回天庭。这样的神话传说，很富有浪漫气息。难怪刘伶能在众多酒星中道高一尺，独烁千古，堪称“饮坛”的泰山北斗，有“有酒以来第一饮者”的美誉。

据说，刘伶容貌丑陋，身材矮小，又沉默寡言，但性情豪迈，胸襟开阔，不拘小节，有点仙子风范。

据说，刘伶放浪形骸，终年鹿车挟酒，小童背锹相随，称“死便埋我”，一生不以文翰为意，也不以官场为荣，仅以《酒德颂》流传后世，令人追慕。

有大人先生，以天地为一朝，万期为须臾，日月为扃牖，八荒为庭衢。行无辙迹，居无室庐，幕天席地，纵意所如。止则操卮执觚，动则挈榼提壶，唯酒是务，焉知其馀。

一万年太久，在刘伶看来，那也不过是须臾之间，开天辟地亦只是瞬间。此时，我们的眼前似乎出现了高唱《逍遥游》的庄子，鲲鹏展翅几万里，独于天地自由精神相往来。

以天地为家，以日月为窗牖，以八荒为居室，纵横其中，何其自在，何其潇洒。出行，任尔东西，随意飘荡。居家，美酒盈樽，佳肴满桌。不可或缺，唯酒是务。与天地为邻，与日月为伴，行无定处，住无定所。终日一壶酒，终年一乘车，奔波于人间，行走于世上。何其逍遥，何其开怀，何其浩荡的思维，何其博大的襟怀，《酒德颂》实为中国的酒文化鸣锣开道之作。

有贵介公子，缙绅处士，闻吾风声，议其所以。乃奋袂攘襟，怒目切齿，陈说礼法，是非锋起。

这样的生活方式，自然会引起正人君子的不满，如此放荡不羁，如此放浪形骸，礼法何在，是非何在，秩序何在？

若人人放浪形骸，那么，谁将辨明是非曲直？若人人皆醉不醒，那么，谁将拯救天下苍生？历史的车轮不可能永远走在那条不归路上，不可能永远走不出泥泞。

自古以来，两种思维方式的争斗，两种生存方式的博弈，始终纠缠不清。我们失意时借酒买醉，清醒后愁肠百结。自然也有借酒买醉之人，只是惺惺作态。唯有刘伶，不愧是酒仙，寄情醉酒，不复醒来，真正是物我相忘、天地相通。

先生于是方捧罂承槽，衔杯漱醪。奋髯箕踞，枕麹藉糟，无思无虑，其乐陶陶。兀然而醉，豁尔而醒。静听不闻雷霆之声，熟视不睹泰山之形。不觉寒暑之切肌，利欲之感情。俯观万物扰扰，焉如江汉之载浮萍。二豪侍侧，焉如蜾蠃之与螟蛉。

面对许多士人的矛盾，先生却依然故我，没有任何的矫情与犹豫。头枕酒槽，眼望星空，坐卧酒肆，心游八极，神通万化，其乐融融。从容而醉，颓然

简介

▷ 刘伶：字伯伦，魏晋时代有名的文士，“竹林七贤”之一。平生嗜酒，为李白所称颂“古来圣贤皆寂寞，惟有饮者留其名”。代表作品有《咒辞》《北芒客舍》《酒德颂》等。

而睡，心无挂碍，心底洞明。静默处不闻雷霆巨响，熟视处不见泰山之挺拔伟岸。心静时不觉寒暑之变化，眼明时不知利欲之熏心。忘思虑，绝是非，淡寒暑之苦，远利欲之惑，世事纷乱与我无关，人间烟火距我遥远。世间万物，真的一如这浮萍，一如这虫蚁，一如这流逝的江水，什么是可以捕捉的，什么是可以依赖的，什么又是可以长久的？俯瞰万物，如同那江上浮萍，任意东西，而又被江水左右。那些寄生期间的幼虫，更是无可奈何了。人生与世，与虫蚁何异？

世间万年不过瞬间之时，开天辟地也不过早晚之间，有什么是不朽的，有什么是永恒的，有什么是值得我们追求的？如此通透，如此顿悟的境界，何须惺惺作态，何须买醉卖官，何须放浪博虚名？

清人王符曾感慨：“真阔大，真风流，拂落俗里三斗许矣。不知酒中趣，不能道只字也。”若非真懂酒中味，也只能是为赋新词强说愁的虚伪，或者是借酒买醉而掩盖肤浅。

懂酒者，自然是真性情者。嗜酒者，自然是真君子，否则最多也只是酒囊饭袋而已。

丰子恺先生曾说：“三杯入口，万虑皆消。海鸟长鸣，天风振袖。但觉心旷神怡，仿佛身在仙境。”俗人若想借酒之名而附庸风雅，恐怕也只能贻笑大方。《酒德颂》，是酒文化中的典范之作，词气雄放不羁，议论落落大方，与题亦称亦切，且不失波折章法。

古往今来，以德颂酒，唯刘伶此篇。刘伶可谓文采卓越，可是，流传后世，唯此一篇而已，令人唏嘘，亦令人敬佩，不似那些俗字，有碍观瞻亦要用来博取名利。

从从容容慢慢变老

——《白发赋》左思

白　发　赋

星星白发，生于鬓垂。虽非青蝇，秽我光仪。策名观国，以此见疵。将拔将镊，好爵是縻。白发将拔，惄然自诉："禀命不幸，值君年暮。逼迫秋霜，生而皓素。始览明镜，惕然见恶。朝生昼拔，何罪之故？子观橘柚，一噐一晔。贵其素华，匪尚绿叶。愿戢子之手，摄子之镊。"

咨尔白发，观世之途。靡不追荣，贵华贱枯。赫赫阊阖，蔼蔼紫庐。弱冠来仕，童髫献谟。甘罗乘轸，子奇剖符。英英终贾，高论云衢。拔白就黑。此自在吾。

白发临欲拔，瞑目号呼："何我之冤，何子之误！甘罗自以辩惠见称，不以发黑而名著。贾生自以良才见异，不以乌鬓而后举。闻之先民，国用老成。二老归周，周道肃清。四皓佐汉，汉德光明。何必去我，然后要荣？"

咨尔白发，事各有以，尔之所言，非不有理。曩贵耆耄，今薄旧齿。皤皤荣期，皓首田里。虽有二毛，河清难俟。随时之变，见叹孔子。

发乃辞尽，誓以固穷。昔临玉颜，今从飞蓬。发肤至昵，尚不克终。聊用拟辞，比之《国风》。

当那个乡下人因为妹妹被选入宫而行走在京城大道上的时候，他并不知道自己未来的命运会因为一篇文章而改变。当那个其貌不扬、笨拙口讷的左思在父亲的白眼中慢慢长大的时候，他的父亲也不会知道，有一天自己青史留名靠的是这个并不乖巧的儿子。当那个不知天高地厚的左思打算向传统的门阀制度挑战，向当朝的文坛宗主宣战的时候，他并不知道自己是否真的可以凭借那支生花妙笔，令人对他刮目相看，让他可以昂首阔步地行走在上流社会。

据说，当听说左思欲写《三都赋》，陆机差点笑掉大牙，称乡下粗人所写文章，那稿纸只配用来覆盖酒缸。据说，左思为写《三都赋》，穷经皓首，昼夜冥思苦想，推敲出每一个满意的句子。十年辛酸十年血泪，一篇《三都赋》天下闻名，一万零一百一十三字字字玑珠。一时间洛阳纸贵，不少人只好到外地买纸，抄写这篇千古名赋。想当年盛况，真是羡慕古风古韵如此醇厚。今日文化昌盛，可几人真正读过当年引无数人痴迷的《三都赋》？亦或是纸张昂贵，不是一般读书人可以买得起的，所谓洛阳纸贵也只是小范围的传抄而已吧？

《三都赋》长篇大赋太难读，《白发赋》短篇小制易玩味，却也可一见左思文采。

明·程嘉燧《孤松高士图》

放眼世界，回望古今，有谁人生一帆风顺，有谁人生志得意满，有谁英年得志晚年得福？即使是少年得志，平步青云，却往往难得善终。即使是少年才俊，才华横溢，却往往无用武之地。即使是春光无限，光彩夺目，却往往花开有时，惜花无人。

或许该是束发读书之时，还是孟浪无知之时，还是嬉戏游乐之时，亦或许是迷途不知返、固执己见之时吧？但是：

拂去历史的尘埃，分明看到了那个年轻的身影，站立在战国的风口浪尖，匆忙奔走于为秦出使的旅途上，仅仅凭借三寸不烂之舌、五辆马车，为秦家赢得五座城池，那个自告奋勇的甘罗真是令人望尘莫及。不知他最终命运如何，不知他是否有幸体味自己华发初现的惊喜亦或惊恐。

透过历史的迷雾，分明看到了那个坚毅的身影，行走在春秋之时的大道上，步履坚定地走向阿地，决然将那些用于战争的武器销毁而打造成农具，在春秋战乱之时，这需要什么样的胆识与谋略？那个藐视一切的子奇，当他主动领受君命之时，心中早就已经谋划好了一切。不知他后来官运如何，不知他最终是否可以慢慢老去寿终正寝。

撩开历史的帷幔，分明看到了那个潇洒的身影，一路走入长安宫廷进谏直言，那些高谈阔论令汉武大帝为之动容，令少年天子啧啧称奇。这是怎样的荣耀啊，如此的人生何其辉煌，何其壮怀激烈！只是富贵短暂，命途多舛，年仅二十就客死异乡。或许是太过骄纵，或许是年少无知目中无人，十八岁得志，二十岁被杀，这样的人生何其悲叹！终军，他没有看到自己白发初生之时的模样，没有看到自己渐渐老去的容颜，却已魂归黄泉。这是一种幸福还是不幸？

翻阅历史的扉页，分明看到那个自命不凡的才子，滔滔不绝的廷对令文帝大加赞赏。与君王面谈，这是何等的荣耀。可是，那些治国方略并不为无为而治的文帝真正推行，最后也只是被发配边地。长沙王少傅府邸如何能成为贾谊实现理想抱负的舞台？当长沙王偶然从马背上摔下致死之时，也是贾谊人生的终结。贾谊死时，年仅三十。贾谊，没有机会等到自己老态龙钟、步履蹒跚时，没有看到夕阳西下之时的苍凉与悲壮。当他的生命戛然而止的时候，内心会做何感叹？

剥去历史的假象，分明看到了那些少年得志者身后的悲哀与凄凉，分明看到了他们年轻的容颜下难以掩饰的泪花与丝丝忧愁，分明感受到青丝飘飞背后的辛酸与苦楚。

据说，周文王以德治国，让那些隐居山野的村夫纷纷投奔而来，就连孤竹君的儿子伯夷叔齐也相继离开山林，因而周朝天下大治。据说，张良为吕后出谋划策，请商山四皓出面辅佐太子，使高祖皇帝放弃更立太子之心。历史果真如此？阅读这段历史，始终不明白，当年的商山四皓真的出山为太子说话？是张良巧舌如簧，还是四皓耐不住寂寞了？是太子真的如此贤慧，还是吕后手段太过高明？不管怎么说，历史如此假设，那么，满头白发者并不是就不能被人重用。

满头青丝自然可喜可贺，偶有白发也不必在意。面对白发，当坦然处之，何须伪装的光鲜，何须自欺的遮掩。其实人生，不会因为青丝就更有成就，也不会因为白发就受人排挤；不会因为青丝而被人轻视，也不会因为白发而被人重用。

从从容容慢慢变老，何尝不是一种幸福？白发的存在，不只是身体发肤受之父母的尊重，不只是坦然面对生死的大气。白发的存在，是一个人经历过的证据，是慢慢流失的时间的证据，是一个人生命过程的证据。白发的存在是幸福的，那是战胜过早来临的死亡的证据，是战胜疾病的证据，是战胜一切过早来临的意外的证据。人生的得与失、成与败，并不与白发相关。有人，老骥伏枥，烈士暮年壮心不已。有人，正值壮年，心灰意冷怨天尤人。

简介

▷ 左思：字太冲，西晋著名文学家。自幼其貌不扬却才华出众，其作品旧传有五卷，今存者仅赋两篇、诗十四首，《三都赋》与《咏史》诗是其代表作。其中，《三都赋》当时颇被称颂，造成一时“洛阳纸贵”，在序中左思批评前人作赋“侈言无验，虽丽非经”，提出作赋应“贵依其本”“宜本其实”。

是的，甘罗是因为他的才气被重用，而不是因为他的年轻；贾谊是因为他的策论被文帝青睐，而不是因为他的青丝；伯夷叔齐不是因为他们的年老被尊重，而是因为他们高尚的节操；商山四皓不是因为他们的白发被推崇，而是因为他们的声望。

人生本无常，无常的人生总是悲哀多于喜悦。左思虽有满腹经纶，可惜生于西晋门阀制度最为严厉的时期。士族把持朝权，出身豪门的官宦子弟，年少得志，世袭高位，出入宫门。出生低微的寒门士子，即使文采超群，胸怀经世之志，也难展抱负。眼见华发丛生，日渐老去，自然感叹良多。

此时，犹如空谷足音，我的耳边响起了那首千古名曲《广陵散》，那种世无知己的悲鸣之音，那种天籁般的绝响，传达的何尝不是左思的心声？

活在当下，忘怀得失

——《兰亭集序》王羲之

兰亭集序

永和九年，岁在癸丑，暮春之初，会于会稽山阴之兰亭，修禊事也。群贤毕至，少长咸集。此地有崇山峻岭，茂林修竹，又有清流激湍，映带左右，引以为流觞曲水，列坐其次。虽无丝竹管弦之盛，一觞一咏，亦足以畅叙幽情。

是日也，天朗气清，惠风和畅。仰观宇宙之大，俯察品类之盛，所以游目骋怀，足以极视听之娱，信可乐也。

夫人之相与，俯仰一世。或取诸怀抱，悟言一室之内；或因寄所托，放浪形骸之外。虽趣舍万殊，静躁不同，当其欣于所遇，暂得于己，快然自足，不知老之将至：及其所之既倦，情随事迁，感慨系之矣。向之所欣，俯仰之间，已为陈迹，犹不能不以之兴怀，况修短随化，终期于尽！古人云："死生亦大矣"，岂不痛哉！

每览昔人兴感之由，若合一契，未尝不临文嗟悼，不能喻之于怀。固知一死生为虚诞，齐彭殇为妄作。后之视今，亦犹今之视昔，悲夫！故列叙时人，录其所述，虽世殊事异，所以兴怀，其致一也。后之览者，亦将有感于斯文。

暮春时节，应该是享受人生的最佳节令吧？"暮春者，春服既成，冠者五六人，童子六七人，浴乎沂，风乎舞雩，咏而归。"佳友如云，踏青郊游，沐浴春风，吟诵风月，怡然而归，人生极乐也。孔子对学生的这种人生追求由衷赞赏。看来，汲汲奔波的孔子也赞成生活当是张弛有度的。

南北朝丘迟说："暮春三月，江南草长，杂花生树，群莺乱飞。"江南腹

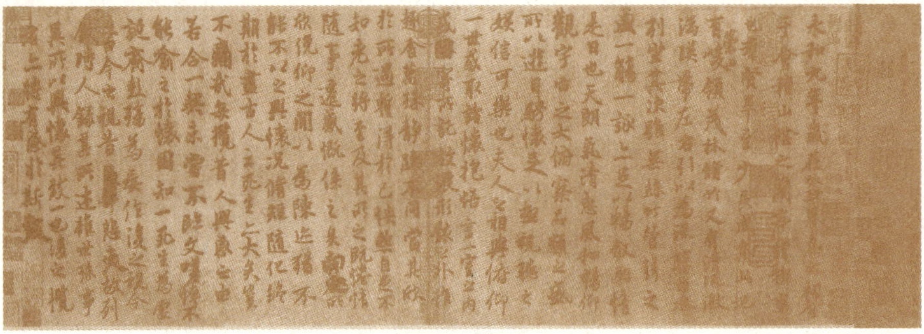

《兰亭神龙本》

地，暮春三月，可以赏花，可以观树，可以闻香，可以看飞鸟，可以结伴宴游，人生何其快哉!

浙江绍兴，会稽之山，兰亭之畔，暮春三月，群贤雅聚，祈福畅叙，人生能几回？

山水诗兴起于魏晋之时不是一种偶然。魏晋文人，自然已不是见山是山、见水是水，而是可娱可乐、可歌可咏的。王羲之笔下，之竹，言其修而弃其绿；之水，言其清而弃其碧；之山，言其高而弃其秀。想来江南之山，高不过数百尺，何来高峻？先生如是说，自然是因个人好恶所致。

流觞曲水，相比猜拳行酒，自然风雅得多。诗文唱和，自然比丝竹管弦更具名士之风。何况这样的唱和，是在惠风和畅的三月，在阳光明媚的春天，在天高地迥、视野开阔的兰亭，是与相知的高朋唱和，是心灵自适时的放歌。

人生苦短，往往是在极乐之时生发的感叹。人生意义，这是千古永恒追问的命题。

情趣不同，悲喜各异，生也短暂，兴叹相同，修短随化，终期于尽。心静如水，心清如泉也罢；心浮气躁，汲汲名利也罢，结果却是相同的。这样的思想，正是魏晋名士玄谈之风兴起的基调，山水诗词于是乎兴。

但是，不同的人生，结局真的相同吗？或许相同的只是形式而已。我们总是说，生命的意义不在开始也不在结果，在于过程。其实，过程是重要的，结果同样也是重要的，只有开始是不必在意的。

王羲之，毕竟不是一般的空谈家，否则，他如何将自己的书法练得如此出神入化？对待生死，他有着清醒的认识，他懂得文人诗词中的嗟悼悲鸣，懂得士人难以言说的内心挣扎，懂得所谓生死一体的虚妄无稽。

人生的矛盾与痛苦，就在于既懂得生命的短暂，一切的追寻都是过眼云烟，又无法安心过着行尸走肉的生活；既懂得个体的生命相对于茫茫宇宙的微不足道，又不愿无所作为任凭年华老去；既懂得用尽一生追求的生命价值在历史长河中显得何其渺小，又念念不忘赢得生前身后名。这就是我们的人生，这就是王羲之乐极生悲、悲从中来的真实原因，没有人能够逃出这样的悖论。旷达如苏轼，也只能空叹“人生到处知何似？恰似飞鸿踏雪泥，雪上偶尔留趾爪，鸿飞哪复计东西”！人生无法预知，无法停留，无法回头，永远身处漂泊之地，不知何处是归路。

当生活多姿多彩的时候，潇洒自在；当生命充盈丰沛的时候，游目骋怀。把握当下，忘怀得失，何必纠缠已经过去的往事，何必考虑难以预知的未来？拥有时，总是担心失去的那一天，这样的人生多么辛苦？年轻时，总是想象年华老去的悲哀，这样的人生快乐何在？就如同今日，人生四美——良辰、美景、赏心、乐事，四美具，何必想着欢会日短、离散易长？

简介

▷ 王羲之：字逸少，东晋时期著名书法家，有“书圣”之称。其书法风格平和自然，笔势委婉含蓄，遒美健秀。其代表作《兰亭序》被誉为“天下第一行书”，与颜真卿的《祭侄季明文稿》、苏轼的《寒食帖》并称三大行书书法帖。

一篇被误读千年的辞赋

——《归去来兮辞（并序）》陶渊明

归去来兮辞（并序）

余家贫，耕植不足以自给。幼稚盈室，瓶无储粟，生生所资，未见其术。亲故多劝余为长吏，脱然有怀，求之靡途。会有四方之事，诸侯以惠爱为德，家叔以余贫苦，遂见用于小邑。于时风波未静，心惮远役。彭泽去家百里，公田之利，足以为酒。故便求之。及少日，眷然有归欤之情。何则？质性自然，非矫厉所得。饥冻虽切，违己交病。尝从人事，皆口腹自役。于是怅然慷慨，深愧平生之志。犹望一稔，当敛裳宵逝。寻程氏妹丧于武昌，情在骏奔，自免去职。仲秋至冬，在官八十余日。因事顺心，命篇曰《归去来兮》。乙巳岁十一月也。

归去来兮，田园将芜胡不归？既自以心为形役，奚惆怅而独悲？悟已往之不谏，知来者之可追。实迷途其未远，觉今是而昨非。舟遥遥以轻飏，风飘飘而吹衣。问征夫以前路，恨晨光之熹微。

乃瞻衡宇，载欣载奔。僮仆欢迎，稚子候门。三径就荒，松菊犹存。携幼入室，有酒盈樽。引壶觞以自酌，眄庭柯以怡颜。倚南窗以寄傲，审容膝之易安。园日涉以成趣，门虽设而常关。策扶老以流憩，时矫首而遐观。云无心以出岫，鸟倦飞而知还。景翳翳以将入，抚孤松而盘桓。

归去来兮，请息交以绝游。世与我而相违，复驾言兮焉求？悦亲戚之情话，乐琴书以消忧。农人告余以春及，将有事于西畴。或命巾车，或棹孤舟。既窈窕以寻壑，亦崎岖而经丘。木欣欣以向荣，泉涓涓而始流。善万物之得时，感吾生之行休。

已矣乎！寓形宇内复几时？曷不委心任去留？胡为乎遑遑欲何之？富贵非吾愿，帝乡不可期。怀良辰以孤往，或植杖而耘耔。登东皋以舒啸，临清流而赋诗。聊乘化以归尽，乐夫天命复奚疑！

被称为“隐逸诗人之宗”的陶渊明，开创了田园诗体，第一次将酒文化化入诗词之中，或陶然自醉，或痛陈时弊，他的桃源梦境成为后世许多文人墨客的内心追寻。陶渊明，生时凄凉，死后哀荣。感谢萧统的睿智，因了他的推崇；感谢权势的魅力，因了后代北宋文坛欧阳修、王安石、苏轼的极力推崇，自此，陶渊明的追求，成为许多文人骚客的诗赋境界。

欧阳修说：“晋无文章，惟陶渊明《归去来兮辞》一篇而已。”对此文是极度赞誉。鲁迅说：“陶潜正因为并非‘浑身是静穆’，所以他伟大。”可谓千古知音。

陶渊明的归隐，因了当初的半亩方塘，因了安贫乐贱的贤妻，因了天然自成的禀赋。但是，他的归隐，实在是一种不得已而为之的无奈之举。人虽归隐，心难安适，生活的窘迫不得不仰人鼻息，离开官场是不愿为五斗米折腰，归隐之后的常态生活却又难免为柴米油盐折腰。一方面沉醉于“我醉欲眠卿可去”的洒脱，一方面大济苍生壮志难忘，他可以看透名利，看淡生死，依旧难以真的洒脱，对亲人、对孩童、对妻子有一份执著之爱，却又无力给他们一个平静而温饱的最低生活保障。士人归隐，要有一个基本的生活条件，但是，那个半亩方塘因了一次大火而连三间茅屋也化为灰烬，只有栖身旧船漂流江上，困苦之状何以堪？因家贫而入世却五仕五隐，辛酸之情何以堪？因“猛志逸四海”却始终徘徊

明·陈洪绶《归去来图》

在小吏小官之间，狼狈之状又何以堪？

精神若真正超然于现实的纷纷扰扰之上，灵魂若真的不累于欲、不滞于物，何劳避世于深山，何必幽栖于岩穴？若真的超然物外，真的“觉今是而昨非”，那么，何来惆怅，何来悲伤？

归去来兮，田园将芜胡不归？既自以心为形役，奚惆怅而独悲？悟已往之不谏，知来者之可追。实迷途其未远，觉今是而昨非。舟遥遥以轻飏，风飘飘而吹衣。问征夫以前路，恨晨光之熹微。

简介

▷ 陶渊明：字元亮，（又一说名潜，字渊明），号五柳先生，私谥“靖节”，东晋末期南朝宋初期诗人、文学家、辞赋家、散文家。田园生活是其诗作的主要题材，相关作品有《饮酒》《归园田居》《桃花源记》《五柳先生传》《归去来兮辞》等。

这是诗人最后一次绝然远离官场的内心独白。在人生不惑之年，似乎明白了自己真正需要的生活状态。陶渊明，骨子里的那份对自然的追慕，对自由的向往，令他毅然放弃赖以生存的立足之本。彭泽县令，相比诗人内心的壮志实在相距太远。若只是为了糊口，是不必为五斗米折腰，放弃这样的官位又何足惜？思想被外物禁锢，心灵被世人左右，仅仅因为五斗米，千年之下的我们也是不愿为之的。但是，陶渊明在选择离开之时，内心并不是真正的轻松，心中充满惆怅而伤感。这样的惆怅如何与外人道？只有独自悲伤，只有自我安慰。或许是以前的一切都是错的？那五次入世的选择，那“猛志逸四海”的豪言，那为了酒肉穿肠过的低首，真的是错的了？但是，从二十九岁到四十一岁，这些错误已经让自己的生命走过了人生中辉煌的岁月。那些一去不复返的日子，应该是可以让自己清醒的了，是到了为自己选择一条更为现实的道路了。二十九年的努力与准备，并没有为自己赢得立锥之地。在那个没有真理的时代，陶渊明甚至并不知道自己的所谓猛志是什么，更不会知道自己如何实现建功立业的志向。四十年的岁月，几乎都是在迷茫中度过。只有现在，才终于明白了自己的那些所谓的理想，原来只是一个虚无的梦境而已。晓风吹拂，轻舟荡漾，晨光微露，前路在何方？征夫，你可能够告诉我？

乃瞻衡宇，载欣载奔。僮仆欢迎，稚子候门。三径就荒，松菊犹存。携幼入室，有酒盈樽。引壶觞以自酌，眄庭柯以怡颜。倚南窗以寄傲，审容膝之易安。园日涉以成趣，门虽设而常关。策扶老以流憩，时矫首而遐观。云无心以出岫，鸟倦飞而知还。景翳翳以将入，抚孤松而盘桓。

当所有的努力最终只是一个虚幻的梦境之时，抬头远望，那个家园始终守候着漂泊的孤魂。天真的孩童，荒芜的小径，苍翠的青松，孤高的秋菊，是一个怎样温馨的所在？一壶美酒，一树苍翠，一缕穿窗而过的阳光，一间溢满亲情的陋室，一扇无人打扰的门扉，漫步其间，何其快哉？有终于冲破“尘网”、挣脱“樊篱”的欢欣鼓舞，有久别重逢、安享天伦的喜悦，有闲庭信步、触目成趣的宁静，有饮酒寄傲、与世隔绝的孤高自许，也有策杖流憩、矫首遐观的自然情趣。

闲暇之时，拄杖倚翠，遐观四方，心驰荡漾。山间缭绕的云霓多么自在，日暮归巢的飞鸟何其从容，令人流连忘返，视线所及，却不是心能所往。暮色降临，孤松独立，四野苍茫，顿感怅惘，心中的那个梦想似乎已经遥远。但是，自己却并不能如那飞鸟般可以四处觅食，也并不能如那浮云般可以自足自安。似乎，在某一个无人的夜晚，独自回望，四十年的人生如梦幻般的呈现开来。

归去来兮，请息交以绝游。世与我而相违，复驾言兮焉求？悦亲戚之情话，乐琴书以消忧。农人告余以春及，将有事于西畴。或命巾车，或棹孤舟。既窈窕以寻壑，亦崎岖而经丘。木欣欣以向荣，泉涓涓而始流。善万物之得时，感吾生之行休。

虽说是难以忘怀，虽说是心中不平，可是，年过四旬，还能有什么希冀，何况是在这样一个纷争的时代，还是归隐吧，还是离开喧闹的尘世吧，还是驾车远游吧，只有亲情才是真实的，只有寄情琴瑟、寄情诗书。可以解忧，唯有杜康。只是贫病交加的诗人，一杯淡酒聊寄愁怀，也是一个遥远的奢望。那么，不如寄情山水之间吧。一叶孤舟，一架篷车，可以寻访幽壑，可以循迹荒丘，看树木葱郁，听泉水叮咚。万物皆有法则，吾生也有涯，何必还情有所牵，心有所碍。

已矣乎！寓形宇内复几时？曷不委心任去留？胡为乎遑遑欲何之？富贵非吾愿，帝乡不可期。怀良辰以孤往，或植杖而耘耔。登东皋以舒啸，临清流而赋诗。聊乘化以归尽，乐夫天命复奚疑！

诗人一再告诫自己，忘怀得失，寄情山水，钟情人间亲情，才是真实的生活。但是，在这种一再的呼告之中，我们眼前出现的却是一个形影孤单的诗人。他内心的孤寂徘徊几乎与生俱来，那曾经显赫的家世没有给他带来任何仕途的帮助，却给他带来梦幻般的人生理想。他崇尚自然的秉性，如何懂得在权谋社会中争权夺利？一任天性的诗人，浪漫而单纯的诗人，如何混迹官场？诗人不是不想立足仕途，而是入世无门，晋升艰难。门阀等级森严的东晋社会，只可能培养大批的隐逸诗人，却不可能给寒门之士晋升的阶梯。

诗人在最后一次选择归隐的同时，已然明了前途渺茫，一个小小的彭泽县令是不可能给他带来任何荣光与辉煌的。不是不想富贵，而是富贵难求；不是不想神仙之境，而是那根本就是一个虚妄之谈。还是让自己在这个清醒的早晨，在这个晨曦微露的时刻，独自离开吧！去到田间，去到高岗，去到溪边，去吟啸，去放歌，去赋诗，去看风景，去郊游……让生命归于大化，让理想归于尘土，让心性自在起来。

诗人一生历经坎坷，二十九岁初次出仕，已是高龄而勉为其难。四十一岁退隐田园，其间五次转折。四十四岁，仅有的聊以为生的资产毁于一场大火。可是，在五十七岁，老病缠身，衰损不堪，面对死神之时，他却用理想主义的光芒为我们构造了一个自由王国、人间天堂。从此，桃源梦想历经千年，成为文人骚客永远的栖身之地，成为他们坚守信仰的最后归宿。我们因了《归去来兮辞》，而感佩诗人内心苦苦的挣扎，因了《桃花源记》，而感佩诗人始终不渝的理想追求。如果我们只将诗人解读成简单的隐逸者，或者将桃源梦想看成诗人对现实的逃避，实在是一种误读了。

明月从此寄相思

——《月赋》谢庄

月　　赋

陈王初丧应、刘，端忧多暇。绿苔生阁，芳尘凝榭。悄焉疚怀，不怡中夜。乃清兰路，肃桂苑；腾吹寒山，弭盖秋阪。临浚壑而怨遥，登崇岫而伤远。于时斜汉左界，北陆南躔；白露暖空，素月流天。沉吟齐章，殷勤陈篇。抽豪进牍，以命仲宣。

仲宣跪而称曰："臣东鄙幽介，长自丘樊，昧道懵学，孤奉明恩。

臣闻沉潜既义，高明既经，日以阳德，月以阴灵。擅扶光于东沼，嗣若英于西冥。引玄兔于帝台，集素娥于后庭。朒朓警阙，朏魄示冲。顺辰通烛，从星泽风。增华台室，扬采轩宫。委照而吴业昌，沦精而汉道融。

若夫气霁地表，云敛天末；洞庭始波，木叶微脱。菊散芳于山椒，雁流哀于江濑。升清质之悠悠，降澄辉之蔼蔼。列宿掩缛，长河韬映；柔祇雪凝，圆灵水镜；连观霜缟，周除冰净。君王乃厌晨欢，乐宵宴；收妙舞，弛清县；去烛房，即月殿；芳酒登，鸣琴荐。

若乃凉夜自凄，风篁成韵。亲懿莫从，羁孤递进。聆皋禽之夕闻，听朔管之秋引。于是丝桐练响，音容选和；徘徊《房露》，惆怅《阳阿》。声林虚籁，沦池灭波。情纡轸其何托？愬皓月而长歌。

歌曰：'美人迈兮音尘阙，隔千里兮共明月。临风叹兮将焉歇？川路长兮不可越。'歌响未终，馀景就毕，满堂变容，回遑如失。又称歌曰：'月既没兮露欲晞，岁方晏兮无与归；佳期可以还，微霜沾人衣。'"

陈王曰："善。"乃命执事，献寿羞璧。"敬佩玉音，复之无斁。"

魏晋南北朝时期应该是出辞赋大家的时期，随便一篇文章，都是耐人回味的好作品。读汉赋，读魏晋文选，足见中国汉字魅力的无穷与文化底蕴的深厚。

据说谢庄有五子，分别以风、月、山、水、草命名，足见其秉性孤高而风雅。也据说，谢庄七岁即通《论语》，擅写文章，一时称颂。只是在中国源远流长的文学史上，谢庄实在称不上大家，生平记载简略，很轻易被掩埋在历史的风尘中。但是，一篇《月赋》，却历经风雨，流传至今。《月赋》，第一篇专门写月的抒情小赋，与宋玉《风赋》、谢惠连《雪赋》并称于世。宋孝武帝为之“称叹良久”，认为是“前不见古人，后不见来者”的佳作。

陈王初丧应、刘，端忧多暇。绿苔生阁，芳尘凝榭。悄焉疚怀，不怡中夜。乃清兰路，肃桂苑；腾吹寒山，弭盖秋阪。临浚壑而怨遥，登崇岫而伤远。于时斜汉左界，北陆南躔；白露暧空，素月流天。沉吟齐章，殷勤陈篇。抽豪进牍，以命仲宣。

一直很喜欢这样的生活场景，有佳友相聚，诗文唱和，自在而坦荡；有美酒助兴，琴瑟相和，逍遥而畅快。若得子建赋诗，又得洛神起舞，再得嵇康抚琴，该是怎样的神仙景况？读《月赋》，似可沉入这样的境界之中自得其乐。

风流倜傥的曹子建，诗文独步天下。以曹子建的多情与多才，对月抒怀，情感自然丰富而深沉。朋友离散，无可寄托，心内哀怨而凄凉。幽禁的生活，一定抑郁而忧愁。嘉宾驾云仙鹤，怎么不叫人辗转反侧叹息连连？青苔丛生，灰尘满阁，已经有多久没有出行了？于是驾车出游，在秋天的夜晚。于是吹箫寄情，在郊外的寒山。于是伤怀叹息，在泉水之滨。于是怀想当年，在高山之巅。看银汉天河，星宿忙碌奔波。看月挂中天，吟唱《诗经》歌谣。此情此景，怎可没有佳友唱和？挥毫泼墨，令谢庄前来助兴。

明·杜堇《陪月闲行图》

你看他，起笔不凡：

臣闻沉潜既义，高明既经，日以阳德，月以阴灵。擅扶光于东沼，嗣若英于西冥。引玄兔于帝台，集素娥于后庭。朒脁警阙，朏魄示冲。顺辰通烛，从星泽风。增华台室，扬采轩宫。委照而吴业昌，沦精而汉道融。

天经地义，是一种自然法则，无人可以违逆。太阳光耀人间，给人温暖，令人感恩。月光清辉漫撒，给人遐思，引人沉静。日出月落，循环之中，人生得以圆满。遥望天河，孤月高悬，看那月宫之中，当有月兔奔走于帝台之上，当有嫦娥起舞于庭院之中，当有月神警示人间的兴衰与荣辱，当有月娥昭示人心的温婉与淡定。否则，怎会有吴氏梦月入怀，而有开创东吴帝业的孙策的横空出世？怎会有李氏梦月入怀，而有西汉元帝至尊的皇后降临人间？星月相遇，风雨相生，泽被人间；星月照耀，天地生辉，空明澄净。

月儿，自从进入文人的视线，就被赋予了许多神奇的色彩与丰富的内蕴。它的神秘莫测，它的传说纷纭，它的孤高冲淡，一直是许多人神往与追寻的境界，是许多人热望与梦想的天地。在哲学家眼中，月儿是预示万物盛衰的标尺。在政治家眼中，月儿是预示国家兴衰的神器。在文人眼中，月儿是抒发喜怒哀乐的意象。

若夫气霁地表，云敛天末；洞庭始波，木叶微脱。菊散芳于山椒，雁流哀于江濑。升清质之悠悠，降澄辉之蔼蔼。列宿掩缛，长河韬映；柔祇雪凝，圆灵水镜；连观霜缟，周除冰净。君王乃厌晨欢，乐宵宴；收妙舞，驰清县；去烛房，即月殿；芳酒登，鸣琴荐。

其实，只有才华横溢的文人才会真正给月儿以最真最美的文字。谢庄以他的神来之笔，如梦如幻地抒写了一次月华初升的灵动。

碧空万里，乌云消褪，水波微澜，黄叶飘零。山坡上，菊花在秋日的傍晚散发着幽香；江滩岸，南归的鸿雁在秋气的萧瑟中发出声声哀鸣。此时，一轮孤月慢慢升起，清辉柔和地洒向大地，洒向天空，群星顿时黯淡，银河瞬间失色。你看那月辉，令大地朦胧起来，若铺上一层洁白的婚纱；令天空纯净起来，若通透的明镜一般；令楼台迷离起来，若披上银装分外妖娆；令台阶也玲珑起来，若装饰着水晶一般明净。天地间，呈现出一片清幽素洁的景象，这样的美景怎不令人销魂？

夜夜笙歌，日日欢唱，如何与这样的宁静相媲美？丝竹再悦耳，也只是人力所为。歌舞再曼妙，也只可一时助兴。宫殿再辉煌，也只是虚假的表象。这一切哪里比得上这月华初现的高洁与纯净，没有一丝一毫的杂质与杂念。重新摆上美酒，重新调整音弦，抛却那些靡靡之音，抛却那些逢场作戏，与月华共舞，与清辉同醉。

简介

▷ 谢庄：字希逸，南朝宋文学家。他的诗作既有元嘉诗风典正繁奥的特点，又已露齐梁诗风清新婉丽之端倪，其诗文讲究声律，音节优美，实为永明文学之先声，代表作品有《怀园引》《山夜忧》《月赋》等。

若乃凉夜自凄，风篁成韵。亲懿莫从，羁孤递进。聆皋禽之夕闻，听朔管之秋引。于是丝桐练响，音容选和；徘徊《房露》，惆怅《阳阿》。声林虚籁，沦池灭波。情纡轸其何托？愬皓月而长歌。

寒夜微凉，独自心伤之时，只觉风吹竹林，也是一首凄美的歌曲。对月抒怀，思念故友之时，只觉孤鹤哀鸣，也是一首动人的诗篇。静坐秋夜，感怀伤事之时，只觉洞箫弦音，也是一篇哀悼的祭文。听深林涛涛，看池水涟漪，诉衷情于谁？故友乎？已是天人永隔。明月乎？却是无端惹情丝。还是诉诸琴弦，让《房露》的幽怨、《阳阿》的怅惘，传达内心的痛楚吧！

歌曰："美人迈兮音尘阙，隔千里兮共明月。临风叹兮将焉歇？川路长兮不可越。"歌响未终，馀景就毕，满堂变容，回徨如失。又称歌曰："月既没兮露欲晞，岁方晏兮无与归；佳期可以还，微霜沾人衣！"

陈王曰："善。"乃命执事，献寿羞璧。"敬佩玉音，复之无斁"。

还是放歌吧，内心的伤怀只有自己最为明了。皓月当空，引人怀远，忧思不绝。虽路途遥远，音讯断绝，可是，还可共赏一轮孤月，还可临风吟咏，畅叙幽情。落月西坠，霜露凝重，夜深人静时，无人同归，何其凄凉。游子啊，还是回去吧，趁着曦光微露，趁着身体尚健，趁着家人尚在；还是回去吧，趁着太阳初升，趁着月落西沉，趁着友人尚在。

"旧时王谢堂前燕，飞入寻常百姓家。"谢氏一族曾经风光无限，可是大多寿命短浅。虽居高位，却难免惶恐。到谢庄一脉，虽尚能维持高位，却又疾病缠身，遭受多方猜忌，自称已是"常如行尸"而"无意于人间"。谢庄或许已经深感家族没落的必然，借明月抒伤怀与抑郁，借故人道忧惧与无奈。那一轮明月，寄予了多少的思情与衷情，令后人读之泪洒纸巾，伤怀不已。

一次儒道交锋的心灵对话

——《北山移文》孔稚珪

北山移文

钟山之英，草堂之灵。驰烟驿路，勒移山庭。夫以耿介拔俗之标，萧洒出尘之想，度白雪以方絜，干青云而直上，吾方知之矣。若其亭亭物表，皎皎霞外，芥千金而不眄，屣万乘其如脱。闻凤吹于洛浦，值薪歌于延濑，固亦有焉。岂期终始参差，苍黄翻覆，泪翟子之悲，恸朱公之哭，乍回迹以心染，或先贞而后黩，何其谬哉！呜呼！尚生不存，仲氏既往，山阿寂寥，千载谁赏！

世有周子，隽俗之士，既文既博，亦玄亦史。然而学遁东鲁，习隐南郭，偶吹草堂，滥巾北岳，诱我松桂，欺我云壑，虽假容于江皋，乃缨情于好爵。其始至也，将欲排巢父，拉许由，傲百氏，蔑王侯。风情张日，霜气横秋。或叹幽人长往，或怨王孙不游。谈空空于释部，核玄玄于道流。务光何足比，涓子不能俦。及其鸣驺入谷，鹤书赴陇，形驰魄散，志变神动。尔乃眉轩席次，袂耸筵上，焚芰制而裂荷衣，抗尘容而走俗状。风云凄其带愤，石泉咽而下怆，望林峦而有失，顾草木而如丧。

至其纽金章，绾墨绶，跨属城之雄，冠百里之首。张英风于海甸，驰妙誉于浙右。道帙长殡，法筵久埋。敲扑喧嚣犯其虑，牒诉倥偬装其怀。琴歌既断，酒赋无续。常绸缪于结课，每纷纶于折狱。笼张、赵于往图，架卓、鲁于前箓，希踪三辅豪，驰声九州牧。

使我高霞孤映，明月独举，青松落阴，白云谁侣？涧石摧绝无与归，石径荒凉徒延伫。至于还飙入幕，写雾出楹，蕙帐空兮夜鹄怨，山人去兮晓猿惊。昔闻投簪逸海岸，今见解兰缚尘缨。于是南岳献嘲，北垄腾笑，列壑争讥，攒峰竦诮。慨游子之我欺，悲无人以赴吊。故其林惭无尽，涧愧不歇，秋桂遗风，春萝罢月，骋西山之逸议，驰东皋之素谒。

今又促装下邑，浪栧上京，虽情投于魏阙，或假步于山扃。岂可使芳杜厚颜，薜荔无耻，碧岭再辱，丹崖重滓，尘游躅于蕙路，污渌池以洗耳。宜扃岫幌，掩云关，敛轻雾，藏鸣湍，截来辕于谷口，杜妄辔于郊端。于是丛条瞋胆，叠颖怒魄，或飞柯以折轮，乍低枝而扫迹。请回俗士驾，为君谢逋客！

在《后汉书》中，对孔稚珪的记载只有简单的为官经历。孔稚珪，作为魏晋南北朝时期玄学的后期人物，思想虽与前辈有诸多不同之处，但骨子里依旧有着相同的地方。他不是一个热衷玄谈的空想家，也不是一个隐迹山林的逍遥派，只是在骨子里，在生活的某一个方面表现出隐者的特立独行。他的仕途生活基本算是平稳，没有大起大落，不需要老庄思想来为自己寻求精神的慰藉，只是在心情轻松的时候，将隐逸生活与隐者思想作为一种谈资。

据说孔稚珪，气质高洁，吟诵风雅，甚喜饮酒，七八斗不醉。悠闲时，濒山临水而居，自斟自饮，心无杂念，门庭杂草不除，时传蛙鸣之声，以助酒兴。这样的生活状态，并不能就说明孔先生是一个隐者，最多只说明他是一个懂得享受生活情趣的人，亦或是魏晋士人的遗风遗俗使然。

孔稚珪诗才一般，并没有留下值得玩味的诗词，那些没有流传下来的估计是随风而逝了。但《北山移文》，成为赋体韵文中的名篇佳作，让孔稚珪文史留名。《北山移文》，为我们展示了许多美好的生活场景：

远离尘世的山林，是天地之精华。摈弃浮华的草堂，是精神的神殿。山神啊，你曾经多么幸福，与超俗耿介之人为伍，与品德高洁之人为伴，与人格高贵之人为友。

在东周末年的纷争中，我们似乎看到了在洛水之滨，那个先知先觉的王子乔，横吹凤箫，视帝位如草芥，踏云而去。

在山间小道的蜿蜒中，我们似乎看到了在高山之巅，那个仙风道骨的打柴人，眉宇舒展，视圣贤如无物，踏歌而去。

在纵横交错的歧路口，我们似乎看到了在道家之门，那大声疾呼的墨翟杨

简介

▷ 孔稚珪：一作孔珪，字德璋，南朝齐骈文家。不乐世务，居宅盛营山水，“门庭之内，草莱不剪”。《隋书·经籍志》载孔稚珪有集10卷，现仅存文10多篇，最著名的作品是骈文《北山移文》。

朱，悲伤落泪，看人生反复无常，忧心忡忡。

在东汉末年的混乱中，我们似乎看到了隐者尚生醉心于名山大川，与世隔绝，不知所终；似乎看到仲长统悠游偃仰，长叹名不长存，人生易灭。

在春秋纷争的岁月中，我们似乎看到了得道者颜阖，甘居陋巷而不应鲁君之约，甘愿穿粗布之衣而不受千金之赏，甘愿食干草而不愿面见鲁君使者；似乎看到隐者南郭子綦隐，甘愿席地而坐不求富贵荣耀，仰天而叹心无杂念，忘情一切置身世外。

在尧舜禅让的开明中，我们重温了巢父遗牧的故事，筑巢而居，隐居聊城，辞尧禅让，放牧了却一生；重温了许由洗耳的传说，这位古代第一隐士，隐居箕山，挂瓢洗耳，拒绝世俗纷扰。

在汤武贤明的时代里，我们似乎亲见那个清秀脱俗的务光，操手抚琴，以草叶为食，面对商汤禅位，负石沉水而死。还有，那个隐于芒砀山的得道仙人涓子。

这些早已远去的背影，他们的行为可谓特立独行，他们的思想可谓超凡脱俗，他们的思维可谓狂放不羁。他们的身后，留下了多少追慕的身影，留住了多少敬慕的眼光，引领着多少追随的脚步。

那个才华出众不同凡俗的周子，博学善文，精通玄学，长于史学，以为深得隐逸之道，似乎也有颜阖綦隐之风范，行吟于江畔，与松桂山崖为友，谈佛学的四大皆空，谈玄学的玄妙之理，叹士人忙于奔波名利隐居者少，叹王孙云游不归荒草蔓延。

人生真是无常啊，就是这样一个自命清高的人，当诏书到来，突然就迫不及待地脱下当年隐居时的破旧衣服，手舞足蹈，心驰神往，魂不守舍，得意洋洋，显露卑微的神情。隐居山林，却心驰山外。

若是身在山林之外，追求高官厚禄，或许并不是一件卑鄙的事情，只是，为什么当年如此的坚决，今日变化得又如此的快？那些相信了周子的风云、岩石、泉水，该要责怪自己真是太天真、太单纯，居然相信了一个人冲动时的人生选择。哀伤的百草啊，可怜的树木，它们那么轻易就相信了一个天大的谎言，将它们最真诚、最友好的情感献给了周子。可是，周子轻易地就背叛了它们，也背叛了当初的选择。

如今想来，是多么的可笑。那些伪君子们，在最初的时候，总是表现得过分的热情与超凡。他们居然小看那些古往今来真正的隐者与高士，只是将佛学与玄学看成招摇撞骗的武器。山林其实并不强求世人一定要出世避世，只是不要将山林作为晋升的阶梯，当作进入仕途的捷径，而玷污了山林的清幽与纯净。

离开山林的周子，身佩官印，峨冠博带，居高临下，何其威风，百里之外，美名远播，政绩卓著，百姓称道，审讯罪犯，为民伸冤，勤政教化，为民造福，伸张正义，为民请命，只希望自己的声望可与古代清官贤相一般青史留名；在繁忙俗务中，只好暂时忘却曾经的爱好，将那些当年喜欢的道学书籍搁置高楼，将那些参佛的坐席高挂墙上，弹琴唱和的悠闲、宴饮箫歌的自在自然难以轻易享受。

明·戴进《洞天问道图》

周子的不辞而别，令烟霞孤苦无依，令明月孤悬天际，令青松徒留一地清凉，令白云不知家在何方，令山门空自洞开无人归来，令石径荒凉无人踩踏。凉风吹拂帷幕空虚，云雾穿堂人去楼空。周子离去，山谷含悲，飞鹤含恨，山猿含怨。南岳嘲讽，北陇耻笑，深谷讥讽，群峰讥笑。左邻右舍如何知道我们今日的悔恨？当初怎么被周子的假象迷惑？

听那些邻居们谈论着隐逸者的清议、得道者的高论、方外之人的玄理，山林感到羞耻，山涧感到惭愧，秋桂不再飘香，春萝不再婀娜。正当山神羞愧之时，周子却要再次造访山林，更是引起众怒，决定锁上山窗，掩上云门，敛起轻雾，藏匿泉流。树丛草芒遮蔽山路，打折他的车轮，不愿让他再踏山林半步，让山林重新蒙羞。其实，山林无需蒙羞，周子出仕，百姓受益，社会安定，政绩斐然，周子可谓深谙儒道思想之精髓者。

或出世或入世，对大多数人来说，并不一定要泾渭分明。我们可以暂借山林之静美陶冶自己，可以走出大山创造一番伟业。道家的天人合一，儒学的内圣外王，两种思想从来就不是针尖对麦芒，而是相互依存。儒道互补，相生相融，相辅相成，几乎是我们中华民族的集体无意识。

《北山移文》可说是这两种思想交锋的产物，是作者自我人格分裂的精神漫游，是一次儒道两家进行的心灵对话，一次入世出世的思想交锋，一次汲汲功名又超然物外的情感碰撞，亦或是自我的一种精神向往，是夜深人静之时的自我反省，是自斟自饮之时的自我放松，是官场失意之时的自我安慰。

梦笔生花尽现文章风流

——《恨赋》江淹

恨　赋

试望平原，蔓草萦骨，拱木敛魂。人生到此，天道宁论！于是仆本恨人，心惊不已。直念古者，伏恨而死。

至如秦帝按剑，诸侯西驰，削平天下，同文共规，华山为城，紫渊为池。雄图既溢，武力未毕。方架鼋鼍以为梁，巡海右以送日。一旦魂断，宫车晚出。

若乃赵王既虏，迁于房陵。薄暮心动，昧旦神兴。别艳姬与美女，丧金舆及玉乘。置酒欲饮，悲来填膺，千秋万岁，为怨难胜。

至如李陵降北，名辱身冤，拔剑击柱，吊影惭魂。情往上郡，心留雁门。裂帛系书，誓还汉恩。朝露溘至，握手何言！

若夫明妃去时，仰天太息。紫台稍远，关山无极。摇风忽起，白日西匿。陇雁少飞，代云寡色。望君王兮何期，终芜绝兮异域。

至乃敬通见抵，罢归田里。闭关却扫，塞门不仕。左对孺人，顾弄稚子。脱略公卿，跌宕文史。赍志没地，长怀无已。

及夫中散下狱，神气激扬。浊醪夕引，素琴晨张。秋日萧索，浮云无光。郁青霞之奇意，入修夜之不旸。

或有孤臣危涕，孽子坠心。迁客海上，流戍陇阴。此人但闻悲风汩起，血下沾衿；亦复含酸茹叹，销落湮沉。

若乃骑叠迹，车屯轨；黄尘匝地，歌吹四起。无不烟断火绝，闭骨泉里。

已矣哉！春草暮兮秋风惊，秋风罢兮春草生。绮罗毕兮池馆尽，琴瑟灭兮丘垄平。自古皆有死，莫不饮恨而吞声。

上帝说，你可以在才情与美貌之间选择其一。我或许会选择才情，因为这样的美丽才是长久的。天赋才情一定是上天的特别眷顾，比如江淹，一梦醒来，文思泉涌，下笔犹如天助，南朝辞赋因此达到一个新的高峰，终成一代文魁。天赋才情，可以为官，可以为生，可以成名。你看江淹，因才情而为官，官运亨通；因才情而为文，纵横古今；因才情而为生，一篇《诣建平王书》，令建平王刘景素顿起怜才之心，由囚徒而为上宾。

江淹因被贬而梦见五彩神笔，文思泉涌；因官运亨通而梦见索要五色彩笔，从此文思枯竭。冥冥之中，真有神谕？

人谈江淹，喜读《别赋》，黯然销魂的离情荡气回肠。我看江淹，更喜《恨赋》。人生之恨无穷无尽，人生追求完美，阅读诗文，却喜悲凉。一篇《恨赋》，千古幽情，万人同悲，千载同怜。

试望平原，蔓草萦骨，拱木敛魂。人生到此，天道宁论！于是仆本恨人，心惊不已。直念古者，伏恨而死。

古往今来，寒土埋忠骨，湮没了多少动人故事，每一个故事背后都是人生遗憾，有谁可以聆听那苍凉的悲鸣？若非亲闻，怎知人生苦海无边？

古往今来，荒垒敛孤魂，演绎过多少悲情故事，每一个故事背后都是满目孤愁，有谁可以体味那万般的伤痛？若非亲历，怎知人生天涯荒原？

古往今来，枯木连荒草，黯淡了多少美丽的传说，每一个传说背后都是饮恨余生，有谁可以想见那黯然的神伤？若非亲见，怎知残迹萧索凄凉？

至如秦帝按剑，诸侯西驰，削平天下，同文共规，华山为城，紫渊为池。雄图既溢，武力未毕。方架鼋鼍以为梁，巡海右以送日。一旦魂断，宫车晚出。

庸常人生，痛感生活平淡，波澜不惊。可是，登峰造极者又如何？始皇帝，纵横天下，挥剑东进，想当年，指点江山，一统天下，何其壮观，何其快哉！今日安在？人生再辉煌，难敌命数的牵制。至今，留存着始皇帝寻求长生不老药的踪迹，留给后人的只是一个滑稽的笑谈。他的英明与胆略，没有流传子孙。始皇帝魂归西天时，不知是否看到了江山已开始飘摇，但一定感觉到了岁月的转瞬即逝；不知是否看到了子孙的无能与内讧，但一定预感到了他一手缔造的帝国的脆弱；不知是否感觉到了江山易代的历史必然，但一定深知自己回天无力的人生之憾！我似乎看到了刘玄德病重托孤之时的那浑浊的老泪，功成名就、丰功伟业的一代雄主，依旧难逃人生之悲。

若乃赵王既虏，迁于房陵。薄暮心动，昧旦神兴。别艳姬与美女，丧金舆及玉乘。置酒欲饮，悲来填膺，千秋万岁，为怨难胜。

凡夫俗子，痛感失志之悲，一事无成。可是，位高权重者又如何？亡国之君，想当年，金车玉乘如水，雕梁玉砌如玉，艳姬美女如云，一旦亡国，沦为阶下之囚。夕阳下，古道边，骏马哀鸣，北风萧萧，洒泪别故国，情何以堪？借酒浇愁，举杯痛饮，同饮的只是那挥之不去的亡国之恨。我似乎看到了南唐后主李煜的一江春水的愁怨，最后痛饮的那杯毒酒至今依旧侵染着多少善感的灵魂？国破家亡，沦落天涯的亡国之君，人生之憾如何穷尽？

至如李陵降北，名辱身冤，拔剑击柱，吊影惭魂。情往上郡，心留雁门。裂帛系书，誓还汉恩。朝露溘至，握手何言！

寻常百姓，痛感人生迟暮，无所作为。可是，天下英才又如何？骁勇善战之人，在历史的关键时期，都是帝王倚重的良才，上至李广，下至李陵，李氏子孙名扬四海。可是，什么是长久的，什么是可以预知的？纵横疆场的李广，一生戎马，机遇不利，时运不济，难以封侯，终被卫青算计，横刀自刎。所向披靡的李陵，深入千里大漠，以五千人马杀敌一万，可谓战功赫赫。没有后援，终究难御善战的八万胡人铁骑，俯首受降，只落得满门抄斩，亡命天涯。如此人生之悲，情何以堪？心念朝堂无归路，拔剑四顾心茫然。欲寄锦书传衷情，汉恩浩荡遗忠骨。即使是心在汉室，身在大漠。可是，有谁会有这样的耐心去听一个失信的臣子的忠言？即使英武如汉武大帝，也不会给为他卖命的臣子半句公道话。即使回到魂牵梦绕的大汉，千言万语，哪一句是合适的言语？得意也罢，失意也罢，最终的命运并不能掌握在自己手中，终究难逃英雄末路之悲。此时，我似乎看到了韩信因功高震主，被夷三族的旷古奇冤，情又何以堪？

一部中国历史，写满了辛酸与冤情，有多少孤魂难安，有多少忠骨难祭，有多少屈死的冤魂，有多少难以安适的野鬼？一个满门抄斩，有多少陪葬之人，他们的生命是那么的脆弱，有谁知道他们内心的遗恨与遗憾？一次偶然发生的战争，有多少百姓成炮灰，他们的人生何其渺小，有谁知道那些望眼欲穿的亲人们苦度的春秋与冬夏？一个帝王蓄意的阴谋，有多少忠臣良将成冤鬼，他们的命

明·唐寅《看泉听风图》

运是那么的难以把握，有谁知道他们寒窗苦读、征战南北时内心的希望与期盼？这样的期盼可以那么轻易地被打破。如此看来，可以寿终正寝，已经是一种福分，这样的人生当不会有憾事。可是，翻看五千年历史，有谁可以做到人生无憾？

若夫明妃去时，仰天太息。紫台稍远，关山无极。摇风忽起，白日西匿。陇雁少飞，代云寡色。望君王兮何期，终芜绝兮异域。

英雄难逃末路之悲，红颜难逃易老之伤；英雄难逃无用武之地之叹，宠姬难逃失宠玩弄之怜。“娥眉绝世不可寻，能使花羞在上林。”王昭君，琴棋书画，无所不精，她的绝世才貌令多少女子倾慕与嫉妒。可是，昭君之悲，谁可爱怜？自古以来，那些陷入深宫的女子，宫闱之争的残酷令多少红颜薄命。心比天高，命比纸薄，得见君王，也只是一时的玩物。深宫寂寞，排挤陷害，真是苦海无边回头无岸。昭君远嫁，从民族历史、个人角度，未尝不是幸运之事，至少比那些老死宫中、寂寞一生的女子幸运。可是，故土难回，关山苍茫，大漠凄凉，风沙遍野，我们仿佛看到那个凄美的身影，孑立于西部边陲，看朝晖日落，心潮起伏，任黄沙尘起，泪眼迷蒙，望大雁南归，愁绪满怀。“一去紫台连朔漠，独留青冢向黄昏。”那一份难舍的乡情成为昭君一生的遗憾。

至乃敬通见抵，罢归田里。闭关却扫，塞门不仕。左对儒人，顾弄稚子。脱略公卿，跌宕文史。赍志没地，长怀无已。

东汉辞赋大家冯衍，遭人谗毁，被废于家，闭门自保。不是不想为官，实乃无法出仕。“久栖迟于小官，不得舒其所怀。”即使如此，依旧难免遭人陷害。不如归家，有童稚憨厚可爱，有孺人陪伴左右，此时，当可享受天伦。可是，人总是不断回望，不断眷恋失去的。为官者，想念田园闲适，家园天伦。闲居时，难忘心中抱负，壮怀激烈。一介平民，无牵无挂，何其潇洒，却总是难忘呼风唤雨的权势之利。人生如何圆满？不是人生不可完美，实在是人心难测，欲望难填，人生之憾如影随形。

及夫中散下狱，神气激扬。浊醪夕引，素琴晨张。秋日萧索，浮云无光。郁青霞之奇意，入修夜之不旸。

在野士子，可以有情趣无限。黄昏将近，秋日萧索，一杯浊酒，独自慢饮，岂非人生之乐乎？黎明时分，万里无云，空明寂静，一架素琴，独自弹奏，岂非人生之快哉？可是，那叹息声中，分明是心怀怨恨。那琴音声中，分明是不平之气。人生，为什么总是要有那么多遗憾。人生百年，弹指之间，何须如此认真，何必如此自伤？看红尘中，那些匆匆忙碌的身影，看那些无事生非的琐碎，看那些为名为利的奔波，为何不能放下？如此，人生之憾，是否可以少之又少？

或有孤臣危涕，孽子坠心。迁客海上，流戍陇阴。此人但闻悲风汩起，血下沾衿；亦复含酸茹叹，销落湮沉。

老臣落泪，是悔恨自己当年太较真，那么，后人又有谁得以解脱？少年心碎，是悔恨自己无知太孟浪，那么，后人又有几人不是重蹈覆辙？流放天涯时，心内悲伤，难以抑制身份地位的落差之大，叹息当年的追求只是一场空。那么，有几人真正解出其中味？所有的一切怨恨与反省，只是在失意之时才会想起，一旦得势，那些怨言与悔恨迅即随风而逝，湮没于黄尘古道。

沉甸甸的千年历史，其实只是一个简单的轮回。旧朝覆亡，新朝兴起，数十王朝，在烽烟四起、战火纷飞中前行消解，历史的车轮永远不会因简单的换算而停止不前。有人在这样的纷争中妄想世界和平与大一统局面的产生，只能是痴人说梦。因为这个世界存在强权，就存在纷争，历史就不会消停。在这样的轮回中，人生之憾何其多？

春草在秋风中枯萎，池馆在岁月中褪色，绮罗在消磨中暗淡，琴瑟在绝响中声断，荒丘在变迁中夷平……多么希望，王朝可以长久以至千秋万代，人生可以长存以至万寿无疆。如此，人生该不会有恨，不会有憾。未尽的遗憾，永远有时间慢慢达成……

与浪漫的古人相会于春日

——《春赋》庾信

春 赋

宜春苑中春已归，披香楼里作春衣。新年鸟声千种啭，二月杨花满路飞。河阳一县并是花，金谷从来满园树。一丛香草足碍人，数尺游丝即横路。开上林而竞入，拥河桥而争渡。

出丽华之金屋，下飞燕之兰宫。钗朵多而讶重，髻鬟高而畏风。眉将柳而争绿，面共桃而竞红。影来池里，花落衫中。

苔始绿而藏鱼，麦才青而覆雉。吹箫弄玉之台，鸣佩凌波之水。移戚里而家富，入新丰而酒美。石榴聊泛，蒲桃酦醅。芙蓉玉碗，莲子金杯。新芽竹笋，细核杨梅。绿珠捧琴至，文君送酒来。

玉管初调，鸣弦暂抚。《阳春》《绿水》之曲，对凤回鸾之舞。更炙笙簧，还移筝柱。月入歌扇，花承节鼓。协律都尉，射雉中郎。停车小苑，连骑长杨。金鞍始被，柘弓新张。拂尘看马埒，分朋入射堂。马是天池之龙种，带乃荆山之玉梁。艳锦安天鹿，新绫织凤凰。

三日曲水向河津，日晚河边多解神。树下流杯客，沙头渡水人。镂薄窄衫袖，穿珠帖领巾。百丈山头日欲斜，三晡未醉莫还家。池中水影悬胜镜，屋里衣香不如花。

宫体诗的声色娇艳与词藻靡丽，使得后人评说宫体诗总是带有某种轻蔑亦或排斥。其实，从宫体诗的写作历史来看，其中不乏清新典雅之作。宫体诗从创制之初，因为许多大家的加入，依旧有着非常浓厚的文学色彩与美学价值。

南朝梁简文帝萧纲为太子时，身边集聚着大批的文学大家，常以宫体诗与文人墨客在东宫相互唱和。其中，也包括后来名动南北的庾信。他的宫体诗成为后代宫体诗创作的典范。其后的陈后主、隋炀帝、唐太宗等人身边也围绕一些唱和之人。但是，无论从内容上，还是从词藻的铺陈上，都没有超出前辈。

庾信可以说是南北朝文学的集大成者。他以聪颖的资质，在梁这个南朝文学的全盛时代积累了很高的文学素养，后来到北方，以其沉痛的生活经历丰富了创作的内容，多少接受了北方文化的因子，从而形成自己的独特面貌。

庾信生活经历坎坷，从南朝梁文帝到西魏再到北周，几经周折，却因超群的才华总是被推到历史的风口浪尖，所到之处备受尊崇，但含垢忍耻、屈仕敌国的行为，使他面热心寒，悔恨终生。庾信生而不幸为乱世臣子，使他终生漂泊异域。庾信生而有幸为乱世文人，使他完成了由一个宫廷诗人到文章大家的转变。

《哀江南赋》自然是他诗歌创作中最具代表性，也最具艺术性、最具思想性的鸿篇巨制。但是，他的《春赋》虽说是宫体诗，作为宫体诗的早期代表作，却也具有很高的艺术性与审美性，极写春天之美，极写春光无限，极写春天美事。《春赋》可谓匠心独运，没有宫体诗的淫靡，却有宫体诗的华美；没有宫体诗的媚俗，却有宫体诗的韵律。

宜春苑中春已归，披香楼里作春衣。新年鸟声千种啭，二月杨花满路飞。河阳一县并是花，金谷从来满园树。一丛香草足碍人，数尺游丝即横路。开上林而竞入，拥河桥而争渡。

不管是秦宫还是汉殿，每当春色满园，一定是惹人情丝、牵人魂萦。新春刚刚来临，百鸟已经迫不及待引吭高歌，啼声婉转悠扬；杨花早已情不自禁满城飞舞，舞姿轻盈翩跹。那个貌美俊朗的著名才子，将一个何阳县生生地打造成了一座花城。桃花满城，也只有诗才横溢的潘岳才会有此独特治世之才。

河阳或许是当年的世外桃源吧，否则，那个富可敌国的石崇怎么会将自己的游宴之地设立于此。那个名闻遐迩的金谷园，每当春天来临之际，该是如何的娇艳迷人。那满园春树一定将春色渲染得浓艳无比、烂若云霓，那淡雅芬芳的兰草一定是令人裹足不前，那飘飞空中的绿丝绦竟也如此令人流连驻足。在这样一个浓郁明媚的春天，男女老少，成群结队，兴高采烈地涌向城外，一睹春天的芳容。

出丽华之金屋，下飞燕之兰宫。钗朵多而讶重，髻鬟高而畏风。眉将柳而争绿，面共桃而竞红。影来池里，花落衫中。

在游春赏景的人流中，我们似乎看到了那个刚从汉光武帝金屋中走出来的阴丽华，看那妆容，看那神采，看那裙裾飘逸的丰采，无人可比；似乎看到了那个从汉成帝的昭阳宫中走出来的赵飞燕，看那步履轻盈，看那珠光宝气，看那发髻高高耸立，看那举手投足含笑盈盈，娇媚无比；似乎看到了跟在她们身后的仕女们，穿戴华贵，艳光照人，蛾眉更比柳丝媚，人面更比桃花艳。人在花中游，花落人衣袖，池水照倩影，拈花人不语。一池春水，数枝花树，依傍水边，俏笑顾生辉。有谁见过如此迷人的魅力吗？

苔始绿而藏鱼，麦才青而覆雉。吹萧弄玉之台，鸣佩凌波之水。移戚里而家富，入新丰而酒美。石榴聊泛，蒲桃酦醅。芙蓉玉碗，莲子金杯。新芽竹笋，细核杨梅。绿珠捧琴至，文君送酒来。

玉管初调，鸣弦暂抚。《阳春》《绿水》之曲，对凤回鸾之舞。更炙笙簧，还移筝柱。月入歌扇，花承节鼓。协律都尉，射雉中郎。停车小苑，连骑长杨。金鞍始被，柘弓新张。拂尘看马埒，分朋入射堂。马是天池之龙种，带乃荆山之玉梁。艳锦安天鹿，新绫织凤凰。

> **简介**
>
> ▷ 庾信：字子山，小字兰成，南北朝文学的集大成者。庾信的文学创作，以他四十二岁时出使西魏为界，可以分为两个时期。前期在梁，作品多为宫体性质，轻艳流荡，富于辞采之美。羁留北朝后，诗赋大量抒发了自己怀念故国乡土的情绪，以及对身世的感伤，风格也转变为苍劲、悲凉。

仅仅是初春，冬眠了一季的鱼儿和鸟儿慢慢苏醒了，开始欢快地感知暖暖的春意。一池碧水石苔下，鱼儿水中游。刚刚泛青的麦垄间，野鸟田间飞。上登高台，琴音悠扬，那是萧史弄玉吹箫登天时的天籁之音吗？下临流水，泉水淙淙，那是洛神解佩赠情郎凌波微步远离去的绝响吗？此情此景，赏心快意，飘举欲仙，是仙境是人间？惶惑迷离，不知东西。

如此佳境，怎可没有佳肴美酒？新丰美酒，一醉方休。新芽竹笋，更添酒兴。细核杨梅，正可解酒。如此雅兴，怎可没有美女弦乐？筹光交错间，但见那美艳无比倍受宠爱的绿珠捧琴而至，但见那年轻貌美、才华横溢的卓文君携酒而临，但见那精通音律的皇家乐师李延年亲临指导，但见那神采飞扬、俊朗飘逸的潘岳从天而降，但见那骑着天池龙马、佩挂荆山玉带的名臣纷纷前来助兴。这该是一个怎样的盛会，这该是怎样的一次春天里的游玩，此景不应人间有啊！

三日曲水向河津，日晚河边多解神。树下流杯客，沙头渡水人。镂薄窄衫袖，穿珠帖领巾。百丈山头日欲斜，三晡未醉莫还家。池中水影悬胜镜，屋里衣香不如花。

不知道流觞曲水始于何时，不知道古代文人还有哪些春天的故事，不知道才子佳人们还要演绎出什么样的动人诗篇，他们的每一次盛会都是一个经典的故事，他们的每一次踏青都是一道最亮丽的风景。你看他们，引曲水以为渠，流酒杯以行酒。你看他们，赋诗唱和，祈祷平安，痛饮赏春不觉日暮。你看她们，丝袖长飘，临水顾盼，翠玉环响，衣带风举。你看她们，池水照倩影，人花竞艳丽。春景中若没有才子佳人，那景致自然少了多少风韵。春池中若没有花影倩影，那景致自然少了多少幽美。那闺房中的薰香迷倒过多少痴情的男子，可是，郊外踏青，行走在烂漫的春之声中，那种感受，岂是深居闺房中孤影自怜所可比拟的？

庾信文赋，以《哀江南赋》最为感人，那是以诗人厚重的生活经历为基础的。而那些前期唱和之作，却是以他出众的才华为基础的。读《春赋》，即使身处严寒，也格外地感到那份浓浓的春意。赏《春赋》，即使独坐陋室，也分明感到那份浪漫的情怀。诵《春赋》，即便地处荒漠，也分明感到那满眼春光、满树绿茵。

《春赋》，读来令人神采飞扬，想见古人风韵；读来觉得神清气爽，想见佳友如云。读《春赋》，似乎与那些最懂得享受生活的古人一起游春，似乎与那些最有情调的古人相会于春天的海洋，似乎与那些最懂得音律、最有丰采的古人相会于春天之郊，碧水之滨，花树之畔，共饮同醉，共赏花，同听曲，一起唱和，一起弹奏，一起高歌，一起沉醉，神游其间，不亦乐乎？

流亡岁月中的心灵栖息地

——《小园赋》庾信

小　园　赋

若夫一枝之上，巢夫得安巢之所；一壶之中，壶公有容身之地。况乎管宁藜床，虽穿而可座；嵇康锻灶，既烟而堪眠。岂必连闼洞房，南阳樊重之第；赤墀青锁，西汉王根之宅。余有数亩弊庐，寂寞人外，聊以拟伏腊，聊以避风霜。虽复晏婴近市，不求朝夕之利；潘岳面城，且适闲居之乐。况乃黄鹤戒露，非有意于轮轩；爰居避风，本无情于钟鼓。陆机则兄弟同居，韩康则舅甥不别，蜗角蚊睫，又足相容者也。

尔乃窟室徘徊，聊同凿坯。桐间露落，柳下风来。琴号珠柱，书名《玉杯》。有棠梨而无馆，足酸枣而非台。犹得敧侧八九丈，纵横数十步，榆柳两三行，梨桃百馀树。拨蒙密兮见窗，行敧斜兮得路。蝉有翳兮不惊，雉无罗兮何惧！草树混淆，枝格相交。山为篑覆，地有堂坳。藏狸并窟，乳鹊重巢。连珠细茵，长柄寒匏。可以疗饥，可以栖迟。崎岖兮狭室，穿漏兮茅茨。檐直倚而妨帽，户平行而碍眉。坐帐无鹤，支床有龟。鸟多闲暇，花随四时。心则历陵枯木，发则睢阳乱丝。非夏日而可畏，异秋天而可悲。

一寸二寸之鱼，三竿两竿之竹。云气荫于丛蓍，金精养于秋菊。枣酸梨酢，桃榹李薁。落叶半床，狂花满屋。名为野人之家，是谓愚公之谷。试偃息于茂林，乃久羡于抽簪。虽有门而长闭，实无水而恒沉。三春负锄相识，五月披裘见寻。问葛洪之药性，访京房之卜林。草无忘忧之意，花无长乐之心。鸟何事而逐酒？鱼何情而听琴？

加以寒暑异令，乖违德性。崔骃以不乐损年，吴质以长愁养病。镇宅神以霾石，厌山精而照镜。屡动庄舄之吟，几行魏颗之命。薄晚闲闺，老幼相携；蓬头王霸之子，椎髻梁鸿之妻。燋麦两瓮，寒菜一畦。风骚骚而树急，天惨惨而云低。聚空仓而崔嗓，惊懒妇而蝉嘶。

昔草滥于吹嘘，籍《文言》之庆馀。门有通德，家承赐书。或陪玄武之观，时参凤凰之墟。观受釐于宣室，赋《长杨》于直庐。

遂乃山崩川竭，冰碎瓦裂，大盗潜移，长离永灭。摧直辔于三危，碎平途于九折。荆轲有寒水之悲，苏武有秋风之别。关山则风月凄怆，陇水则肝肠断绝。龟言此地之寒，鹤讶今年之雪。百灵兮倏忽，光华兮已晚。不雪雁门之踦，先念鸿陆之远。非淮海兮可变，非金丹兮能转。不暴骨于龙门，终低头于马坂。谅天造兮昧昧，嗟生民兮浑浑。

曾经痴迷于庾信《春赋》的迷人春景，醉心于他乱世才子的哀怨与愁思，感念于庾信徘徊于故土与新主之间进退两难的哀痛。中国士人往往哀叹自己怀才不遇，而庾信却是为才所累不得自由。身为南朝梁文帝的宠臣，世代备受恩宠，梁文帝亡国后，无奈侍奉西魏再转战北周。作为亡国之臣，已经是人生难以言说的悲痛，何况又是深受隆恩的宠臣呢？从南朝到西魏再到北周，期间的心路历程，若非亲身经历，怎会明白其中的辛苦与辛酸。读《小园赋》，或许寻到《桃花源记》的某些痕迹，但是，两者又有着天壤之别。

《桃花源记》是陶渊明对自己一生追求的最后交代，他向世人宣布，只有这样洁净的世界，才是诞生陶渊明的地方，而今生的几十年时光，只是一次偶然的失误而落入红尘，这个乌托邦式的理想社会才是适合诗人生存的地方。《小园赋》是庾信在生命最痛苦的阶段给自己营造的一个相对安宁的精神家园，虽然这个家园如同桃源梦境一般虚幻，但是，它真实地存在于作者的心灵深处，是他在流亡岁月中唯一可以疗伤的地方，是在夜深人静没有人来客往的时候安放心灵的地方，而白天在外行走的与官场中纠缠的只是行尸走肉。

桃源梦境随着陶渊明的远去而开始清晰起来，开始深入每一个后代追慕者的灵魂。小园梦境随着庾信的远去而开始淡出人们的视线，开始成为一个永远不愿被人提及的悲剧。桃源情结是所有中国士人无路可走之时的最后归宿，小园情结是庾信因自己悲剧命运而安排，安顿灵魂，化解内心难以言说、无处言说的悲凉。人们只看到他深受器重的热闹，却看不到他内心深处无家可归的凄苦。人们只看到他背叛旧主投靠新主的势利，却看不到他没有选择去留权利的痛苦。

庾信多么希望自己可以沿着陶渊明的足迹寻找到桃源入口，可是，他最终只是留给自己一块很小的所在。因为，他知道，他无法如陶渊明一般不为五斗米折腰，无法如陶渊明一般引领自己走向真正的山野。因为他连回家的路都没有了，又怎么可能自由地行走于山野、行走于桃源呢？于是，他只好为自己假设一座小园，他的要求是那么低、那么低……

两三游鱼，三两翠竹，足可娱性；落叶飘零，秋菊飘香，足可逍遥；杂草丛生，果树满园，足以惬意。这样的地方，就是诗人心中的野人之家、愚公之谷。在这里，不需为那些繁琐的礼节刻意装扮自己，不需为那些虚伪的客套迎来送往，不必委屈自己而屈尊迁就。在这里，可以与古先贤对话，谈论易经玄学，谈论求仙问道。在这里，有忘忧草提醒自己忘却烦忧，有长乐花告诉自己人生当是快乐逍遥。在这里，不必时时想着崔骃因为直谏而最终郁郁而终，不必想着吴质因忧思过度而忧劳成疾。在这里，不必如庄舄，贵为大臣到死依旧不忘故土；不必如魏颗之父，哀痛以致于迷乱。在这里，从此可以如鸟一般自由飞翔于大海，而不是栖居于鲁君屋檐因不愿饮酒而死；可以如那鱼儿自由潜入深水，而不要假装听着那异地的歌谣、不懂的琴曲。

只要家人相守，只要食可果腹，只要陋室可居，只要寒菜佐餐，就足矣。即使这样简单的愿望，却如同空中楼阁一般。作为亡国之臣，本没有自由可言，每日如惊恐之鸟惶惶终日，看似享受着荣华富贵，又有谁能够看懂表象下真实的本质呢？在故人眼中，我是一个贪图富贵忘却故土的小人，每日锦衣玉食。可这哪里是我所需要的？

巢父可以安居一枝之上，壶公可以容身一壶之中，管宁可以心无旁骛五十年，嵇康可以锻铁之炉为床，他们心底纯净，所以乐在其中。我又何尝不能如此呢？我何曾羡慕过樊重的富丽堂皇，何曾羡慕过王根的金碧辉煌？

只要有躲避风雨的所在，即使深处闹市，我也可如晏婴一般淡定。即使盛名诱惑，我也可如潘岳一般安然。我何曾羡慕过虚荣，何曾追慕过名利，何曾需要

元·何澄《归庄图》(局部)

荣光?可是,故土不再,归家无路,即使是蜗牛之角,即使是蚊目之睫,就是这样的所在,对含垢忍耻、屈仕敌国的我来说,也只能是幻想而已。

想当初,那个滥竽充数的乐人是幸福的,因为他毕竟是在自己的故土讨生活,可借此养家糊口。想当初,庾氏家族世代深受恩宠,如今,大厦已经倾覆,家园何在?如荆轲般一去不复返,只留下那易水送别悲壮的乐曲。如苏武般归家之路茫茫,只有凄冷的萧萧秋风依旧。古韵幽幽,《关山风月》,曲调呜咽,传唱着戍守边地的将士绵绵的思乡之情;《陇头歌词》,词曲哀怨,状写奔赴战场的将士漫漫的行军之旅。神龟啊,若当初你早一点给我预示,那么,我又怎么会误入歧途呢?仙鹤啊,若当初你早一点给我暗示,那么,我又怎么会有家难回呢?

六十九岁离世,羁留长安二十六年,流离失所,被迫仕西魏北周,深叹为臣不忠为子不孝,常感面惭耳热穷愁困顿。人生百年,倏忽之间,而我依旧深陷敌国,依旧违心地行走在敌国的朝堂。那么,我将可以用什么来洗刷我的耻辱,我将用什么来表明对故土的离情与深深的怀念?小园啊,给我以精神的力量,给我以生存的勇气!小园啊,留给我最后的栖息之地,让我可以安顿漂泊的思绪,可以安放无依的孤魂。小园啊,你愿意等待着我最终的归去吗?小园啊,你是我最后的相思之地。乡关何处,我早已经没有了回家之路,你就是我最后的家园。

第四章

温柔敦厚的唐音古韵

天妒奇才，半生诗情随风逝

——《滕王阁序》王勃

滕王阁序

豫章故郡，洪都新府。星分翼轸，地接衡庐。襟三江而带五湖，控蛮荆而引瓯越。物华天宝，龙光射牛斗之墟；人杰地灵，徐孺下陈蕃之榻。雄州雾列，俊采星驰。台隍枕夷夏之交，宾主尽东南之美。都督阎公之雅望，棨戟遥临；宇文新州之懿范，襜帷暂驻。十旬休假，胜友如云；千里逢迎，高朋满座。腾蛟起凤，孟学士之词宗；紫电清霜，王将军之武库。家君作宰，路出名区；童子何知，躬逢胜饯。

时维九月，序属三秋。潦水尽而寒潭清，烟光凝而暮山紫。俨骖騑于上路，访风景于崇阿；临帝子之长洲，得天人之旧馆。层峦耸翠，上出重霄；飞阁流丹，下临无地。鹤汀凫渚，穷岛屿之萦回；桂殿兰宫，即冈峦之体势。

披绣闼，俯雕甍，山原旷其盈视，川泽纡其骇瞩。闾阎扑地，钟鸣鼎食之家；舸舰弥津，青雀黄龙之舳。云销雨霁，彩彻区明。落霞与孤鹜齐飞，秋水共长天一色。渔舟唱晚，响穷彭蠡之滨；雁阵惊寒，声断衡阳之浦。

遥襟甫畅，逸兴遄飞。爽籁发而清风生，纤歌凝而白云遏。睢园绿竹，气凌彭泽之樽；邺水朱华，光照临川之笔。四美具，二难并。穷睇眄于中天，极娱游于暇日。天高地迥，觉宇宙之无穷；兴尽悲来，识盈虚之有数。望长安于日下，目吴会于云间。地势极而南溟深，天柱高而北辰远。关山难越，谁悲失路之人？萍水相逢，尽是他乡之客。怀帝阍而不见，奉宣室以何年？

嗟乎！时运不齐，命途多舛。冯唐易老，李广难封。屈贾谊于长沙，非无圣主；窜梁鸿于海曲，岂乏明时？所赖君子见机，达人知命。老当益壮，宁移白首之心？穷且益坚，不坠青云之志。酌贪泉而觉爽，处涸辙以犹欢。北海虽赊，扶摇可接；东隅已逝，桑榆非晚。孟尝高洁，空余报国之情；阮籍猖狂，岂效穷途之哭？

勃，三尺微命，一介书生。无路请缨，等终军之弱冠；有怀投笔，慕宗悫之长风。舍簪笏于百龄，奉晨昏于万里。非谢家之宝树，接孟氏之芳邻。他日趋庭，叨陪鲤对；今兹捧袂，喜托龙门。杨意不逢，抚凌云而自惜；钟期相遇，奏流水以何惭？

呜呼！胜地不常，盛筵难再，兰亭已矣，梓泽丘墟。临别赠言，幸承恩于伟饯；登高作赋，是所望于群公。敢竭鄙怀，恭疏短引，一言均赋，四韵俱成。请洒潘江，各倾陆海云尔。

当王勃站在初唐文坛，放眼望去，华美而迷离；回头顾盼，绮靡而香艳。以王勃潇洒而不拘一格的秉性，如何会沿着这样的老路走下去？于是，他唱出了自己的声音。他清脆的歌声，令初唐诗坛摆脱了六朝粉黛的香艳，走上正常的轨道，走到更深远的地方，走向更开阔的天地。

当王勃站在初唐的朝堂上指点江山的时候，当高宗皇帝被他的才华惊讶的时候，他还只有17岁。这是一个容易狂妄的年龄，也是容易孟浪轻浮的年龄。于是，在还来不及施展抱负的时候，他被逐出宫廷。历代帝王很少需要有个性的诗人，而更多地需要随声附和的应声虫。

王勃如此早熟的生命，势必不会活得太久。27岁的年纪，正当诗才炉火纯青的时候，却溺水而亡。当他的生命因为诗文而大放异彩的时候，却如烟花一般瞬间消散。当许多人还沉浸在那篇著名的《滕王阁序》时，谁也没有想到那是他最后的告别盛宴。

最后的惊鸿一瞥总是最精彩的。那一叶扁舟，载着这个孤寂而孤高的灵魂，永远漂泊在烟波浩渺间。王勃离开了，可是，传播他传奇经历的序幕刚刚开启，传

滕王阁

唱他绝美诗文的吟咏刚刚开始。

据说他："属文，初不精思，先磨墨数升，则酣饮，引被覆面卧，及寤，援笔成篇，不易一字。"据说他："六岁解属文，构思无滞，词情英迈。"据说他："九岁读颜氏《汉书》，撰《指瑕》十卷。十岁包综六经。"这是何等的气魄，怎样的神童，多少的才情？

"海内存知己，天涯若比邻"，安慰了多少远去的孤魂、多少伤别的情人。"心事同漂泊，生涯共苦辛"，告慰过多少善感的游子、多少伤心的浪子。"抱琴开野室，携酒对情人"，应该是唐代田园诗歌最初的呻吟、最直接的告白。"落霞与孤鹜齐飞，秋水共长天一色"，应该是唐代山水诗歌最初的吟唱、最幽深的意境。

王勃，站在开国盛世的大地上，即使命运坎坷，即使仕途无望，依旧襟怀开阔而豪放。于是，那个并不怎么高耸的江边楼阁，在他眼中就幻化为一座空前绝后的圣殿。相隔遥远的衡山庐山是点缀楼阁的衣襟，三江五湖是装饰楼阁的飘带。一个洪州，居然相连东西南北，相连远山江湖，相连天地山川。这样的所在，自然就成了人杰地灵之境，佳友如云之所，诗情飞扬之地。那些远道而来的宾客，腾云驾雾的贵宾，文韬武略的俊才，纷纷降临。王勃，一个偶然的过客，却因了他的才情，使得这一次盛会百代流芳。

王勃，以他横溢的才情，为滕王阁做了最精彩的描写、最浓墨重彩的粉饰。那楼台，那阁道，那小洲，那野鸟；那起伏的山峦，那雕花的阁门，那彩饰的屋脊，那富丽的殿堂；那紫色的暮霭，那青翠的山峰，那红色的阁道，那白色的飞鸥；那钟鸣鼎食的人家，那舸舰迷离的渡口，那市井纵横的街道，一起组合成一幅浓墨重彩的油画。

在这金色的秋天，充满幻想的季节，五彩缤纷的季节，天高云淡、潭影清幽的季节，在那浩天一色之间，山水缭绕之中，秋雨初晴的纯净中，彩虹飞渡的原野上，组合成一幅如诗如画、如梦如幻的人间仙境。在这样的仙境中极目远眺，在这样的圣殿中畅叙幽情，自是千载难逢的盛宴。在水天相连的江岸边听渔舟唱晚，在舸舰穿梭的繁华里看大雁飞舞，在层台高阁的秋风中叹云起潮涌，在高朋满座中抒满怀激情，这样的际遇，人生能有几回？

穿越历史的迷雾，飞越千年古道，与王勃一起，畅叙幽情。歌声柔美，琴韵悠扬，美酒飘香，白云为之逗留，清风为之止步，人儿为之流连，只为一起欢畅，只为一起共醉，只为这里美景如画，只为这里佳友如云。诗人心境开始透明起来，开始多愁起来，开始伤感起来。

哦，乐极生悲，盛极而衰，是固定不变的自然法则。良辰美景，赏心乐事，人生聚散，总是一场梦。今日的盛会欢宴，必然有无数次寻寻觅觅的期盼。今日的高朋满座，必将延续无数次魂牵梦绕的牵挂。今日的诗兴激荡，必将有无数次哀怨低回的吟唱。

前路茫茫，何处是归程？人海茫茫，何处有知音？仕途坎坷，何处是我展露才华的舞台？生逢盛世，何处是我立锥之地？自古以来，难道正直之人总是遭排挤？如同冯唐，至老也只是小小的郎官，等到九十岁了，即使被用，也早已经时过境迁。难道忠勇之人总是命运坎坷？如同李广，至死也难建功业，难以封侯。难道贤能之人总是备受猜忌？如同贾谊，在西汉初年的舞台上，始终没有一席之地，只能抑郁而死。难道修行之人总是不得安居？如同梁鸿，在东汉初年的天地间，竟然没有生存之地，只能在逃亡与奔波中消耗自己的才华。难道心志高洁之人总是没有生存的空间？如同魏晋时期的阮籍，只能一任自己的车马随意东西，而不知归路在何方。

开国盛世，总是给文人提供更多的施展抱负的舞台。可是，生于盛世的王勃，却只能将自己所有的才情交付在看望被贬远地的父亲的途中。若如同杜牧，索性就生于末世、生于乱世，这种失志之悲当可减轻一分。写作至此的王勃，内心一定是无限伤感的。就如同那些同样生于开国之初的良臣们，他们的命运又如何呢？透过他们，诗人似乎看到了自己悲剧命运的必然。那些故作轻松的自我宽慰之言，实在并不能真正抚慰真正孤独的灵魂。于是，他不能不叹息：“勃，三尺微命，一介书生。”

然而，他毕竟生于盛唐，他的诗歌最终自然地带有盛唐气象，有着唐人伟大的胸襟与昂扬的斗志。悲“命运多舛”，是在达官贵人之间的顾影自怜。叹“达人知命”，是为自己孤苦的灵魂寻找一个精神的抚慰。唱“穷且益坚”，是为自己年轻的生命寻找一个前行的方向。

于是，从那些故意夸张的描写中，从那些来自历史深处的哀叹里，从孤寂飘摇的生命之旅中，我读出的是王勃内心深深的忧思与徘徊始终的悲哀之音。那物华天宝的繁华，如何领会诗人此时将要远渡重洋去看望父亲的那一份急切与无助？那歌舞升平的娱乐，如何化解诗人此时前路渺茫归路何在的叹息与哀怨？那些备受煎熬的历代先贤，似乎早就站在历史的车轮上，昭示着诗人短暂而痛苦的命运。人乖，命不乖啊！有谁可以与命运相抗争？即使有壮志如青天。有谁可以扭转乾坤？即使有毅力如磐石。二十七年的人间岁月，已经令王勃明白了许多常人需要六十年甚至七十年才会明白的道理。他活得太明白了，于是，他的人生注定是一个悲剧。

我不知道，在生命的最后时刻，是否真有所谓的预兆？但是，读《滕王阁序》，似乎闻到了那淡淡的死亡气息。否则，怎么会在二十六岁就想到白首之时的悲凉与凄苦，怎么会在意气风发的年龄就深味耄耋之年一事无成的悲哀，怎么会在如此欢会的场合向父亲做最后的交代？

人生自是古难全。难道真的是天妒奇才？上苍给了王勃横溢的才情，却要在他刚刚展露风华的时候，将他召回天国。难道这样的奇才只是上帝一时的大方，让他下凡人间，让我们凡夫俗子也有幸欣赏到来自天国的歌唱，然后，觉得凡夫俗子没有资格欣赏那些真正的天籁之音，要在王勃二十七岁的时候，让他到天国去给天帝吟诵诗文？

每一次阅读《滕王阁序》，都会有一种挥之不去的念头，凡夫俗子是不可能有这样的才情，可以一挥而就这样的奇文。今天，我们可以诵读这样的奇文，可以聆听这样的天籁之音，似乎应该感谢上苍的一时眷顾，让王勃下凡人间，虽则短暂，却也带给了我们无穷的乐趣与无尽的艺术享受。

行到水穷处，坐看云起时

——《山中与裴秀才迪书》王维

山中与裴秀才迪书

近腊月下，景气和畅，故山殊可过。足下方温经，猥不敢相烦，辄便往山中，憩感配寺，与山僧饭讫而去。

北涉玄灞，清月映郭。夜登华子冈，辋水沦涟，与月上下。寒山远火，明灭林外。深巷寒犬，吠声如豹。村墟夜舂，复与疏钟相间。此时独坐，僮仆静默，多思曩昔携手赋诗，步仄径，临清流也。

当待春中，草木蔓发，春山可望，轻鲦出水，白鸥矫翼，露湿青皋，麦陇朝雊，斯之不远，傥能从我游乎？非子天机清妙者，岂能以此不急之务相邀？然是中有深趣矣。无忽。因驮黄檗人往，不一，山中人王维白。

十七岁时，“独在异乡为异客，每逢佳节倍思亲”，随口一吟，即成千古名句，勾引起多少游子的思乡情怀。三十七岁，“劝君更尽一杯酒，西出阳关无故人”，随意挥洒，即成千年奇文，又传唱出多少故人的边地伤愁。

那一句“明月松间照，清泉石上流”，如此清澄透明，如此晶莹剔透；那一句“大漠孤烟直，长河落日圆”，如此苍莽寥廓，如此意境悠远；那一句“红豆生南国，春来发几枝”，如此淡雅素朴，如此情深意切。

王维，虽说不能与盛唐时期的李白杜甫齐名，可是，他的生活状态是当时也是后人尊奉的标杆。他的半官半隐、亦官亦隐，是中国士人最佳的生存状态。

他可以游离于官场，居右丞之高位，又可以徘徊于山野，衷情一花一草、一树一木。他可以将儒学融入现实社会，可以将佛理融通心灵深处。于是，他的诗文是不带杂质的心灵歌唱，他的山水是不带杂质的自然风物。于是，我们可以在阅读他的诗文时，“读之身世两忘，万念皆寂”，不必心思沉重感叹生活无常，不必心情抑郁感叹社会动荡，可以完全抛弃烦忧，寄情山水，寄情诗文，与诗文一起唱和、一起欢笑、一起沉醉。

近腊月下，景气和畅，故山殊可过。足下方温经，猥不敢相烦，辄便往山中，憩感配寺，与山僧饭讫而去。

冬月之末，当是寒气袭人、天寒地冻之时，山中当是更添寒意的吧。可是，先生怎么会在此时选择进山休憩，怎么会觉得山中景色宜人、惠风和畅呢？当不会是在山外感觉浊气逼人，该不会是在山外心气浮躁吧？选择此时的独往，或许是因为友人要温习功课，要追逐功名了？是因为山中有僧人相伴，可共享晚餐，可洗涤尘埃、澄净心灵了？僧人一定是不喜欢被人打扰，就如同我这般，还是走吧，独往山林，去感受自然的宁静，去独享片刻的安静吧！

北涉玄灞，清月映郭。夜登华子冈，辋水沦涟，与月上下。寒山远火，明灭林外。深巷寒犬，吠声如豹。村墟夜舂，复与疏钟相间。此时独坐，僮仆静默，多思曩昔携手赋诗，步仄径，临清流也。

辋川别业是与众不同的，曾经是宋之问的世外桃源。如今，更有王维悠游与此，更添风致与情韵了。夜登华子冈，心灵空明纯净。看月色清朗，映照山水之间，波光潋滟，微波荡漾。但见那，月色朦胧，水色迷蒙，山色苍茫，灯火明灭不定。但听那，阵阵犬吠，在这寂静的山野格外震耳，犹如那豹子出林啸；声声捣谷，在这宁静的夜晚格外响亮，犹如那锣鼓上战场；悠悠钟鸣，在这个寥廓的原野格外悠扬，如同那空谷传足音。如此佳胜美景，怎忍一人独享？如此闲适静谧处，怎忍一人独占？想当年，曾经携友游胜景，曾经诗文同欣赏，曾经小径漫步，相谈甚欢，曾经伫立清溪，寻幽访胜，其乐融融。冬夜山中，当是寒意侵人的，此时，并不

> **简介**
>
> ▷ 王维：字摩诘，号摩诘居士，世称“王右丞”，因笃信佛教，有“诗佛”之称。今存诗400余首，重要诗作有《相思》《山居秋暝》等。他受禅宗影响很大，精通佛学，精通诗、书、画、音乐等，与孟浩然合称“王孟”。苏轼曾评价其：“味摩诘之诗，诗中有画；观摩诘之画，画中有诗。”

王维小像

觉丝毫的凄冷。或许王维此时心中所思所想，皆是美好无比的吧！眼中所见是风景如画，耳中所听是悠扬之声，心中所念是佳友相伴，心境自然是极为轻松、极为欢跃、极为舒畅。

当待春中，草木蔓发，春山可望，轻鲦出水，白鸥矫翼，露湿青皋，麦陇朝雊，斯之不远，傥能从我游乎？非子天机清妙者，岂能以此不急之务相邀？然是中有深趣矣。无忽。因驮黄檗人往，不一，山中人王维白。

你看他，在冬日寒意正浓时，却已经开始享受春光融融了。哦，这或许是他选择在冬日进山的又一个原因吧！王维就是王维，真是那个最懂得享受生活的王维。他不会让别墅空置，不会辜负自然美景。他要的是在冬日欣赏宁静，在寒意中遥想春回大地。他站在冬日的山岗，遥看的是来年春满山间，春草蔓延山林，鱼儿浮出水面，白鸥展翅蓝天，露水侵染河岸，野鸟鸣唱麦田。这样的景致似乎已经来临，这样的美景已经不再遥远。亲爱的朋友，到那时，请你走出书斋，放下手中的书本，抛弃一切尘世的杂念，来到山野，与我共享春日暖阳，与我一起畅游逍遥，与我一起回味当年的好时光，与我一起沉醉于山林，沉醉于自然，沉醉于清爽秀丽的景色，沉醉于幽美隽永的画面之中。

王维是一个极为懂得生活情趣的人，他可以出仕为官，但是不会因此而降低生活的乐趣；他可以寄情山野，但是不会因此让自己捉襟见肘生活堪忧。既可以嘉宾如云，享受热闹的快乐，又可以独自衷情山水，享受独处的自在，这样的人才是真正的高士，这样的生活才是真正的智慧。王维游山水，我们看到的是那份融入自然的潇洒，那份忘却尘土的飘逸，那份随心所欲的逍遥。

战争，淹没了多少屈死的冤魂

——《吊古战场文》李华

吊古战场文

浩浩乎平沙无垠，夐不见人。河水萦带，群山纠纷。黯兮惨悴，风悲日曛。蓬断草枯，凛若霜晨。鸟飞不下，兽铤亡群。亭长告余曰：“此古战场也，常覆三军，往往鬼哭，天阴则闻。”

伤心哉！秦欤汉欤，将近代欤？吾闻夫齐魏徭戍，荆韩召募。万里奔走，连年暴露。沙草晨牧，河冰夜渡。地阔天长，不知归路。寄身锋刃，腷臆谁诉？秦汉而还，多事四夷。中州耗斁，无世无之。古称戎夏，不抗王师。文教失宣，武臣用奇。奇兵有异于仁义，王道迂阔而莫为。

呜呼噫嘻！吾想夫北风振漠，胡兵伺便，主将骄敌，期门受战。野竖旄旗，川回组练。法重心骇，威尊命贱。利镞穿骨，惊沙入面。主客相搏，山川震眩，声析江河，势崩雷电。至若穷阴凝闭，凛冽海隅，积雪没胫，坚冰在须；鸷鸟休巢，征马踟蹰，缯纩无温，堕指裂肤。当此苦寒，天假强胡，凭陵杀气，以相翦屠。径截辎重，横攻士卒；都尉新降，将军覆没；尸填巨港之岸，血满长城之窟。无贵无贱，同为枯骨，可胜言哉！

鼓衰兮力尽，矢竭兮弦绝，白刃交兮宝刀折，两军蹙兮生死决。降矣哉，终身夷狄；战矣哉，暴骨沙砾！鸟无声兮山寂寂，夜正长兮风淅淅；魂魄结兮天沉沉，鬼神聚兮云幂幂；日光寒兮草短，月色苦兮霜白。伤心惨目，有如是耶！

吾闻之，牧用赵卒，大破林胡；开地千里，遁逃匈奴。汉倾天下，财殚力痡。任人而已，其在多乎？周逐猃狁，北至太原，既城朔方，全师而还。饮至策勋，和乐且闲，穆穆棣棣，君臣之间。秦起长城，竟海为关；荼毒生灵，万里朱殷。汉击匈奴，虽得阴山；枕骸遍野，功不补患。

苍苍蒸民，谁无父母？提携捧负，畏其不寿。谁无兄弟？如足如手。谁无夫妇？如宾如友。生也何恩，杀之何咎？其存其没，家莫闻知。人或有言，将信将疑。悁悁心目，寝寐见之。布奠倾觞，哭望天涯。天地为愁，草木凄悲。吊祭不至，精魂何依？必有凶年，人其流离。呜呼噫嘻！时耶命耶？从古如斯！为之奈何？守在四夷。

在大家辈出的唐代文坛，能够有那么一两篇文章被人注意并且流传后世，是一件极为幸运之事。活跃于盛唐时期的李华，或许并不为人所熟知。但是，这也并不妨碍《吊古战场文》的独特光芒。

在群星荟萃的盛唐，李华，这个普通的名字很容易被轻易放过。但是，《吊古战场文》，只要读了开头，就难以放下，难以释怀。李华，其实也并不完全是无名小卒。据记载，他与萧颖士、颜真卿等共倡古义，力求克服齐梁靡丽之习，于骈俪之中寓古文之气，以散驭俳，崇雅去浮，使文章显示了清新质朴和刚劲有力的格调，充分表现了盛唐新体文赋的特色，开韩、柳古文运动之先河。谢榛说："熟读初盛唐诸家所作，有雄浑如大海奔涛，秀拔如孤峰峭壁。"读《吊古战场文》当有此感叹。

浩浩乎平沙无垠，夐不见人。河水萦带，群山纠纷。黯兮惨悴，风悲日曛。蓬断草枯，凛若霜晨。鸟飞不下，兽铤亡群。亭长告余曰："此古战场也，常覆三军，往往鬼哭，天阴则闻。"

万里荒漠，群山沉默，寒风悲鸣，日影昏黄，野草枯萎，飞鸟不会在此作片刻的停留，离群的野兽慌忙寻找着同伴。每当夜色降临，只听呼啸而至的狂风，每当雨雪纷飞，只听鬼哭狼嚎之声。这里，曾经进行过怎样残酷的厮杀？这里，曾经演绎过多少悲情的故事？这里，曾经有多少无谓的争夺？这里，曾经掩埋着多少屈死的冤魂？

历史，留下的只是辉煌与屈辱，可是，我们何曾读到过那一个个呻吟着的孤魂？历史，留下的只是灿烂与文明，可是，我们何曾知道，每一次社会的进步，有多少人做了那一块最不起眼的垫脚石？历史，留下的只是谋士的英明、领袖的风采、大将的指挥若定，可是，我们何曾知道，每一次的战争，夺去了多少年轻的生命，有多少痛苦哀叹的声音回荡在历史的上空？有谁统计过，一部人类历史，死于战争只是充当炮灰的平民百姓有多少，他们的身后有多少哭泣的泪眼？

明·袁尚统《枯林孤棹图》

伤心哉！秦欤汉欤，将近代欤？吾闻夫齐魏徭戍，荆韩召募。万里奔走，连年暴露。沙草晨牧，河冰夜渡。地阔天长，不知归路。寄身锋刃，腷臆谁诉？秦汉而还，多事四夷。中州耗斁，无世无之。古称戎夏，不抗王师。文教失宣，武臣用奇。奇兵有异于仁义，王道迂阔而莫为。

每当看到那些在社会底层艰辛讨生活的百姓，心中常生悲悯之情。那些草民，那些平民，有谁关心过他们的想法，有谁在乎过他们的情感，有谁倾听过他们的心声？每一次社会的动乱，牺牲的是百姓，得利的是上位者。此时，我是如此痛恨那部《孙子兵法》，如此怀念孔子极力倡导的王道思想，如此感念文治教化思想的伟大。当我们的眼前，闪现历次战争中，万里投荒、长年漂泊、有家难归的兵卒痛苦的眼神，抑郁之气自难平复。“战士军前半死生，美人帐下犹歌舞。”那些被迫从军的征夫，他们远离家园，远离亲人，戍守边地。早晨，迎着风沙寻找牧草；晚上，迎着寒风涉水渡冰河。地阔天长，戍边日久，归途知在何方？寄身锋刃，性命堪忧，怨愤向谁倾诉？

吾想夫北风振漠，胡兵伺便，主将骄敌，期门受战。野竖旄旗，川回组练。法重心骇，威尊命贱。利镞穿骨，惊沙入面。主客相搏，山川震眩，声析江河，势崩雷电。至若穷阴凝闭，凛冽海隅，积雪没胫，坚冰在须；鸷鸟休巢，征马踟蹰，缯纩无温，堕指裂肤。当此苦寒，天假强胡，凭陵杀气，以相翦屠。径截辎重，横攻士卒；都尉新降，将军覆没；尸填巨港之岸，血满长城之窟。无贵无贱，同为枯骨，可胜言哉！

鼓衰兮力尽，矢竭兮弦绝，白刃交兮宝刀折，两军蹙兮生死决。降矣哉，终

简介

▷ 李华：字遐叔，唐代散文家，与萧颖士、颜真卿等共倡古义，开韩、柳古文运动之先河。他的文章“大抵以《五经》为泉源”“非夫子之旨不书”，主张“尊经”“载道”。著有《吊古战场文》。

身夷狄；战矣哉，暴骨沙砾！鸟无声兮山寂寂，夜正长兮风淅淅；魂魄结兮天沉沉，鬼神聚兮云幂幂；日光寒兮草短，月色苦兮霜白。伤心惨目，有如是耶！

苦寒荒漠之地，战旗飘扬，战鼓嘹亮，军法威严，将士命如草芥。但见利剑穿骨，但见飞沙扑面，但听厮杀之声震断山川，但听搏斗之声断裂江河，但觉电闪雷鸣，但觉天寒地冻，这是一场怎样的战争啊！空气凝结，天地闭塞，寒气凛冽的瀚海边上，积雪陷没小腿，坚冰冻住胡须，猛禽不愿离巢，战马徘徊不前。可是，将士们，还得冲锋陷阵，即使冻掉手指；还得奋勇杀敌，即使没有粮草；还得肉搏交战，即使箭矢已尽弓弦已断；还得坚守阵地，即使宝刀已断，血流成河。我们似乎听到了那来自苍天的痛苦哀鸣：我们为谁而战，为何而战？我们还有退路吗？我们还可以有其他的选择吗？或者死，或者降？死，抛尸荒野成为孤魂野鬼；降，终身沦为异族，亲人蒙羞。进退无路，生死由人，草木同悲，群山沉寂。

鸟儿啊，你是否可以将我们最后一刻的思念带给我的亲人？北风啊，你是否可以在漫漫长夜倾听我们内心的凄苦与悲鸣？鬼神啊，你是否可以在阴云弥漫时为我们招魂带我们回家？ 只见，日光惨淡，衰草萋萋，月色惨白，白霜阴森，这里将是我们长眠之地。有谁还会想起，这里曾经掩埋了多少屈死的孤魂？有谁还会想起，这里曾经经历过多么惨烈的厮杀？有谁还会在意，当年的那些战争究竟意义何在？

吾闻之，牧用赵卒，大破林胡；开地千里，遁逃匈奴。汉倾天下，财殚力痡。任人而已，其在多乎？周逐猃狁，北至太原，既城朔方，全师而还。饮至策勋，和乐且闲，穆穆棣棣，君臣之间。秦起长城，竟海为关；荼毒生灵，万里朱殷。汉击匈奴，虽得阴山；枕骸遍野，功不补患。

其实，得胜也罢战败也罢，正所谓“兴，百姓苦；亡，百姓苦”。开疆辟土，权倾天下，威风一人，百姓征战苦。穷兵黩武，屡败屡战，劳民伤财，荼毒生灵，百姓覆亡悲。

苍苍蒸民，谁无父母？提携捧负，畏其不寿。谁无兄弟？如足如手。谁无夫妇？如宾如友。生也何恩，杀之何咎？其存其没，家莫闻知。人或有言，将信将

疑。悁悁心目，寝寐见之。布奠倾觞，哭望天涯。天地为愁，草木凄悲。吊祭不至，精魂何依？必有凶年，人其流离。呜呼噫嘻！时耶命耶？从古如斯！为之奈何？守在四夷。

帝王于民之生有何恩惠，竟然可以如此驱使？百姓于国有何罪，竟然可以随意遭杀戮？天下苍生，谁无父母？想当年，千辛万苦，抚养成人，今日战死沙场，难尽人子之孝。兄弟姐妹，情同手足，今日却是天地相隔，永无相聚之日。夫妻和谐，举案齐眉，今日却是人鬼相阻，永无相守之日。若知已死，到也可以遥望拜祭寄托哀思。只是，往往人事难料，音讯全无，不知是生是死。若是生，却不见归期。若是死，却尸骨未见。若是有音讯，却万里征战，信疑参半。若是无音讯，却终日魂牵梦萦寝食难安。酹酒祭奠，长歌当哭，草木含伤，天地同悲。

《吊古战场文》没有彻底否定战争的意义，觉得战争有正义非正义之别，君王有明君昏君之分，将军有良将庸才之差。可是，只要是战争，挑起战争的人永远是躲在幕后策划，送命的永远是一介草民。《吊古战场文》，那深具悲剧意味的场景描写，揭示着战争的残酷，带给我们深远的思考。

无所安适的孤魂

——《送李愿归盘谷序》韩愈

送李愿归盘谷序

太行之阳有盘谷，盘谷之间，泉甘而土肥，草木丛茂，居民鲜少。或曰：“谓其环两山之间，故曰盘。”或曰：“是谷也，宅幽而势阻，隐者之所盘旋。”友人李愿居之。

愿之言曰：“人之称大丈夫者，我知之矣。利泽施于人，名声昭于时，坐于庙朝，进退百官，而佐天子出令。其在外，则树旗旄，罗弓矢，武夫前呵，从者塞途；供给之人，各执其物，夹道而疾驰。喜有赏，怒有刑。才畯满前，道古今而誉盛德，入耳而不烦。曲眉丰颊，清声而便体，秀外而惠中，飘轻裾，翳长袖，粉白黛绿者，列屋而闲居，妒宠而负恃，争妍而取怜。大丈夫之遇知于天子，用力于当世者之所为也。吾非恶此而逃之，是有命焉，不可幸而致也。

“穷居而野处，升高而望远，坐茂树以终日，濯清泉以自洁。采于山，美可茹；钓于水，鲜可食。起居无时，惟适之安。与其有誉于前，孰若无毁于其后。与其有乐于身，孰若无忧于其心。车服不维，刀锯不加；理乱不知，黜陟不闻。大丈夫不遇于时者之所为也，我则行之。伺候于公卿之门，奔走于形势之途，足将进而趑趄，口将言而嗫嚅，处污秽而不羞，触刑辟而诛戮，侥幸于万一，老死而后止者，其于为人，贤不肖何如也？”

昌黎韩愈闻其言而壮之，与之酒而为之歌曰：

“盘之中，维子之宫。盘之土，维子之稼。盘之泉，可濯可沿。盘之阻，谁争子所。窈而深，廓其有容。缭而曲，如往而复。嗟盘之乐兮，乐且无殃；虎豹远迹兮，蛟龙遁藏；鬼神守护兮，呵禁不祥。饮则食兮寿而康，无不足兮奚所望！膏吾车兮秣吾马，从子于盘兮，终吾生以徜徉！”

文人相轻是一种陋习，厚古薄今或许也是一种陋习，但是苏轼对于前朝的韩愈可谓推崇备至。他在《潮州韩文公庙碑》中，将韩愈推举到至高无上的位置：“文起八代之衰，道济天下之溺。忠犯人主之怒，而勇夺三军之帅。”苏轼以为，自东汉，历经魏、晋、宋、齐、梁、陈以至于隋代，文坛充斥靡靡之音，文气衰竭不堪，而韩愈之文，切合时弊，倡导文以明道，不平则鸣。

韩愈有“文章巨公”“百代文宗”之盛名，令自命不凡的苏轼甘拜下风。苏轼对《送李愿归盘谷序》一文更是宠爱有加：“唐无文章，惟韩退之《送李愿归盘谷序》一篇而已。平生愿效此作一篇，每执笔辄罢，因自笑曰：不若且放，教退之独步。”读《后赤壁赋》，看主客问答，确实有此文的笔法与构思的痕迹。

韩愈思想复杂，反对佛教的清净寂灭，又相信天命鬼神；盛赞孟子排斥杨朱墨子，又主张孔墨相用；提倡孔氏贵王道贱霸道，又推崇管仲商鞅之霸权。《送李愿归盘谷序》其间也可见他思想的复杂，即超然物外，又置身是非之中；既淡泊名利，又羡慕声名远播；既向往山林之幽静，又徘徊红尘之中其乐无比。

中国的隐逸文化大致可以追溯到文化产生之初。《易经》曰：“天地闭，贤人隐。”《南史·隐逸》谓：“皆用宇宙而成心，借风云以为气。”《旧唐书·隐逸》称“所高者独行”，“所重者逃名”。可以说，隐逸文化是与主流文化相生共存的文化现象。隐逸文化对隐士的研究可谓精深而精妙，中国人的智慧在处事哲学上体现得最为彻底。所谓隐士，大凡也分为十种情况：其一，真隐全隐；其二，先官后隐；其三，半官半隐；其四，忽官忽隐；其五，隐于朝；其六，假隐；其七，名隐实官；其八，以隐求高官；其九，不得已而隐；其十，先隐居，基本上是真隐，但等待时机。

太行之阳有盘谷，盘谷之间，泉甘而土肥，草木丛茂，居民鲜少。或曰：“谓其环两山之间，故曰盘。”或曰：“是谷也，宅幽而势阻，隐者之所盘旋。”友人李愿居之。

若你没有更好的地方可去，若你的生活并不是很如意，若你的愿望基本成空，若你的人生很失败，若你的生活很拮据，若你的心情很压抑，那么，有这样的一个所在。四面环山，环境清幽，足以让你畅享美景；泉水叮咚，清凉甘甜，足以让你洗涤尘埃；土地肥沃，足以让你衣食无忧；草木茂盛，足以让你神清气爽；人烟稀少，足以让你远离纷争。背靠青山，面临清泉，筑庐而居，你愿意吗?

若我的人生走到这一步，已经无路可走了，身心疲惫了，万念俱灰了，那么，真有这样的世外桃源在等待着我的归去，那一定是我最大的心愿、最真切的幸福了。

愿之言曰："人之称大丈夫者，我知之矣。利泽施于人，名声昭于时，坐于庙朝，进退百官，而佐天子出令。其在外，则树旗旄，罗弓矢，武夫前呵，从者塞途；供给之人，各执其物，夹道而疾驰。喜有赏，怒有刑。才畯满前，道古今而誉盛德，入耳而不烦。曲眉丰颊，清声而便体，秀外而惠中，飘轻裾，翳长袖，粉白黛绿者，列屋而闲居，妒宠而负恃，争妍而取怜。大丈夫之遇知于天子，用力于当世者之所为也。吾非恶此而逃之，是有命焉，不可幸而致也。

是的，那些位高权重者确实令人羡慕，你看他们，呼风唤雨，发号施令，随心所欲，志得意满，随手一挥，令万人敬仰千人感恩。

你看他：身处庙堂之上，一人之下万人之上，百官进退看他的心情，君王号令由他发出，赞美之词载入史册，何其显赫!

乘车出行，彩旗招展，随从塞道，奴仆们夹道驱驰恭候差遣，才俊们恭迎道旁等候召见前呼后拥，那些溢美之词悦耳动听，那些求荣的哀求不绝于耳，何其威风!

归家休憩，美女如云，妻妾成群。那些女子，容貌俊美，娇艳而聪慧，长袖飘飞，声音甜美，能歌而善舞，各占丰采，精心装扮，极尽细腻，只为得到他的一刻眷恋、一时垂爱，何其快哉!

这样的人生是可遇不可求，是上天的特别眷顾，是命中的特别渊薮，岂是人力可为，岂是人人可求?韩愈对这样的人生一定也是心向往之的吧?

穷居而野处，升高而望远，坐茂树以终日，濯清泉以自洁。采于山，美可茹；钓于水，鲜可食。起居无时，惟适之安。与其有誉于前，孰若无毁于其后。与其有乐于身，孰若无忧于其心。车服不维，刀锯不加；理乱不知，黜陟不闻。大丈夫不遇于时者之所为也，我则行之。伺候于公卿之门，奔走于形势之途，足将进而趑趄，口将言而嗫嚅，处污秽而不羞，触刑辟而诛戮，侥幸于万一，老死而后止者，其于为人，贤不肖何如也？

退而求其次吧，不能呼风唤雨，那么，独善其身也好。穷途末路时，独处山野，登高而眺望，大山苍莽，似与天接。静坐而闲居，看日出日落，看花开花落。与群山为伴，可以忘却烦忧，与清泉为友，可以洗涤尘埃。与鱼虾为伍，可以身心无忧。

这样的人生，是轻松而自在的，不必担心那些突如其来的赞美，也不必担心那些空穴来风的诋毁；不必担心额外的牵制与约束，也不必担心突降的鞭笞与流放；不必担忧社会的动乱或昌盛，也不必挂怀官员的升迁与贬抑。若生不逢时，那就置身事外。如此，亦可获得一份属于自己的潇洒与自尊。韩愈在自己身心疲惫的时候，一定也是对这样的人生态度极为赞赏与推崇的吧？

最为不屑的是这样一种人，他们一生总是汲汲追求名利，寄身仕途行列，却总是找不到出路；他们行为猥琐，言语卑微，抛弃了作为士人的基本道德素养，察言观色，躲在角落中不断揣摩达官贵人的心思，时刻思考什么话可以说，什么事不可以做，什么时候可以跟随其后，什么时候要远远躲在角落中。他们永无出头之日，却始终不知进退。他们甘愿以身试法，却始终不知明暗。这样的人生，韩愈一定是唾弃而不屑的吧？

盘谷，与其说是李愿的归隐之所，不如说是韩愈为自己寻找的精神归宿。他为自己在尘世之外，构筑了这样一个安宁的所在。在这里，不用担心有人会诋毁你，来与你抢夺地盘，不会担心有人会伤害你，让你死无葬身之地，你可以筑庐而居清幽之境，可以种植五谷而土地肥美，可以捕捉鱼虾而鲜美可口，可以乘着马车任意东西，可以涉足远游而徜徉逍遥。

失意之时的韩愈，因了这样的佳境所在，因了这样的世外桃源，他才不会因为自己身世坎坷而屈身求荣，才不会放弃原则以求显达。这是中国士人文化的中流砥柱，他们总是在功名与操守之间徘徊而呻吟、而痛苦、而看透。可以说，桃源情结是中国士人保持自己节操的精神信仰。

寻求一种单纯的快乐

——《庐山草堂记》白居易

庐山草堂记

匡庐奇秀，甲天下山。山北峰曰香炉峰，北寺曰遗爱寺。介峰寺间，其境胜绝，又甲庐山。元和十一年秋，太原人白乐天见而爱之，若远行客过故乡，恋恋不能去。因面峰腋寺，作为草堂。

明年春，草堂成。三间两柱，二室四牖，广袤丰杀，一称心力。洞北户，来阴风，防徂暑也；敞南甍，纳阳日，虞祁寒也。木斫而已，不加丹；墙圬而已，不加白。砌阶用石，幂窗用纸，竹帘纻帏，率称是焉。堂中设木榻四，素屏二，漆琴一张，儒、道、佛书各三两卷。

乐天既来为主，仰观山，俯听泉，旁睨竹树云石，自辰及酉，应接不暇。俄而物诱气随，外适内和。一宿体宁，再宿心恬，三宿后颓然嗒然，不知其然而然。

自问其故，答曰：是居也，前有平地，轮广十丈；中有平台，半平地；台南有方池，倍平台。环池多山竹野卉，池中生白莲、白鱼。又南抵石涧，夹涧有古松、老杉，大仅十人围，高不知几百尺。修柯戛云，低枝拂潭，如幢竖，如盖张，如龙蛇走。松下多灌丛，萝茑叶蔓，骈织承翳，日月光不到地，盛夏风气如八、九月时。下铺白石，为出入道。堂北五步，据层崖积石，嵌空垤堄，杂木异草，盖覆其上。绿阴蒙蒙，朱实离离，不识其名，四时一色。又有飞泉植茗，就以烹燀，好事者见，可以永日。堂东有瀑布，水悬三尺，泻阶隅，落石渠，昏晓如练色，夜中如环佩琴筑声。堂西倚北崖右趾，以剖竹架空，引崖上泉，脉分线悬，自檐注砌，累累如贯珠，霏微如雨露，滴沥飘洒，随风远去。其四旁耳目、杖屦可及者，春有锦绣谷花，夏有石门涧云，秋有虎溪月，冬有炉峰雪。阴晴显晦，昏旦含吐，千变万状，不可殚纪，覼缕而言，故云甲庐山者。噫！凡人丰一屋，华一箦，而起居其间，尚不免有骄稳之态；今我为是物主，物至致知，各以类至，又安得不外适内和，体宁心恬哉！昔永、远、宗、雷辈十八人同入此山，老死不返，去我千载，我知其心以是哉！

矧予自思：从幼迨老，若白屋，若朱门，凡所止，虽一日二日，辄覆篑土为台，聚拳石为山，环斗水为池，其喜山水病癖如此。一旦蹇剥，来佐江郡。郡守以优容而抚我，庐山以灵胜待我，是天与我时，地与我所，卒获所好，又何以求焉！尚以冗员所羁，馀累未尽，或往或来，未遑宁处。待予异时，弟妹婚嫁毕，司马岁秩满，出处行止，得以自遂，则必左手引妻子，右手抱琴书，终老于斯，以成就我平生之志。清泉白石，实闻此言！

时三月二十七日，始居新堂。四月九日，与河南元集虚、范阳张允中、南阳张深之、东西二林长老凑、朗、满、晦、坚等凡二十有二人，具斋施茶果以落之。因为《草堂记》。

有人说，白居易是一个浪荡公子、多情文人，因为他曾经仰慕朋友之妻的娇艳而以诗调侃，因为他妻妾成群而生活逍遥，因为他需在丝竹美酒歌舞之声中生发诗情。这样说的人，其实只是羡慕香山居士散淡的生活情趣，只是羡慕那一份有家僮奏《霓裳羽衣》、有小妓歌《杨柳枝》的风雅，只是羡慕那一份在良辰美景之时不负好时光，在雪朝月夕之时不负好风景的优越。而这样的生活，其实只是他晚年的生活场景。

他杰出的才情来自幼时的刻苦自励，还只是孩童，有谁苦读诗书到口生疮，有谁苦练到手出茧，有谁苦思到幼年生白发？他丰富的诗情来自坎坷的人生经历，十一岁时起因战乱而颠沛流离，十九岁时情笃初开却无缘结良缘，三十七岁时在母亲以死相逼下另娶而痛失恋人，四十四岁时因妄议朝政而远离是非地。真的是祸福相生，悲喜相生啊！

至今，他的“白堤”依旧流传在西子湖畔，他的《琵琶行》依旧唱响在浔阳江头，他的《卖炭翁》依旧徘徊在求生者荒凉的心头。

母亲因赏花掉入井中而死，有人用其诗文中赏花的诗句攻击他有伤风化，有违孝道，因而被贬江州司马，真是千古奇谈。但因此，他的生活开始发生彻底的改变，他的诗情得到最大限度的宣泄，他的生活从此踏上一条令无数文人雅士羡慕的状态，他的庐山草堂从此成为另一个桃花源，他的《庐山草堂记》成为了中国园林学的奠基之作。

这是一个风景清雅的地方、一个人间仙境，天下秀美集于一身。任何一个经历过世事纷纭的人，到了这样的所在，一定不会轻易错过，轻易放弃。在飘渺的山峰与幽静的山寺之间，筑庐而居，深感自己亦如身处世外桃源，悠游其间，深味个中甘甜。当年，陶渊明似乎也是在庐山脚下，吟哦着，行走着，漫步着……从此走上归家之路，从此寻找到了生命之根。

这样的庐舍，不需要金碧辉煌的装设，更无需华屋高筑的铺张，简单的陈设是诗人心性的自然流露。盛夏，北风吹走暑气，留下一地清凉。严寒，冬日送来温暖，留存一席暖意。一切都是那么的简陋而富有生活情趣，泥土涂墙，石头筑台，竹子为帘，麻布为帐，四张椅子，两座素屏，一张素琴，两三本书。自然之灵性，是谁都是可以享用的，只是现代人过于浮躁，过于追求物质的拥有，也过于追求声名远播，于是，所有的美景都只是外部的存在，无法直抵心灵。

这样的生活情趣，其实是一种最为简单、最为淳朴的心灵需求。就如同，我们总是在梦中追摹陶渊明的世外桃源，总以为桃源远离我们的生活，远离我们的性灵。其实，桃源就存在于我们生活的空间，留存于我们记忆的深处，唯一需要的是用我们的灵魂去唤醒，用我们简单的快乐去重温。

静卧草堂，仰观山色，俯听清流，与竹树为伴，与云石相随，只要两三夜的熏陶，就可以使骚动的心灵安宁，使浮躁的性情恬淡，使疲惫的倦容舒展，身心与自然相融相交。进入这样的状态，更多的不是因为环境，而应该是诗人的内心情趣，是诗人清雅淡定的性情吧！若是凡夫俗子，任凭到哪一个超凡脱俗的所在，也断不会有超越红尘的清韵雅趣。

明·沈周《庐山高》

所谓的世外桃源，只是没有物欲的横流，没有盛名的负累，没有华美的诱惑，没有丛生的杂念。如此，心灵才会在意那永存永在的自然之美，钟情一方山水、一方清池、一方草木虫鱼；才会因山竹而情痴，因野草而情迷，因月华而情癫；才会将那枝条伸展看作最美的景致，思绪飞升云霄，漫步天际；才会将那低垂的枝柯看作最有诗情的画面，垂柳轻拂潭水，熠熠生辉。古树盘曲，古松苍劲，古木幽深，灌木丛生，枝叶蔓生，奇花缤纷，异果累累，何其葱郁！飞泉落人间，茶树飘异香，满眼苍翠，满怀清幽。白天，瀑布如白练；晚上，散珠若琴筝；清晨，烟霞飘渺；黄昏，云霞明灭，何其有趣！清澈的泉水流淌在山间竹心，如同血脉流淌在血管之中。涓涓溪流，如珍珠，如雨露，清韵悠悠。春天，繁华如锦绣；夏天，浩云出涧门；秋天，明月越虎溪；冬天，白雪生卢峰，何其快哉！

就如同，有人喜欢华屋高筑，喜欢从者云集；有人喜欢自然之美，喜欢不加修饰的天然去雕饰。骄傲自负的人是不会喜欢清静之地的与世隔绝，只有若东晋之时的那些高僧一般心无挂碍，才会云游到此，就再也不肯离开。今日，香山居士被贬到此，似乎是上苍的一次特别眷顾，离开了那个名利场、是非地，来到了一个真正的世外桃源。世上并不是缺少美景，而是缺少欣赏美景的心灵与心境，缺少闲散的心情与境况。庐山之美，因了诗人的心境而越加景美。

尘缘已了，职责已尽，那时，可以携手妻子，环抱素琴，呼朋唤友，吟诗唱和，借酒买醉。一琴一书，一酒一友，畅享美景，妻子家人，其乐融融。唉，这样的生活，是人老之时最佳的选择吧！终老山林，也是最好的去处吧！何必要多此一举，要发誓盟愿，要青山作证？因为这样的选择与追求，是真正来自心底彻悟之后的自觉选择。

自然风景，美则美矣，若没有文人雅士的情趣，再美的风景也是徒然。若没有多愁善感的心灵，再美的景致也是徒劳。若没有文人妙语横生，再美的风韵也是枉然。因为有了庐山之美，有了香山居士的才华，有了读者善感的心灵，于是，在此山林与心灵有了彻底的交流；于是，山林，居士，读者，跨越千年有了灵魂的默契。

披情入山林，且行且吟话凄凉

——《始得西山宴游记》柳宗元

始得西山宴游记

自余为僇人，居是州，恒惴栗。其隙也，则施施而行，漫漫而游，日与其徒上高山，入深林，穷回溪，幽泉怪石，无远不到。到则披草而坐，倾壶而醉；醉则更相枕以卧，卧而梦，意有所极，梦亦同趣；觉而起，起而归。以为凡是州之山水有异态者，皆我有也，而未始知西山之怪特。

今年九月二十八日，因坐法华西亭，望西山，始指异之。遂命仆人过湘江，缘染溪，斫榛莽，焚茅茷，穷山之高而止。攀援而登，箕踞而遨，则凡数州之土壤，皆在衽席之下。其高下之势，岈然洼然，若垤若穴，尺寸千里，攒蹙累积，莫得遁隐；萦青缭白，外与天际，四望如一。然后知是山之特立，不与培塿为类。悠悠乎与颢气俱，而莫得其涯；洋洋乎与造物者游，而不知其所穷。引觞满酌，颓然就醉，不知日之入。苍然暮色，自远而至，至无所见而犹不欲归。心凝形释，与万化冥合。然后知吾向之未始游，游于是乎始。故为之文以志。是岁，元和四年也。

柳氏家族，当年在河东，可谓显赫至极。高宗一朝，柳家同时居官尚书省多达二十二人。只是到柳宗元曾祖父之辈，已经衰落，已无一人在朝为官。这样的家族背景，成了柳宗元心中永远无法拔除的刺。

永州之地，是幸福的，因为柳宗元而千古闻名。而永州对于柳宗元，却是他生命中无法拔除的另一颗尖刺。永州，仅仅半年，让他备尝亡母之痛，倍感人生凄苦；仅仅十年，夺去了他健康的身体，夺去了他重登政治舞台的际遇。永州，是柳宗元心中无法回避的伤痛之地。

司马，是一个如此尴尬的职位。由朝中大员贬为地方司马，当地官员既不敢得罪，怕其有朝一日会重新召回任职，又不敢亲近，怕因此得罪朝廷某位要员而影响自己的仕途。被贬司马之人，是孤独的，也是落寞的。被贬司马，是柳宗元心中十年难消的块垒。

柳宗元，二十岁中进士，三十一岁入朝为官，四十七岁病逝异乡，潦倒终身，其间十四年流放生涯。背负振兴家族的使命，却最终令老母因他而过早仙逝，令亲友因他而颠沛流离，令自己一腔抱负无以施展。永州，是柳宗元的伤心地，十年辛酸，十年凄凉，十年沦落，化为他诗词歌赋的深重内涵，造就他文章的宽度与厚度，也造就了一代文章大家。他那些流传后世的文章，几乎都是这一时期的作品。

由永州到柳州，再也没有踏上回乡之路，更不必说回归朝廷，回归风云变幻的政治舞台，再也没有机会为自己的政治革新讨一个说法，再也没有机会为自己十四年的辛酸做一个交代，讨一个说法。我想，先生离开人世时，一定是带着深沉的遗憾与满腹的愁怨，一定是带着满心的不甘与难言的委屈，一定是带着无尽的对家乡的思念、对亲友的愧疚吧！

所以，我读《始得西山宴游记》，看不出先生宴游山水的快意，看不出先生悠游山林的惬意，也看不出始得西山之游的惊喜。

那个清醒的革新家，无法选择自己的生存空间。母亲的病逝，家人的举步维艰，自己政治生命的无望，随便哪一点，都足以令他忧心如焚，忧惧难安。

这个孤寂的文人，自己的生活状态都无法选择，重振朝纲、经天纬地的理想只能是空谈。苦寒之地，遭贬之人，有谁理会他的思想，在乎他的处境，在意他的心境？永州六个月，每一天都是那么漫长，每一天都是转辗反侧，寝食难安。幸亏有文学，幸亏可以诉诸笔端。

看似闲暇的生活，其中滋味何人能解？看似悠游的寻访山水，其中的郁闷何人体味？或许只有在登高山之中，才可消解满腹的愁怨。或许只有在穷深林之时，才可忘却凄凉的处境。或许只有在溪水之畔，才可洗涤尘世的烦恼。或许只有在怪石丛中，才可得片刻的安宁。或许只有借助醉酒，才可一晌贪欢。或许只有借助梦境，才可达成愿望。

行吟山林，身处永州山林，那么，山林即是我之山林，山水即是我之山水。如此，以为真有宴游之乐逍遥一时了，真的可放松心灵与山林同醉了，真可暂时抛却待罪之身、忘却生活困境了。如此，永州奇山异水，当是我的知音。永州苦寒天地，才是我的温床。永州荒烟蔓草，才是我的同伴。

以为自己穷尽永州山水之美，却原来山外有山楼外楼。那西山，本就是目力所及处，以前无数次的经过，居然视若罔闻，真也是一件奇怪的事。

遥望西山，恰似藏在深闺中的美人，需待亲自寻访，需待大费周章，需待融入其里，需待爬上山顶，席地而坐，才觉山之高群峰连绵，才觉尺寸千里胜景无穷，才觉青山绿水天地相连，才觉自己似乎融入其中与天地相生相随，才懂得浩然之气乃是天地之精气，才懂得宽广的只有天地而渺小的才是自己。难道自己以前的忘情只是自欺，以前的游历只是形式，以前的醉酒魂梦只是虚幻？

若今日真可入境，那么就与山水同醉，就尽情玩乐，就不醉不归，就忘却形骸，就坐看日出日落，如此，才不辜负这一方山水，才不辜负自己一番寻访的苦心。

可是，真的可以忘怀吗？西山之山水与永州别处之山水真的差别巨大吗？西山之山水真的就是世外桃源化外之境了吗？

此时，柳宗元还只是初到永州，心中的那份期待依旧在，心中的那份牵挂依旧在。所以，似乎可以做到暂时的忘忧，似乎也可以故作轻松地说一些自我宽慰之语。只是，在说宴游之时，是那么的勉强；在说始得之时，是那么的伤怀；在纵情山水之时，是那么的不自在；在寄情诗酒之时，是那么的凄凉。游西山之前，不愿归去，是怕面对妻小，怕面对亲友。游西山之后，依旧不愿归，是怕好梦惊醒，是怕幻想破灭，是怕好不容易的沉醉过早清醒吧！

寄情西山，以为找到了消解自己愁苦的通道，其实，此处山水与别处山水有何异？只是先生希望有差别，是先生心内所想、心内所愿而已。所谓始得，所谓宴游，所谓西山胜景异于别处，只是一时宽慰之词、一时心情之语、一时忘情之言而已吧！

一个为诗歌殉道的人

——《李贺小传》李商隐

李贺小传

京兆杜牧为《李长吉集序》，状长吉之奇甚尽，世传之。长吉姊嫁王氏者，语长吉之事尤备。

长吉细瘦，通眉，长指爪，能苦吟疾书。最先为昌黎韩愈所知。所与游者，王参元、杨敬之、权璩、崔植辈为密，每旦日出与诸公游。未尝得题然后为诗，如他人思量牵合以及程限为意。恒从小奚奴，骑距驴，背一古破锦囊，遇有所得，即书投囊中。及暮归，太夫人使婢受囊，出之，见所书多，辄曰："是儿要当呕出心始已耳！"上灯与食。长吉从婢取书，研墨叠纸足成之，投他囊中。非大醉及吊丧日，率如此，过亦不复省。王、杨辈时复来探取写去。长吉往往独骑往还京洛，所至或时有著，随弃之，故沈子明家所徐四卷而已。

长吉将死时，忽昼见一绯衣人，驾赤虬，持一版，书若太古篆或霹雳石文者，云当召长吉。长吉了不能读，欻下榻叩头言："阿母老且病，贺不愿去。"绯衣人笑曰："帝成白玉楼，立召君为记。天上差乐不苦也。"长吉独泣，边人尽见之。少之，长吉气绝。常所居窗中，勃勃有烟气，闻行车嘒管之声。太夫人急止人哭，待之如炊五斗黍许时，长吉竟死。王氏姊非能造作谓长吉者，实所见如此。

呜呼！天苍苍而高也，上果有帝耶？帝果有苑圃宫室观阁之玩耶？苟信然，则天之高邈，帝之尊严，亦宜有人物文采愈此世者，何独眷眷于长吉，而使其不寿耶？噫！又岂世所谓才而奇者，不独地上少，即天上亦不多耶？长吉生二十七年，位不过奉礼太常，时人亦多排摈毁斥之。又岂才而奇者，帝独重之，而人反不重耶？又岂人见会胜帝耶？

唐代诗歌，由李白而走向高峰，盛唐之音成为中国古典诗词文化的代表；由李商隐而再次走向高峰，使唐诗经过中唐时期的沉淀而再次到达一个相对的高度。从盛唐时期的李白、杜甫到晚唐时期的李商隐、杜牧，唐代诗歌可谓善始善终，每一个阶段都有大家横空出世。这里有一个小小的遗憾，中唐时期，经历过安史之乱的动荡，诗坛也风雨飘摇。白居易，他过于富足的生活很难让其诗歌境界更高远一些。李贺，本可以担负起这样的重任，可以成就这样一番伟业，可以让唐诗经历中唐时期而自然地过渡到晚唐。但是，李贺，二十七岁，如此年轻生命，如此短暂人生，还来不及完成他的历史使命，就被召入天宫，为天帝赋诗吟咏去了。

李贺小像

你很难想象，“黑云压城城欲摧，甲光向日金鳞开”，如此苍凉而悲壮的诗词出于十八岁少年之手。你很难理解，“我当二十不得意，一心愁谢如枯兰”，如此消沉而通透的诗词出于风华正茂的青年之笔。“男儿何不带吴钩，收取关山五十州”的豪气哪里去了，“少年心事当拏云，谁念幽寒坐呜呃”的自信哪里去了？是因为深感“天荒地老无人识”，即使白发穷经也只是一场空梦而已？是因为深知“世上英雄本无主”，即使天涯海角也只是望洋兴叹而已？所以，还是早早归去，到诗词歌赋中实现理想，到穷乡僻壤中去寄托忧思，到神仙境地中去寻找诗情。

李贺内心的苦闷与惆怅，生活的坎坷与挫折，一生的短暂与辉煌，在他身后，李商隐透过历史的帷幔，透过那中唐的凄风苦雨，透过

简介

▷ 李商隐：字义山，号玉溪生，唐朝著名诗人。他擅长诗歌写作，骈文文学价值也很高，是晚唐最出色的诗人之一，和杜牧合称“小李杜”，与温庭筠合称“温李”，因诗文与同时期的段成式、温庭筠风格相近，且三人都在家族里排行第十六，故并称为“三十六体”。其诗构思新奇，风格秾丽，尤其是一些爱情诗和无题诗写得缠绵悱恻，优美动人，广为传诵。但部分诗歌过于隐晦迷离，难于索解，至有“诗家总爱西昆好，独恨无人作郑笺”之说。

那些散落在烟雨中的凄美诗句，读懂了李贺，读懂了李贺的怅惘，读懂了李贺的诡异，读懂了李贺实乃天人的秉性，读懂了李贺最彻底的苦难、最深沉的牢骚、最耐人寻味的一生。李商隐是一个伟大的智者，因为他能够看懂一个社会变迁的必然。所以，只有他，才真正懂得李贺。

李商隐站在晚唐的江山，看到了那些来来往往的人潮中难以掩饰的没落，看到了那个盛极一时的帝国衰落的必然。“夕阳无限好，只是近黄昏”，如同一个咒语，如同一个箴言，提前半个世纪预言了大厦将倾、狂澜已倒的结局。李商隐这样的智者，才可以读懂李贺，才可以直抵李贺那苍凉一生最为人称道的价值，才可以为李贺作传而不会曲解李贺那绝世孤独的灵魂，那一生游离在诗歌与浪漫中的殉道者。李贺是中国古代唯一一个为诗歌殉道的人，生平简单纯粹到只有诗歌才是唯一的话题。

他写诗歌，是苦吟，是融入心灵的歌唱，是渗入灵魂的呐喊，是真正呕心沥血之作，不为谋生，不为功名，不为任何目的。他写诗歌，是一种习惯，一种生活方式，一种随意而为又随意挥洒的才情，是一种看似诗意生活的外化却是痛苦心灵的呐喊，是往来于长安洛阳间的自我对话。他写诗歌，其实就是写他的生活，写他看到的生活，写他感悟的生活，写他对现实的失望，继而写他对那些未知世界的期待与想象。

李贺一生，与诗歌结下不解之缘。他的死，也是那么的富有诗意，但愿那传说中的白玉楼真的是天帝造就，等待李贺在人间历练之后，到天上尽情展示他的才情；但愿天帝是一个真正懂得他的诗词，懂得他诗歌厚度的知音，这样，李贺的飞升才会真正有意义。

那位生养了杰出天才的太夫人，实在是最为懂得儿子的知音。“是儿要当呕出心始已耳！”她，懂得儿子的每一句诗都是呕心沥血之作，知道儿子人生的最终归宿应该是天国，是到天宫去继续施展才华。李贺一生凄苦，但是，能有这样的母亲是一件幸运的事情，是可遇不可求的；能写出这样的诗是值得骄傲的，即使对个人来说未必是幸福的。

或许只有同样命运坎坷的李商隐，才会写出如此奇特的个人小传。李商隐那些晦涩难懂的朦胧诗成为无数后人解读的谜语，那些诵读者无法真正破解，从中感受到这种诗歌的魅力，于是开始效法，于是我们的诗歌越来越晦涩了。今天的晦涩是无法读懂，而李商隐的晦涩来自于他诗歌的多义性。所以，他为李贺写传，也写出了他一贯的文风、一贯的思维。在这篇短暂的小传之中，用了一半以上的篇幅写李贺之死，写对李贺之死的思考。这样的写法，似乎不是小传的写作，而是李商隐的心情文字了。

李商隐对于李贺之死的神奇很纠结，他的心里充满矛盾。若果真有天帝，果真有天宫，那么天宫中自然也会有如李贺般才华横溢的诗人，何必多此一举，要来人间将李贺带走，不给他起码的天寿呢？

或许是世上奇才，天上也是少见。那么，这样的奇才，怎么会世上之人不能察觉，不能委以重任，而让他一生只是做个小小的奉礼太常，这样的职位或许根本就不能称之为官职吧！人世岂不太令人失望？李贺果真是奇才，天帝果真看重，那么，为什么就不能在人世被重呢？人的见识不如天帝吗？

其实，做这样的自问自答，看似多余，实则痛苦；看似单纯，实则无奈；看似玩笑，实则心酸。李商隐因自身的磨难，而深味李贺一生的悲苦。这样的问题无需回答，因为，他们用自己的一生回答了这个问题。生活在士人普遍怀才不遇的政治背景下，既深受儒学思想的侵染，以博取功名为人生成功的唯一准则，而诗人与政治家不同的秉性与不同的价值观道德伦理又直接影响着其为人处世的标准，所以，真正的诗人不可能成为成功的政治家。诗人的痛苦与人生无奈，是与生俱来而终身相伴的，几乎所有才华横溢的诗

李商隐小像

人都是失败的政治家，仕途失败与诗歌创作的辉煌相伴相随。李贺称赞韩愈文采是“笔补造化天无功”，而这样的评价正是对他自己诗才的最佳评价。

李贺若知道，今天，依旧有这么多的崇拜者为他的诗词着迷，为他不一般的人生喝彩，为他不平的一生叹息哀鸣，心中当不会如此凄苦了吧？今天，我们铭记他的名字，而早已经忘记了那些曾经的风云人物。今天，我们诵读他的诗词，而早已经忘记了那些曾经改变历史的诏书。今天，我们依旧追慕他早已经远去的背影，而淡忘了那些曾经显赫的声名。那么，他可以在天国微笑了。

历史，最终依旧会选择公平。命运，最终以公平的形式显现。公平虽然是相对的，但是，在长久的生命历程中，他永远是一个预示着公道的神！

第五章

纡徐舒缓的宋文复古

清

人生无处不言欢

——《黄州新建小竹楼记》王禹偁

黄州新建小竹楼记

黄冈之地多竹，大者如椽，竹工破之，刳去其节，用代陶瓦。比屋皆然，以其价廉而工省也。

子城西北隅，雉堞圮毁，蓁莽荒秽，因作小楼二间，与月波楼通。远吞山光，平挹江濑，幽阒辽敻，不可具状。夏宜急雨，有瀑布声；冬宜密雪，有碎玉声；宜鼓琴，琴调虚畅；宜咏诗，诗韵清绝；宜围棋，子声丁丁然；宜投壶，矢声铮铮然：皆竹楼之所助也。

公退之暇，被鹤氅，戴华阳巾，手执《周易》一卷，焚香默坐，消遣世虑，江山之外，第见风帆沙鸟、烟云竹树而已。待其酒力醒，茶烟歇，送夕阳，迎素月，亦谪居之胜概也。彼齐云、落星，高则高矣，井幹、丽谯，华则华矣，止于贮妓女，藏歌舞，非骚人之事，吾所不取。

吾闻竹工云："竹之为瓦仅十稔，若重覆之，得二十稔。"噫！吾以至道乙未岁自翰林出滁上，丙申移广陵；丁酉又入西掖，戊戌岁除日，有齐安之命，己亥闰三月到郡。四年之间，奔走不暇，未知明年又在何处，岂惧竹楼之易朽乎！幸后之人与我同志，嗣而葺之，庶斯楼之不朽也！

咸平二年八月十五日记。

王禹偁，在宋朝初年的政坛与文坛都应该是享有盛名的精神领袖。不管是同时代的欧阳修还是以后的苏轼，对他都是推崇备至的。文坛宗主范仲淹写作《岳阳楼记》明显仿效《黄州新建小竹楼记》而写。

“平生诗句多山水，谪宦谁知是胜游”，何等飘逸而放达！“脱衣换得商山酒，笑把《离骚》独自倾”，何等洒脱而超凡！一篇《黄州新建小竹楼记》，一扫贬官时内心的凄苦与悲凉，将那一份闲适尽情渲染，不带一丝冤屈，不带一毫牢骚，不带半分无奈。

从此，贬谪文学走出了阴霾，走向了更为阳光的通路。

由屈原《离骚》的愤激狂傲，到贾谊《鵩鸟赋》的哀怨孤愤，到柳宗元《永州八记》的沉郁凄切，不管是旷达如李白，还是沉郁如杜甫，不管是得势者如张九龄，还是失意者如刘禹锡，不管是坎坷如韩愈，还是潇洒如白居易，一旦身逢不幸，遭遇贬谪，作品中无一例外表现出的都是酸楚与凄凉。即使寄情山水，也是那么的无奈与无趣，他们与山水之间是那么的若即若离，他们始终在山水与心境之间游离不定。

而阅读《黄州新建小竹楼记》，似乎心境真的为之而开阔。若不是有历史记载，让读者先入为主了，大可不必将这一奇文与作者此时的遭际相连，那么，心境将会更加的澄明而剔透，似乎与那一竹楼更可相交相融、相生相惜了。

四年之内，三次遭贬，不停来往于京城与贬谪之地，期间的辛酸与苦楚何处倾诉？在那个万家灯火、合家团圆的喜庆日子里，王禹偁再次怀揣一纸贬文，走上了漫漫飘摇之路。前路如何，早已经是无所谓了，否则也不会直言犯颜，一意孤行。

公元999年的中秋之夜，也该是皓月当空，也该是清辉播撒，也该是竹影摇动的吧？否则，多次遭贬的王禹偁，在那荒僻之地，在那衣食堪忧之时，怎会因此而生发出如此意蕴优美的诗情与画意呢？筑楼而居的他，怎么会满足于方寸之地的清幽，沉迷于方寸之地的高雅，欣悦于方寸之地的开阔？

黄冈之地多竹，大者如椽，竹工破之，刳去其节，用代陶瓦。比屋皆然，以其价廉而工省也。

子城西北隅，雉堞圮毁，榛莽荒秽，因作小楼二间与月波楼通。远吞山光，平挹江濑，幽阒辽敻，不可具状。

自古以来，黄冈的声名是与苏轼相连的，但是，人们不知道，在苏轼之前，有一个叫王禹偁的文人，早已在这一方土地上播撒了浪漫的种子，早已在这一方

清·郑板桥《墨竹图》

土地上种下了通灵的果子，只等后世的苏轼在此领会，在此思索，在此顿悟。

王禹偁，可以从那些肆意生长的竹子中看到他栖身的家园，从那生长荒野的杂草中看到一个宁静的空间，从那临江而居的竹楼中看到远山近水尽收眼底的辽阔，并不是所有人都具有这样的能耐，并不是所有人都可以做到这么潇洒，更不是所有人都具有如此审美的视野。这样的人生可以赏玩而不可模仿，这样的心境可以仰视而不可琢磨，这样的灵魂可以追摹而不可探寻。王禹偁，以遭贬之人的心境，却唱出了最动人、最纯粹的诗篇。

夏宜急雨，有瀑布声；冬宜密雪，有碎玉声；宜鼓琴，琴调虚畅；宜咏诗，诗韵清绝；宜围棋，子声丁丁然；宜投壶，矢声铮铮然：皆竹楼之所助也。

你听听，夏日暴雨肆意，竹楼如何可以阻挡那倾泻而下的雨幕呢？可是，诗人站在雨中，聆听的是那雨打竹楼的优美，全然不顾雨落陋室的尴尬。

你听听，冬日大雪纷纷，竹楼如何阻挡那侵人骨髓的寒气？可是，诗人站在冰天雪地中，聆听到的是雪花飘落的优雅，飞雪轻敲窗帘的浪漫，全然不顾寒气袭人的狼狈。

你看看，在这个荒芜人烟的苦寒之地，诗人兴趣盎然，弹琴助兴，琴音婉转而悠扬，诗情激越，赋诗吟诗，声调美妙而高亢。

你看看，在这样月圆人孤寂的时候，在这个仅可容身的陋室之中，在这个无人唱和的夜晚，诗人内心却是如此的宁静，想见的是友人相聚之时的玩乐欢快。可以下棋，那么，棋子敲打棋盘，有竹楼共鸣自然清音悦耳；可以投壶，那么，箭矢投入壶中，有竹楼相助自然声声入耳。

这样的人生境遇竟然成了上天对贬谪之人特别的眷顾了，这样的人生乐趣竟然成了不可多得的自然造化了，如此，贬谪之意早已抛却开了，失意之情早已丢去开了。

公退之暇，披鹤氅，戴华阳巾，手执《周易》一卷，焚香默坐，消遣世虑，江山之外，第见风帆沙鸟、烟云竹树而已。待其酒力醒，茶烟歇，送夕阳，迎素月，亦谪居之胜概也。彼齐云、落星，高则高矣，井斡、丽谯，华则华矣，止于贮妓女，藏歌舞，非骚人之事，吾所不取。

吾闻竹工云："竹之为瓦仅十稔，若重覆之，得二十稔。"噫！吾以至道乙未岁自翰林出滁上，丙申移广陵；丁酉又入西掖，戊戌岁除日，有齐安之命，己亥闰三月到郡。四年之间，奔走不暇，未知明年又在何处，岂惧竹楼之易朽乎！幸后之人与我同志，嗣而葺之，庶斯楼之不朽也！

身居陋室，身心放松，无所挂碍，不觉心旷神怡，不觉有人在世外之感。此时，真觉得，这样的生活似乎是人生一大快事了。

从官府回到家中，回到自己的那一方小天地，感觉天地之间唯有自己。脱下官服，穿上闲散而宽松的服饰，只觉得神清气爽，只觉得悠游自在。《周易》在手，香炉散发着淡淡幽香，在这样的烟雾缭绕中，低首俯瞰，沉入《易经》的虚无之中，沉入宇宙的无穷之中，沉入心灵的浩淼之中。放眼远眺，但见江天一色，但见迎风启航的帆船，但见展翅飞翔的沙鸥，但见烟云迷蒙，但见竹林摇曳。在半醉半醒间，一切思绪都随风飘散，一切美景都随之迷离，一切往事都如过眼云烟。得意也罢，失志也罢，最终的归宿都是那么的相似和相同。那些风花雪月之地，只是得志人及时行乐的欢宴之地，可是，谁不知道那样的地方掩藏怎样的阴谋与肮脏，那样的地方充斥怎样的虚荣与交易？那些坐落在繁华市井之地的名楼，如今，何处可以寻找到一丝一毫的踪迹，何处可以见证当年歌舞升平的喧嚣？这样的场所，好则好矣，可以，那不是真正读书人所应该欣赏的地方，也不是读书人应该逗留的所在。

简介

▷ 王禹偁：字元之，白体诗人、散文家。晚年被贬于黄州，世称"王黄州"。王禹偁为北宋诗文革新运动的先驱，文学韩愈、柳宗元，诗崇杜甫、白居易，其作品多反映社会现实，风格清新平易，促进了宋初诗风、文风的变革。著有《小畜集》。

还是回到这一方净土，还是回到这个简陋的竹楼，虽则荒僻，可是清净，虽则简陋，可是宁静。身居于此，自有一份从容与超脱，自有一份闲适与自在。苏轼说："可使食无肉，不可使居无竹。无肉令人瘦，无竹令人俗。人瘦尚可肥，士俗不可医。"以竹为楼，以竹为家，身处其中，真可谓得自然之丰韵，自可身心自知，自可忘怀得失。

冥冥之中，王禹偁似乎与黄州有着割舍不断的情怀，似乎与竹楼有着千丝万缕的联系，被贬黄州，从此再也无力飘荡，再也无力漫游，于是在公元999年中秋之后的两年，他永远长眠于此。于是，他才有机会与苏轼在此进行一次心灵的交流、灵魂的沟通，使得那篇《赤壁赋》得到他的真传，写得如此动人而感怀。

有人评论此文"冷淡萧疏，无意于安排措置，而自得之于景象之外"，可谓恰当之论，中肯之论了。

先生之风，山高水长

——《严先生祠堂记》范仲淹

严先生祠堂记

先生，汉光武之故人也，相尚以道。及帝握《赤符》，乘六龙，得圣人之时，臣妾亿兆，天下孰加焉？惟先生以节高之。既而动星象，归江湖，得圣人之清，泥涂轩冕，天下孰加焉？惟光武以礼下之。

在《蛊》之上九，众方有为，而独“不事王侯，高尚其事”，先生以之。在《屯》之初九，阳德方亨，而能“以贵下贱，大得民也”，光武以之。

盖先生之心，出乎日月之上；光武之量，包乎天地之外。微先生不能成光武之大，微光武岂能遂先生之高哉？而使贪夫廉，懦夫立，是大有功于名教也。

仲淹来守是邦，始构堂而奠焉。乃复为其后者四家，以奉祠事，又从而歌曰：“云山苍苍，江水泱泱，先生之风，山高水长。”

两岁而孤的范仲淹，一生历经艰辛，身心俱疲。母亲无奈改嫁他人，在少年范仲淹看来是一件悲痛而羞耻的事情。于是，他用苦行僧式的生活方式与悬梁刺股式的学习方式改变现状。他意志坚强，经受无数次的打击之后，依旧重新站起来。他心地善良，善待那些因为家贫无力读书的书生。

作为政治家，他九死不悔，始终坚守自己的政治操守。作为教育家，在他的倡导与帮助下，北宋初年形成了一个良好的学习风尚。作为思想家，他的“宁鸣而死，不默而生”自由思想，是人类最早发出的呼喊自由的声音，这样的思想可以说是他一生的追求，是他一生对仕途孜孜以求却始终不改高尚节操的基础。作为文学家，他的“明月楼高休独倚，酒入愁肠，化作相思泪”，让我们透过铮铮铁骨，深味男儿内心的缠绵柔情；他的“塞下秋来风景异，衡阳雁去无留意”，让我们透过那些北漠的荒凉，看到远征庶人的有家难归。

相比那句“先天下之忧而忧，后天下之乐而乐”，我其实更喜欢“居庙堂之高则忧其民，处江湖之远则忧其君。是进亦忧，退亦忧”的义无反顾，一往直前，永不言败。透过它，我们看到了那种顽强而固执的追求，看懂他由右司谏被贬睦州时的内心世界，看懂他在睦州富春江上泛舟时内心的波澜起伏。

范仲淹与严子陵，应该有着太多的不同。范仲淹在仕途上坎坎坷坷，几起几落，忠言直谏的个性始终不变。严子陵却是很淡然地选择归隐山林，没有经受任何的打击，没有任何理由的选择归隐。如此迥异的两个人，怎么会碰撞出思想的火花呢？

但是，这两个孤独的灵魂，虽然相隔遥远的时空距离，却在美丽的富春江畔相遇了，他们进行了一次心灵的对话。范仲淹不但邀约严子陵，而且邀约光武帝，一起谈古论今，一起奏响高山流水之音。

明·米万钟《碧溪垂钓图》

严子陵因其不慕富贵甘于贫贱而被人称道，视富贵如浮云被称为一种难能可贵的气节。于是，好评如潮。有诗曰：“云台若也标名姓，千古谁知有钓台。”当年严子陵的垂钓处流芳百世。同时，我们似乎也还记得姜太公当年的垂钓处同样也是千古流芳的。而两者的价值观是迥然有异的。但是，这并不妨碍他们同样博得美名。

那个不拘一格、特立独行的著名画家徐渭，对严子陵的出世也是敬佩有加：“山霭消春雪，江风洒暮林，如闻流水引，谁听伯牙琴。”竟至以为千载以下，无人听懂严子陵当年走向山林的足音，无人可懂严子陵当年垂钓时的心路历程。

严子陵，也真称得上是一个狂人。当年的刻苦求学，学得一生本领，就是为了今后可以在富春江上垂钓，让光武帝四处寻找，四处打听，亲自相邀，而坚辞不出，求取真隐士的美名吗？

光武帝，也真称得上是一个贤明的君主。翻开整部中国历史，只有光武帝，善待他的功臣，没有滥杀他的谋臣；只有光武帝，有这样的心胸，有这样的自信，不怕功臣撼动自己的皇位，不怕谋臣算计他的宝座。所以，这样的明主才会几次三番地寻求严子陵出山，与他一起治理天下。历史上，从来是良臣多而明君少。所以，良臣往往遭贬，明君往往只是传说。

如果严子陵如魏征一般聪明，光武帝应该比唐太宗更大度，那么，也是可以演绎一段明君良臣佳话的。但是，严子陵没有给自己这样的机会，也没有给光武帝这样的机会。于是，历史上只是多了一个盗名的隐士，多了一个礼贤的君主。

但是，严子陵又并没有真正的完全隐居，曾经随光武帝到了洛阳，论古涉今，口若悬河，滔滔不绝，吊着光武帝的胃口，又因不拘小节博得了“客星”的美名。

梁启超说：“东汉尚气节，崇廉耻，风俗称最美，为儒学最盛时代。”刘秀时代，起码可以说是一个政治相对清明的时代，那么，严子陵为何还要隐居不仕呢？是真的秉性如此，还是借隐而博取美名？或许这是一个谁也说不清的问题。因为，严子陵还是矛盾的。他若真隐居，为何还是到洛阳去高谈阔论？若假隐居，为何又不受帝王相邀，同享富贵，同博功名？就这一点，或许范仲淹也没有看明白吧？但是，范仲淹毕竟是有着很高文化修养的学问家，于是，他只好用自己深究的《易经》来看待严子陵现象了，以为严子陵的归隐是命运必然的安排。同样，他认为刘秀统一天下，开创东汉两百多年基业，也是命运的安排、上天的旨意。同时，他通过《易经》来解说自己的命运。

所以，他想借助《严先生祠堂记》，在光武帝身上寄托自己的政治理想，实现自己的政治抱负。此时的范仲淹，是多么希望历史可以倒转，人生可以重新选择，那么，他不必在年少时就寄人篱下，不必在成年后历经坎坷，不必满腹经纶却要借古人抒发情怀。

所以，他想借助《严先生祠堂记》，在严子陵身上寄托自己的人格理想，展示生命的真正意义。此时的范仲淹，一定是希望自己不要被那“是进亦忧，退亦忧”而纠缠，不要身在草野心在朝堂。但是，范仲淹似乎很固执，对自己的直言犯禁总是屡教不改。否则，他何以会在美丽的富春江畔为官却满腹牢骚，何以在诗文中没有一词半语描写富春江之美，何以看不到富春江的春色，何以不懂得泛舟江上垂钓江畔的惬意，何以不与严子陵一起弹唱那一曲高山流水，却只在心中崇拜严子陵可以寄情山水而博得与日月同辉的美名，在心中期待能够有如天地一般宽广的君王再现于世。

所以，他想借助《严先生祠堂记》，借助光武帝的风范，借助严子陵的德行，令风气纯净，令社会清明，令教化大行，令他不必因为直言而被贬。于是，他情不自禁地高声吟唱："云山苍苍，江水泱泱，先生之风，山高水长。"

那个自少年就立下宏愿，要建功立业、要出人头地的范仲淹，对严子陵的归隐之举赞叹有余，两者不同的文化现象却可以在某一个结合点上实现交融。或许，隐居者并不一定都是真正的不慕名利，而追逐名利者并不都是俗人。

中国士人自古以来就一直纠缠在出世入世的矛盾中。出世者以清高示人，以德高示人，以不慕虚荣、不羡富贵的人格独立令人敬佩。入世者以执着的追求，以天下为公、以敢于担当而令人仰慕。其实，不管是出世还是入世，人格的高下，要因人而论，因势而论，不可一概而论。其实，有什么是可以定论的？又有谁真正有资格给别人棺盖定论？

唉，有人忙忙碌碌，一生辛劳，最终落得碌碌之辈的俗名。有人巧取豪夺，一生钻营，最终落得贪鄙之徒的骂名。有人孜孜以求，一生坎坷，最终落得鞠躬尽瘁的虚名。有人逍遥自在，一生潇洒，最终博取世外高人的美名。

人生一世，到底哪种生活方式是最好的形式，到底哪种理想是值得去追寻的目标，到底什么是我们内心真正需要的意义，哪种是有意义的人生价值？人生百年，谁不是转头成空，谁不是历史长河中暂时的过客？范仲淹一生并不明白这个道理，所以，他的一生很辛苦。他虽然欣赏严子陵，但是，那只是一种无奈的低吟。

微风飘忽，吹皱一池春水

——《六一居士传》欧阳修

六一居士传

六一居士初谪滁山，自号醉翁。既老而衰且病，将退休于颍水之上，则又更号六一居士。

客有问曰："六一，何谓也？"居士曰："吾家藏书一万卷，集录三代以来金石遗文一千卷，有琴一张，有棋一局，而常置酒一壶。"客曰："是为五一尔，奈何？"居士曰："以吾一翁，老于此五物之间，是岂不为六一乎？"客笑曰："子欲逃名者乎？而屡易其号。此庄生所诮畏影而走乎日中者也；余将见子疾走大喘渴死，而名不得逃也。"居士曰："吾因知名之不可逃，然亦知夫不必逃也；吾为此名，聊以志吾之乐尔。"客曰："其乐如何？"居士曰："吾之乐可胜道哉！方其得意于五物也，太山在前而不见，疾雷破柱而不惊；虽响九奏于洞庭之野，阅大战于涿鹿之原，未足喻其乐且适也。然常患不得极吾乐于其间者，世事之为吾累者众也。其大者有二焉，轩裳珪组劳吾形于外，忧患思虑劳吾心于内，使吾形不病而已悴，心未老而先衰，尚何暇于五物哉？虽然，吾自乞其身于朝者三年矣，一日天子恻然哀之，赐其骸骨，使得与此五物偕返于田庐，庶几偿其夙愿焉。此吾之所以志也。"客复笑曰："子知轩裳珪组之累其形，而不知五物之累其心乎？"居士曰："不然。累于彼者已劳矣，又多忧；累于此者既佚矣，幸无患。吾其何择哉？"于是与客俱起，握手大笑曰："置之，区区不足较也。"

已而叹曰："夫士少而仕，老而休，盖有不待七十者矣。吾素慕之，宜去一也。吾尝用于时矣，而讫无称焉，宜去二也。壮犹如此，今既老且病矣，乃以难强之筋骸，贪过分之荣禄，是将违其素志而自食其言，宜去三也。吾负三宜去，虽无五物，其去宜矣，复何道哉！”

熙宁三年九月七日，六一居士自传。

欧阳修高坐朝堂，门生们拜服在脚下的荣光，千秋之下，依旧如一道绚丽的彩虹，令人可望不可即。但看那些门生，比如苏轼兄弟，比如曾巩，比如王安石，就知道当年欧阳门庭若市的风光。

简介

▷ 欧阳修：字永叔，号醉翁、六一居士，谥号文忠，世称欧阳文忠公。欧阳修是北宋诗文革新运动的领袖，继承并发展了韩愈的古文理论，主张文以明道、文以致用，强调文道结合，二者并重。

当欧阳修行走在江南的烟雨迷蒙中，那些风花雪月的艳词丽语是如何醉倒情感丰富的士子佳人。“月上柳梢头，人约黄昏后”，成全了后世的多少有情人。“离愁渐远渐无穷，迢迢不断如春水”，勾引起多少思妇的相思情愁。“醉翁之意不在酒，在乎山水之间也”，逗引起多少游子的故园之情、避世之念。

当欧阳修站在北宋初年的文坛上，凭借他的博通古今，振臂一呼，自然应者云集。他的许多文学理论成为后世文人效仿的标准，他的政论文，他的诗词，他的散文，都具有极高的艺术审美价值。苏轼评其文：“论大道似韩愈，论本似陆贽，纪事似司马迁，诗赋似李白。”虽有个人好恶在内，但是，由此也可看出欧阳修作为北宋初年文坛宗主的影响力与号召力。

总以为位高权重者如欧阳修，一定是道貌岸然令人生畏甚至令人生厌的学究腐儒，可是，我们依旧可以带着最浪漫的情愫进入他的作品，获得心灵的满足、审美的愉悦，情感产生共鸣，掩卷沉思神游八极，低徊击节情不自禁，起坐彷徨思绪飘渺。

《六一居士传》，我们从中并没看到作者生平中最辉煌、最得意岁月的记载，只是他晚年心境、晚年生活的追求。先生如是说，或许是为了表白自己四十年宦海沉浮只是一场梦，梦醒之时才是人生的开始。虽已是人生迟暮，可是，那毕竟才是自己真实而实在的人生，从此不必担心随时可能降临的贬谪，不必在意嫉妒、排挤的目光。

《六一居士传》，我们并不能从中看出先生人生中最艰苦、最坎坷的人生故事，只是一次心迹的表白，只是一个可以大声宣扬的退隐归家的愿望。先生如是想，或许是为了表明，始终处于风口浪尖的四十年悲喜人生，只是一次精神的出轨，归家之后才是找回自我的开始。虽已是时过境迁，可是，那毕竟才是自己性情最真的表露，从此不必担心盛名之下蜚短流长的无奈，不必为了那些诋毁的言论而黯然伤怀。

《六一居士传》，想给我们展示的是如此迷醉的境界：藏书一万卷，金石一千卷，琴一张，棋一局，酒一壶，吾一翁。悠游于古典经文，畅游于典藏金石，神游于古琴声中，醉心于美酒中，博弈于围棋中，心无挂碍，身心俱佳，无忧无虑，无欲无求，忘却当年的风华，忘却当年的盛名，忘却当年的荣光，如此一老者，是否就是人生最佳境界呢？

《六一居士传》，先生以他四十年风雨之路告诉后辈，那些盛名的得来不过是以劳苦忧患为代价，实在是春蚕作茧徒以自缚，个中消长盈虚之理，却总要用几十年的时间才可真切体会。

如今，当我们耳际不断被那些出名要趁早充斥的时候，我们似乎看到了那个想要躲在角落里，躲在树荫下，躲避盛名负累的欧阳修，所谓“处阴可以休影，处静可以息迹”的清醒体悟，不只是简单的口头宣言。欧阳修，当年，走出书斋，走向政治舞台，引领一帮年轻人奔波于名利场中的时候，他其实已经没有退路了，他已经不可能自由选择退隐还是继续前行。所以，等到老之将至，真的看淡名利，看懂自己不过是帝王的棋子走卒的时候，已经是太晚了，他已经无法给自己一个真正平静的晚年生活的资本了，三起三落依旧痴心不改，著作等身依旧流连忘返，他顿悟彻悟为时已晚。

欧阳修，他的一生是成功的，谈笑之间可以决定许多拜倒在他门下的读书人的命运。他的一生同样是可叹的，始终逃脱不了被人诋毁、随时贬谪的命运。他的一生是可悲的，当热望着可以过着那一瓢一饮悠游自在的生活，这样的结果等待了三年，最后只是用一年时间去过自己真正想要真实的生活。在所有士子眼中取得卓越成就的欧阳修，在晚年却真实地道出这样的人生并不是自己想要的生活方式。若非《六一居士传》，我们何曾想要捕捉复杂的命运之谜？

铁肩担道义，妙手著文章

——《赠黎安二生序》曾巩

赠黎安二生序

赵郡苏轼，予之同年友也。自蜀以书至京师遗予，称蜀之士曰黎生、安生者。既而黎生携其文数十万言，安生携其文亦数千言，辱以顾予。读其文，诚闳壮隽伟，善反复驰骋，穷尽事理，而其材力之放纵，若不可极者也。二生固可谓魁奇特起之士，而苏君固可谓善知人者也。

顷之，黎生补江陵府司法参军。将行，请予言以为赠。予曰："予之知生，既得之于心矣，乃将以言相求于外邪？"黎生曰："生与安生之学于斯文，里之人皆笑以为迂阔。今求子之言，盖将解惑于里人。"予闻之，自顾而笑。

夫世之迂阔，孰有甚于予乎？知信乎古，而不知合乎世；知志乎道，而不知同乎俗。此予所以困于今而不自知也。世之迂阔，孰有甚于予乎！今生之迂，特以文不近俗，迂之小者耳，患为笑于里之人。若予之迂大矣，使生持吾言而归，且重得罪，庸讵止于笑乎？

然则若予之于生，将何言哉？谓予之迂为善，则其患若此。谓为不善，则有以合乎世，必违乎古；有以同乎俗，必离乎道矣。生其无急于解里人之惑，则于是焉必能择而取之。

遂书以赠二生，并示苏君以为何如也。

曾巩，自幼勤学苦读，聪慧过人，几乎过目不忘，脱口成诵。他曾经带着自己的文章，求见当朝文坛宗主欧阳修，令欧阳修为他而改变科考的标准，得以博取进士之名，令欧阳修赞叹为其门下最为杰出的学子。曾巩一生于仕途并没有多少的追求，因此没有过多的怀才不遇之叹。他静心学问，独坐书斋，终成一代散文大家、一代学问大家。

后人谈宋文，因为欧阳修，因为范仲淹，因为王安石，因为司马光，这里的每一个名字都是那么的响亮，这里的每一个名字都是那么的锋芒逼人。于是，我们谈论起曾巩，就只是简单的一笔带过了。若从治国韬略，从散文诗词来说，曾巩或许有所不及。若从学术来说，曾巩之成就，远在他们之上。

我读《赠黎安二生序》，激赏其文法的纡徐婉转、俯仰开合。

在浩如烟海的典籍古文之中，赠序并不多。《赠黎安二生序》应该是值得一读的优秀赠序，没有什么严厉而冷峻的雄辩，娓娓道来，却是字字玑珠，看似从容淡定、藏而不露，却是气势不凡，一唱三叹。在轻松幽默与自在中，将黎生安生的担忧化为乌有，将自己固执己见的执着宣泄得淋漓尽致，不容置疑。

我读《赠黎安二生序》，极慕两生的得遇名师开启指点。

每一个读书人，都会经历这样的阶段，面对浩如烟海的典籍书籍，并不知道应该读什么样的书才是有意义的。于是，喜欢跟风，没有判断力；喜欢跟潮流，怕别人讥笑；喜欢人云亦云，没有主见。黎生、安生毕竟年轻，很在乎别人的眼光，在乎世俗的评判。黎生安生的未来求学之路何去何从，全在乎曾巩此时的一个观点、一句话。若曾巩并不说真话，只是支支吾吾，那么，黎生安生最终一定是走上一条媚俗之路。他们很幸运，曾巩在嬉笑之间，打消了他们的疑虑，现身说法，称愿不要人人都成媚俗者。

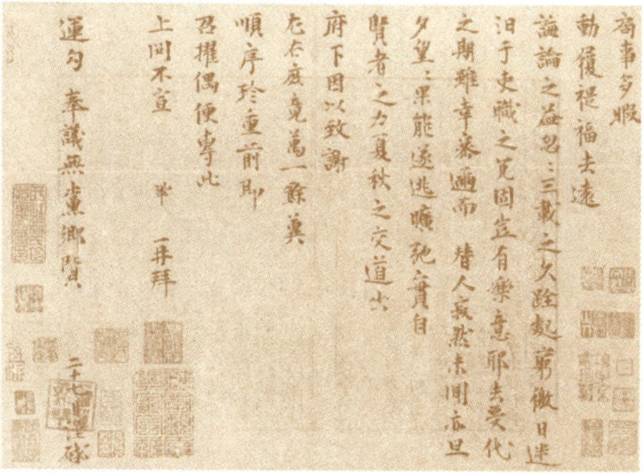

宋·曾巩《局事帖》

简介

▷ 曾巩：字子固，世称“南丰先生”，是北宋诗文革新运动的积极参与者，宋代新古文运动的重要骨干。曾巩为文，自然淳朴，而不甚讲究文采，其议论性散文剖析微言，阐明异议；记叙性散文舒缓平和，翔实而有情致，对后世创作影响极大，明清两代著名作家都将其作品奉为典范。

我读《赠黎安二生序》，深叹古人的古韵悠长、古风醇厚。

自古以来，文坛才俊层出不穷，淹没于历史的尘埃不为后人道者相比青史留名者不知几倍矣，能够历经千年依旧大放异彩者更是寥寥了。苏轼一向被认为是放荡不羁、恃才傲物的，中国文人也一向被认定为文人相轻的。但是，看苏轼真诚提携两位后进者，曾巩认真细品两位名不见经传的后生作品；看两位文豪，为了两个名不见经传的学子书信往来，一个极力推介，一个认真品评，一个极力赞美，一个充分肯定。千载以下，晚辈实在是羡慕黎生安生的得遇恩师，得遇高人啊！他们的人生，或许就是在这样的嬉笑之中得以改变，他们的人生轨迹或许就是在这样的书信往来间得以确立。所谓的文人相轻一定不是大家所为，只是那些半吊子担心别人的锋芒盖过自己的一种不自信的心态吧！

再看曾巩写给后辈的书信之中，哪有一点学者大家的故弄玄虚，哪有半点文章大家的装腔作势？有的只是真诚的交流，有的只是推心置腹的实话，语重心长的规劝，耳热面善的盼望。今天，当面对教育者那种动辄大声的训斥，动辄谩骂的粗口，动辄鄙视的眼神，许多真正的好孩子也会退避三舍，真正的好学子也要另辟蹊径、另求出路了。教育者自身的操守，教育者自身的坚守，才会令受教育者心悦臣服一生受益。若教育者自身并不知道什么是该坚守的道义，什么是该反对的流弊，那么，如何以教育者的姿态示人？

我读《赠黎安二生序》，唯赞曾巩的迂滞疏阔、固执一见。

曾巩在北宋王朝英才辈出的时代，依旧堪称大家。面对黎生安生的担忧疑虑，曾巩大声宣布，若说迂阔，若说陈旧，有谁可以与我相比呢？我只会坚守古训，坚守古圣贤之道，绝不会为了迎合世俗而改变自己，绝不会为了随波逐流而抛却自己的道德标准，即使困顿一生也无怨无悔，即使被人嗤笑也不改初衷，即使孤立于世也毫不畏惧。是的，我的迂阔无人可及，我的文章不合时宜，我的言行不切实际，我的文章只知道延续古仁人之风，我的思想只知道遵循古圣贤之道。我不想人云亦云，只想坚守圣贤之道。我不会为求得一时虚荣而出卖自己的灵魂，不会为求得别人的认可而改变自己的节操，不会为求得声望声名而失去自己的本真。唯其如此，方成大家。相信晚辈在这样的表白中，明白了为人之道，也懂得了为学之道吧！

是的，我读曾巩之文，看曾巩一生经历，极慕他静坐书斋的那份耐心与韧劲，极慕他静心学术的大气与淡定，极慕他学富五车从不张扬的古圣贤之风，极慕他襟怀坦荡少有怀才不遇的空叹，极慕他不在隐与显之间大作文章。难怪，王安石赞叹："曾子文章众无有，水之江汉星之斗。"难怪，苏轼肯定："曾子独超轶，孤芳陋群妍。"难怪，朱熹推崇："予读曾氏书，未尝不掩卷废书而叹，何世之知公浅也。"

在那个物质匮乏的时代，曾巩家中藏书二万余卷，他一一加以校勘，至老不倦，这样严谨的治学之风，令无数后学者望尘莫及。今天，我们看到太多的学者走出书斋，不再甘于寂寞，不再深究学问，而是将那些可怜的词语反复演说，以此换取名利，博取掌声。

今天，当低俗淫靡之风无孔不入的时候，我们该如何选择？是推波助澜，是沉默寡言，是两耳不闻窗外事，是躲进小楼成一统，还是铁肩担道义负起历史的重任，还是妙手著文章一扫淫靡夸夸其谈之文风，还是担负起正直知识分子的责任与义务，净化学术空气和文坛流弊，让学术回归理性，让文学回归艺术的殿堂？

宁鸣而死，不默而生

——《谏院题名记》司马光

谏院题名记

古者谏无官，自公卿大夫至于工商，无不得谏者。汉兴以来，始置官。夫以天下之政，四海之众，得失利病，萃于一官使言之，其为任亦重矣。居是官者，当志其大，舍其细，先其急，后其缓，专利国家而不为身谋。彼汲汲于名者，犹汲汲于利也。其间相去何远哉！

天禧初，真宗诏置谏官六员，责其职事。庆历中，钱君始书其名于版。光恐久而漫灭，嘉祐八年，刻著于石。后之人将历指其名而议之曰："某也忠，某也诈，某也直，某也曲。"呜呼，可不惧哉！

曾经，因为欣赏王安石的锐意改革，而误解司马光是一个守旧而顽固的糟老头，也因为同情王安石改革失败，而迁怒于司马光的固执己见，总以为司马光一定是一个不近人情甚或是一个政治阴谋家，为了反对变法而云集了当朝的所有大员，令王安石孤立无援。

但是，当我们走近他的生活，走近他的内心，便开始觉得自己的无知，开始觉得自己的狭隘。司马光，他的反对变法绝对不是出于个人目的，他的反对变法也不会因此而涉及人身的攻击，他不会因为要达到自己的政治目的而不择手段。

王安石痛恨司马光令自己一生心血白费，但依旧由衷赞叹："司马君实，君子人也！"司马光也对这位固执的晚辈心生怜惜："介甫无它，唯执拗耳。"如今，看这一场政治风波，令后人感慨万端。因为他们的争辩不是出于私心，所以如此坦诚。因为他们的恩怨不是私怨，所以如此磊落。因为他们是真君子，所以如此大度。

身为御前进士的司马光，一生低调淡泊，家中老仆直到他身为宰相还以秀才称呼。身为大国宰相的司马光，在北宋纳妾成风的背景下，对发妻始终如一，虽然妻子一生没有生育。身为朝中大员的司马光，在与改革派无法达成一致意见的情况下，静心治学，十五年如一日编修《资治通鉴》，终因积劳成疾而病逝。身为一国大臣的司马光，官高权重，一生清廉，妻子病逝，无力安葬，只有几亩薄田典当葬妻。

“呕心沥血编通鉴，一心一意反新法。”当是对司马光一生最恰当的评价，也是对司马光品行的最好总结。我仰慕他位居高官，依旧可以静心学问；仰慕他君子之风，不能合作，就退避三舍；仰慕他爱妻如一，没有子嗣，也不离不弃。

所以，今日读他的《谏院题名记》，才会如此心悦诚服，才会被人的真性情而感动，才会被他高尚的情操而折服。

虽然历史上演绎过许多良臣善于进谏和明君善于纳谏的佳话，其中的政治智慧与人生哲理给后人许多的哲学思考与美学享受。但是，毕竟，这样的佳话在漫长的历史长河中依旧是凤毛麟角。对于臣子来说，如何做好一个良臣才是可以作为的；对于谏官来说，如何做到问心无愧才是根本。司马光深谙中国古代历史，他并不是不知道这样的事实。

司马光小像

他的所谓自古以来，从公卿大夫到一般工商之民没有不能进谏的，也只是掩人耳目而已的宽慰之语。在专制统治的背景下，演绎更多的是人间悲剧。一旦批逆鳞，犯龙颜，贬谪获罪甚至满门抄斩也是常事。但是，即使悲剧不可避免，也要敢于担当，也要担负起天下兴亡的重任，也要为天

简介

▷ 司马光：字君实，号迂叟，世称“涑水先生”，北宋史学家、文学家。司马光主持编纂了中国历史上第一部编年体通史《资治通鉴》。生平著作甚多，主要有《温国文正司马公文集》《稽古录》《涑水记闻》《潜虚》等。

下人代言，也要牢记国家之事为大、个人安危为小，也要进谏那些真正的有价值的问题，而不是在细枝末节上做文章，不是要讨得君王一时高兴从而为一己之私谋名利。热衷于名声与热衷于私利，看起来似乎有境界高下之别，其实内涵是一样的，只不过一个是为眼前之利，一个为将来之名。只有心中没有任何的私念，没有任何的杂念，才会做一个好的谏官，才会将百姓利益、国家利益放在首位，而不是占据其位却并不发挥应有的作用。

因为怕被人议论，怕被人指点，怕被人说邪恶，怕被人说奸诈，所以，生怕当不好谏官，生怕没有尽职尽责，生怕辜负一生清誉，如此，才会谨小慎微，才会心有顾忌，才会忠于职守。若无畏惧，就百事可为；若无畏惧，就无恶不作。于此，我们看到了儒学思想深入道德准绳的约束，看到了士人心中的一杆秤，看到了为官者心中的良知、肩负的责任、历史的使命，因此而明了人类文明在漫长的黑暗中艰难前行的原因，明了那些高贵人格与不朽灵魂的独立与尊严。

上下求索终不悔的改革家

——《答司马谏议书》王安石

答司马谏议书

某启：昨日蒙教，窃以为与君实游处相好之日久，而议事每不合，所操之术多异故也。虽欲强聒，终必不蒙见察，故略上报，不复一一自辨。重念蒙君实视遇厚，于反复不宜卤莽，故今具道所以，冀君实或见恕也。

盖儒者所争，尤在于名实；名实已明，而天下之理得矣。今君实所以见教者，以为侵官、生事、征利、拒谏，以致天下怨谤也。某则以谓受命于人主，议法度而修之于朝廷，以授之于有司，不为侵官；举先王之政，以兴利除弊，不为生事；为天下理财，不为征利；辟邪说，难壬人，不为拒谏。至于怨诽之多，则固前知其如此也。人习于苟且非一日，士大夫多以不恤国事、同俗自媚于众为善。

上乃欲变此，而某不量敌之众寡，欲出力助上以抗之，则众何为而不汹汹然？盘庚之迁，胥怨者民也，非特朝廷士大夫而已；盘庚不为怨者故改其度，度义而后动，是而不见可悔故也。如君实责我以在位久，未能助上大有为，以膏泽斯民，则某知罪矣；如曰今日当一切不事事，守前所为而已，则非某之所敢知。

无由会晤，不任区区向往之至！

曾从儒学的道德标准来衡量，王安石并非谦谦君子。为了改革，他诬陷排挤过许多正直之人。比如苏轼，因为他默认属下无中生有的造谣，而令苏轼被贬远地。比如范纯仁，人称“布衣宰相”的良臣，因为他的一己之见而被流放。比如吕诲，官居谏职，以耿直著称，同样被排斥在他的政治集团之外。

若从改革家的道德标准来衡量，王安石无疑是一位杰出的锐意进取的改革家。为了他的改革，义无反顾，绝不回头，即使众叛亲离，即使孤军奋战，即使前路渺茫，依旧不改初衷，无怨无悔。或许正是因为这样的精神，才使后来者对他敬佩不已。列宁誉之为“中国十一世纪伟大的改革家”。他的“收天下之财，以供天下之费”的理财原则，至今依旧具有可供借鉴的价值。他的勇气与智慧也足可令人称道，当反对派攻击他“天命不足畏，众言不足从，祖宗之法不足用”时，他将这种反对之声看成对自己改革思想的最好注脚。

很多时候，内心的愿望与实际的效果往往是背道而驰的。当年，王安石不顾一切地推行新法主张，那些改变北宋初年积贫积弱政治局面的设想无疑应该是卓有成效的。只是，在推行新法的过程中，他几乎没有得到朝中正直之人的支持，上书直谏变法危害的贤良大臣均遭罢黜，却被那些乘乱牟利的小人钻了空子，税吏恣意妄为，实际效果与主观设想相差甚远。

今日阅读这篇著名的《答司马谏议书》，想见当年王安石变法的艰难处境与孤立无援，心中不免涌起丝丝悲凉之意。

王安石写作此信，一定是难以下笔，每一句话都要字斟句酌才肯动笔。因为，稍有不慎或许会落下口实，会成为反对派攻击的标的，会令自己本就被动的局面更加被动。

王安石写作此信，一定是矛盾重重。写吧，又觉得道不同不相为谋，话不投机半句多。不写吧，对方毕竟是朝中元老，毕竟是相交多年的同朝为官老友，与礼数不符。过于草率回复，实在不是君子所为。

王安石写作此信，一定是左右为难。他深知，许多时候并不是真理越辩越明，许多时候真相越描越黑。同时他也深知，若要改革继续进行，还需要君王的支持，还需要舆论的支持，毕竟孤掌难鸣。以往的沉默，并不是底气不足，今日的为自己正名，也并不是怕被误解，因为误解之词实在太多，反对之声实在太大。

当调整好自己的状态之后，他不再那么谨小慎微，用语开始变得理直气壮，开始大声为自己的变法思想辩解。因为他知道，这次复信，好与坏，甚至关系到改革的成败。理由充分，名正言顺，从此，自己的改革之策就有了立足之地。牵强附会，名不正则言不顺，从此，反对之声更会喧嚣尘世，变法之举将会付诸东流。

所谓名正言顺，是受命于君而不是个人行为，是君臣共同修订新法而不是独断专行，是用先贤之策而不是个人的随心所欲，是为天下人理财而不是中饱私囊。如此，王安石就将自己摆在了不败之地，就令自己的改革言行显得理直气壮，令所有的责难变得不攻自破。至于被诽谤、被怨恨，自是在情理之中，是在改革之初就有的思想准备。

读《答司马谏议书》，深叹王安石的心底无私天地宽。

王安石，因为真的没有私心，才会那么的底气十足；因为心中所想是为君尽忠、为民谋福利，才会那么无怨无悔；因为没有为自己留后路，没有为子孙谋特权，所以，才会将改革的矛头直指当朝的大臣，直指当时的皇亲国戚，直指当世的富贵显赫。真所谓，心底无私天地宽。虽然在变法过程中，难免出现一些不和谐因素，也难免出现一些最终无法控制的陋习，但今日，当我们读那些长长的涉及方方面面的改革措施，依旧深佩王安石在孤独道路上跋涉的艰辛。

读《答司马谏议书》，深叹王安石的上下求索终不悔。

自古以来，苟且偷安之人比比皆是。惰性几乎是人之本能，安于现状几乎是人之通病，谄媚讨好几乎是人之本性。位居高位者，不思为君为国为民做实事，只思如何自保，如何谋利，如何升迁。王安石面对这种现状，心知肚明，也深味其中的为官之道。他不是不知道如何官运亨通，也不是不知道如何深得民心，但是，王安石在那个沆瀣一气的官场看到了一丝希望，那就是年轻的神宗皇帝希望改变现状，希望能够带领他的王朝走向辉煌。于是，王安石看到了自己正确的位置，看到了那一片无限光明的前程。他以为可以凭借帝王的支持，凭借自己顽强的毅力，可以如同盘庚一般排除一切的反对因素，最终扭转商朝即将衰落的命运。这样的愿望始终伴随他的仕途。

读《答司马谏议书》，深叹世道炎凉，良臣难求意惆怅。

翻开历史的扉页，司马光因为王安石的执着而黯然淡出历史舞台，王安石因为君王的反复无常而隐忍而退终老山野。但是，我们依旧还是会为王安石那种知其不可为而为之的精神所感动和折服，我们还是希望历史名臣可以多一点，如王安石这般的改革家、政治家，没有私欲，没有顾及，一心为民，一心为公，言必行行必果，那么，社会风气总有好转的一天，真正的自由之声将唱响，美好的生活愿景将变得更为现实一点。

随心入禅境，旷达对人生

——《前赤壁赋》苏轼

前赤壁赋

壬戌之秋，七月既望，苏子与客泛舟游于赤壁之下。清风徐来，水波不兴。举酒属客，诵明月之诗，歌窈窕之章。少焉，月出于东山之上，徘徊于斗牛之间。白露横江，水光接天。纵一苇之所如，凌万顷之茫然。浩浩乎如冯虚御风，而不知其所止；飘飘乎如遗世独立，羽化而登仙。

于是饮酒乐甚，扣舷而歌之。歌曰："桂棹兮兰桨，击空明兮溯流光。渺渺兮予怀，望美人兮天一方。"客有吹洞萧者，倚歌而和之。其声呜呜然，如怨如慕，如泣如诉，余音袅袅，不绝如缕。舞幽壑之潜蛟，泣孤舟之嫠妇。

苏子愀然，正襟危坐而问客曰："何为其然也？"客曰："'月明星稀，乌鹊南飞'，此非曹孟德之诗乎？西望夏口，东望武昌，山川相缪，郁乎苍苍，此非孟德之困于周郎者乎？方其破荆州，下江陵，顺流而东也，舳舻千里，旌旗蔽空，酾酒临江，横槊赋诗，固一世之雄也，而今安在哉？况吾与子渔樵于江渚之上，侣鱼虾而友麋鹿，驾一叶之扁舟，举匏樽以相属。寄蜉蝣与天地，渺沧海之一粟。哀吾生之须臾，羡长江之无穷。挟飞仙以遨游，抱明月而长终。知不可乎骤得，托遗响于悲风。"

苏子曰："客亦知夫水与月乎？逝者如斯，而未尝往也；盈虚者如彼，而卒莫消长也。盖将自其变者而观之，则天地曾不能以一瞬；自其不变者而观之，则物与我皆无尽也，而又何羡乎！且夫天地之间，物各有主，苟非吾之所有，虽一毫而莫取。惟江上之清风，与山间之明月，耳得之而为声，目遇之而成色，取之无禁，用之不竭，是造物者之无尽藏也，而吾与子之所共适。”

客喜而笑，洗盏更酌。肴核既尽，杯盘狼藉。相与枕藉乎舟中，不知东方之既白。

深以为古今文坛，苏子之才，堪比李白，无人能及。《前赤壁赋》的文风、文思和文采更是古今独步。借摹江、月之景，寄抒江、月之情，再言江、月之理，情因景生，景因情合，借物喻理，情景交融，由叹而悲，由悟而喜，苏子之思，尽显其中。

月夜江上，横槊赋诗，何其潇洒。浩瀚长江，舳舻千里，何其壮观。人生须臾，物是人非，何其无奈。英雄伟人尚且如此，凡夫俗子又当如何？悲情自然无法抑制，超然物外岂是人人可为？

箫声幽怨，牵动了无数伤怀善感的天涯沦落者；洞箫悲鸣，传达着一代才子屡遭贬斥的艰难历程。瞬间与永恒的哲学之思，当是俯察人世之后的超脱。面对现实，顿生吾生有涯而人事难料之感，难免沉郁，享受自然，超脱悲喜，俯察万物，进而达观。何必在乎一时的悲与喜，何必在意一时的得与失，水的逝去而又长流，月的盈亏而又永生，变与不变，瞬间与永恒，就如同人生的成功与失败，实在不足称道。

南宋·李嵩《赤壁图》

若是看到问题的一面，从宇宙无穷与人生须臾的对比中，从一世枭雄的悲剧命运和凡夫俗子的渺小人生的落差中，从理想追求与现实失落的矛盾中，感觉人世无奈，生命短暂，自身渺小，自然心生哀怨。

若是看到问题的另一面，江水的川流不息似乎永恒，却无一刻不在变化实为短暂，明月的盈亏无时似乎短暂，却又总是由亏而圆实为永恒，不知到底是变还是不变，到底是永恒还是短暂。若说变，高山，江水，清风，明月，无时不在守候着我们。若说不变，自然万物无时不在变。变与不变，宇宙与人生，只是相对，不必哀叹人生的短促，不必羡慕宇宙的无限。若说永久，宇宙无一刻相同。若说短暂，生命代代相传。

简介

▷ 苏轼：字子瞻，号东坡居士，北宋文学家、书画家、美食家。苏轼是豪放派词人的主要代表之一，其文汪洋恣肆，明白畅达，其诗题材广泛，内容丰富，现存诗3900余首。代表作品有《水调歌头·中秋》《赤壁赋》《江城子·乙卯正月二十日夜记梦》《记承天寺夜游》《念奴娇·赤壁怀古》等。

以水之逝去和长流、月之盈亏和圆满，变与不变、瞬间与永恒的界限何在？苏子似乎在告诫后人，若以豁达与乐观看待万物，当可天人合一；若以圆融与通达看待世事，自能心性纯净；若能随缘自适，人生何其快哉。万物皆为我用，自然皆为我有，何必再为名累，何必再为利忙，何必再为欲求。如此，一切烦恼自然消散，悲喜之念自然可笑。

“道生万物”“有无相生”“静观玄览”的思想，让苏子在苦难的现实中寻求到了精神的慰藉，江山无尽，天地无私，风月长存，声色俱美，正可以徘徊其间而自得其乐。出将入相也罢，临渔问樵也罢，在历史的长河中都不过是短短的一瞬。世事都将转空，人人终成过客，何需执念一物，何不寄托山水。随心入禅境，旷达对人生，自可多一份旷达与自在，多一份闲适与清净，多一份洒脱与逍遥。

此心安处是吾乡

——《黄州快哉亭记》苏辙

黄州快哉亭记

江出西陵，始得平地，其流奔放肆大。南合沅湘，北合汉沔，其势益张。至于赤壁之下，波流浸灌，与海相若。清河张君梦得谪居齐安，即其庐之西南为亭，以览观江流之胜，而余兄子瞻名之曰“快哉”。

盖亭之所见，南北百里，东西一舍。涛澜汹涌，风云开阖。昼则舟楫出没于其前，夜则鱼龙悲啸于其下。变化倏忽，动心骇目，不可久视。今乃得玩之几席之上，举目而足。西望武昌诸山，冈陵起伏，草木行列，烟消日出，渔夫樵父之舍，皆可指数：此其所以为快哉者也。至于长洲之滨，故城之墟，曹孟德、孙仲谋之所睥睨，周瑜、陆逊之所骋骛，其流风遗迹，亦足以称快世俗。

昔楚襄王从宋玉、景差于兰台之宫，有风飒然至者，王披襟当之，曰：“快哉此风！寡人所与庶人共者耶？”宋玉曰：“此独大王之雄风耳，庶人安得共之！”玉之言盖有讽焉。夫风无雌雄之异，而人有遇不遇之变；楚王之所以为乐，与庶人之所以为忧，此则人之变也，而风何与焉？士生于世，使其中不自得，将何往而非病？使其中坦然，不以物伤性，将何适而非快？今张君不以谪为患，窃会计之余功，而自放山水之间，此其中宜有以过人者。将蓬户瓮牖，无所不快；而况乎濯长江之清流，揖西山之白云，穷耳目之胜以自适也哉！不然，连山绝壑，长林古木，振之以清风，照之以明月，此皆骚人思士之所以悲伤憔悴而不能胜者，乌睹其为快也哉！

元丰六年十一月朔日赵郡苏辙记。

怪只怪苏轼文名太盛，于是乃父得在他的光芒下黯淡几许风采。怪只怪苏轼天赐奇才，于是舍弟得在他的盛名下失却几许光彩。

苏辙，本也应该是风流才子，只是因为苏轼的缘故，只好隐退其后。其实，我们读苏辙，谈苏辙，不要老是不忘苏轼，如此，想来苏辙心中也会高兴许多；如此，我们阅读他的作品或许可以得到更多美的享受与艺术的熏陶吧！

苏轼是大文豪，他的话往往可以成为经典。他说苏辙之文“汪洋澹泊，有一唱三叹之声，而其秀杰之气终不可没”。看来，苏轼不只是文学家，更是评论家，他的点评总是那么到位，总是一针见血地说出最本质的特质。确实，读苏辙，读《黄州快哉亭记》，当是一件很快乐的事情，自然被文中的快乐所深深吸引，被作者的感情所深深牵引，被文中的大气所深深折服。

他们兄弟情谊深厚，苏轼被贬，苏辙挺身而出，于是同赴边地，于是有了快哉亭，于是有了《黄州快哉亭记》。

打开文章，跃入视线的，是一座亭台，起笔点题，开门见亭，这样的笔法文法老套而入俗。若由黄州四周风物入笔，兼写亭台建造，曲折之处，道出亭台建造的原委，这样的笔法难逃俗气，难得才气。若由亭台建造的缘由道出命运坎坷，人生于得意失意间的无常难料，由此而生发出一篇心情文章，这样的写作实在是俗之又俗了。那就只能是一篇笔记文字，留待自己日后的回忆而已。苏辙虽没有兄长的天赋才情，但毕竟也是位列八大家，文法自然与众不同。

江出西陵，始得平地，其流奔放肆大。南合沅湘，北合汉沔，其势益张。至于赤壁之下，波流浸灌，与海相若。清河张君梦得谪居齐安，即其庐之西南为亭，以览观江流之胜，而余兄子瞻名之曰“快哉”。

但看那起笔自是不凡：自三峡至黄州，其间相距千里之遥，但在作者看来，那为亭台造设了一个可以遇见的背景，那奔涌不息的水势只是为了奔赴亭台的约会。自湘水至赤壁，其间距离何止千里，但在作者看来，那也只是为快哉亭造势，为了与汉水、与沅水在此同赏浪花飞舞的景致。江流之境因为有了三峡的陪衬而大气开阔，快哉亭因为有了三江之水的唱和而境界顿生，苏轼的题词因为有了清河君的相伴而其乐无穷。

盖亭之所见，南北百里，东西一舍。涛澜汹涌，风云开阖。昼则舟楫出没于其前，夜则鱼龙悲啸于其下。变化倏忽，动心骇目，不可久视。今乃得玩之几席之上，举目而足。西望武昌诸山，冈陵起伏，草木行列，烟消日出，渔夫樵父之舍，皆可指数：此其所以为快哉者也。至于长洲之滨，故城之墟，曹孟德、孙仲谋之所睥睨，周瑜、陆逊之所骋骛，其流风遗迹，亦足以称快世俗。

如此气势，再要开阔起来，再要深远起来，若非大手笔，恐怕是心有余而力不足的。但是，苏辙自然不是平凡手笔，自可荡开一笔，于极远处收笔回来，能够放开也能自如的收笔，于眼前再次道出快哉亭之快乐之源。

南北百里，东西三十，相比前文的千里万里，似乎不足道哉。但是，作者心思似乎不在这视野的开阔，而是眼中所见的情趣了。涛声似乎从极远处飞泻而下，气势当然不同凡响。更有甚者，波涛汹涌中，风云变幻间，那些不畏风险的船只往来如梭，如入无人之境。因为曾经大风大浪，因为曾经沧海桑田，因为无所畏惧，所以，可以如此自由，如此淡定，如此大气。夜色苍茫中，惊涛拍岸间，那些幼小的生命，那些虫鱼鸟兽，躲在角落中，躲在岩石下，悲哀地哭泣。那些凄惨的叫声瞬间被涛声淹没，迅速消失在茫茫江水上。

想来世事真是无常啊，那些险恶的用心如何能够打倒真正的勇士，那些诋毁的语言如何能够影响豁达的心胸，如何能够左右达观者的境界？

似乎要感谢那些卑微的灵魂，似乎要感谢他们的排挤，似乎要感谢不公平命运的特意安排。静坐快哉亭，享受非凡胜景，体察天地之乐，感悟宇宙人生，难道不是一件快乐的事情吗？

如此的人生际遇，使我懂得在这方寸之地尽享尽玩自然神奇，使我懂得将身心融入自然，可得天地之灵，可得万物之魂，可得人生极乐。就连那蜿蜒起伏的山峦，就连那生生不息的草木，就连那飘忽不定的烟霞，就连那早出晚归的渔夫，就连那打柴为生的村民，似乎也懂得我此时的心境，此时也一一聚集于快哉亭下，与我共赏山川河流，共赴古人之约。去与曹操，去与孙权，共赴赤壁，同谈那一场权力的交锋；去与周瑜，去与陆逊，驰骋沙场，同议那一次兵火相遇的魅力。能够做这样的神游，实在是可遇不可求之事。同样，能够有兄友相伴，做一次短暂的逗留，做一次短暂的倾谈，做一次精神的遨游，难道不是一件快乐的事吗？

昔楚襄王从宋玉、景差于兰台之宫，有风飒然至者，王披襟当之，曰：

“快哉此风！寡人所与庶人共者耶？”宋玉曰：“此独大王之雄风耳，庶人安得共之！”玉之言盖有讽焉。夫风无雌雄之异，而人有遇不遇之变；楚王之所以为乐，与庶人之所以为忧，此则人之变也，而风何与焉？士生于世，使其中不自得，将何往而非病？使其中坦然，不以物伤性，将何适而非快？今张君不以谪为患，窃会计之余功，而自放山水之间，此其中宜有以过人者。将蓬户瓮牖，无所不快；而况乎濯长江之清流，揖西山之白云，穷耳目之胜以自适也哉！不然，连山绝壑，长林古木，振之以清风，照之以明月，此皆骚人思士之所以悲伤憔悴而不能胜者，乌睹其为快也哉！

简介

▷ 苏辙：字子由，宋朝文学家，与父洵、兄轼齐名，合称“三苏”。主要以散文著称，其文章风格汪洋澹泊，也有秀杰深醇之气。例如《黄州快哉亭记》，融写景、叙事、抒情、议论于一炉，于汪洋澹泊之中贯注不平之气。

昏聩无能的楚襄王如何懂得清风拂面的快乐，如何体悟自然之风的优雅与神韵？楚襄王之乐只是在宫廷之中，在美女如云的喧闹中。这样的人生，如何真的懂得清风之韵？宋玉真的没有屈原的耿直，因此也没有了屈原的魅力。他心中一定不会真的认为昏聩的楚襄王可以展示雄风，但是，他还是违心地阿谀迎合了君王的心思。这样的谈话，在苏辙看来是低俗的，就如同君王如何与百姓真的同乐一般，其间的距离何止天壤之别呢？

楚襄王深居皇宫，锦衣玉食，未必真的快乐。张梦得陋居草野，蓬草编门，与山林为伴，与明月为友，与清风唱和，却可自得其乐。宋玉随行伴驾，时时担忧祸从口出。苏辙被贬荒地，自可胸怀坦荡、无牵无挂。

不以迁谪为意，不以放逐为患，不以名利害性，那么，“此心安处是吾乡”，人生何处不快乐？更何况是在远离世俗，风景如画，景致幽美的长江之滨，快哉亭旁呢？更何况还有佳友相谈，古迹可寻呢？难道不是一件快乐的事吗？

一次笔墨间的畅游

——《百丈山记》朱熹

百丈山记

登百丈山三里许，右俯绝壑，左控垂崖；叠石为磴十余级乃得度。山之胜盖自此始。

循磴而东，即得小涧，石梁跨于其上。皆苍藤古木，虽盛夏亭午无暑气；水皆清澈，自高淙下，其声溅溅然。度石梁，循两崖，曲折而上，得山门，小屋三间，不能容十许人。然前瞰涧水，后临石池，风来两峡间，终日不绝。门内跨池又为石梁，度而北，蹑石梯数级入庵。庵才老屋数间，卑庳迫隘，无足观。独其西阁为胜。水自西谷中循石罅奔射出阁下，南与东谷水并注池中。自池而出，乃为前所谓小涧者。阁据其上流，当水石峻激相搏处，最为可玩。乃壁其后，无所睹。独夜卧其上，则枕席之下，终夕潺潺，久而益悲，为可爱耳。

出山门而东，十许步，得石台。下临峭岸，深昧险绝。于林薄间东南望，见瀑布自前岩穴瀵涌而出，投空下数十尺。其沫乃如散珠喷雾，日光烛之，璀璨夺目，不可正视。台当山西南缺，前揖芦山，一峰独秀出；而数百里间峰峦高下，亦历历在眼。日薄西山，余光横照，紫翠重叠，不可殚数。旦起下视，白云满川，如海波起伏；而远近诸山出其中者，皆若飞浮往来，或涌或没，顷刻万变。台东径断，乡人凿石容磴以度，而作神祠于其东，水旱祷焉。畏险者或不敢度。然山之可观者，至是则亦穷矣。

余与刘充父、平父、吕叔敬、表弟徐周宾游之。既皆赋诗以纪其胜，余又叙次其详如此。而最其可观者：石磴、小涧、山门、石台、西阁、瀑布也。因各别为小诗以识其处，呈同游诸君，又以告夫欲往而未能者。年月日记。

今天，江西婺源依旧是一个人杰地灵、风景如画的好地方，人们去婺源寻求一种诗意的化外生活。不知是否有人知道，这个地方养育了一代大儒朱熹。

简介

▷ 朱熹：小字季延，字元晦，谥文，因此世称“朱文公”，南宋著名的理学家、教育家，又称“朱子”。承北宋周敦颐与二程学说，创立宋代研究哲理的学风，称为理学。其著作甚多，辑定《大学》《中庸》《论语》《孟子》为四书，作为教本。有《朱文公文集》，通行《四库全书》。

朱熹实在是一个独特的文化现象。19岁进士及第，凭借的就是与众不同的哲学思想。南宋统治者来不及真正体会朱熹“存天理，灭人欲”的使用价值，就被打入历史的冷宫了。而后世的统治者明显有着更为聪明的选择，将朱熹所谓的超越现实的天理演变为帝王的意志，将超越生存需要的人欲狭义为普通百姓的基本需求。所以，朱熹的理学思想在元明清三代被推崇备至，成为封建统治阶级的官方哲学，甚至被规定为科考的内容之一，成为统治者维护统治的理论基础与思想武器。这恐怕是朱熹始料不及的吧！因为，朱熹的一生，是要将自己的学术思想发展到完美的地步，为万民提供一种精神的皈依，却没有料到成为了一种压抑千年的束缚。

若从客观的角度出发，“遏人欲而存天理”的主张，今天依旧有着现实的意义。当学者的学术思想简单地演变为治理国家、约束百姓的工具，那么，这样的哲学思想就走向了死胡同，走向了极端。朱熹一生并不为统治者立言，更不为统治者代言，但在身后被无情地利用，被彻底地曲解，被推向政治风云的中心。

但是，不管当权者如何歪曲，朱熹的思想千百年来始终是读书人学习的根本，朱熹的行为千百年来也成为了读书人尊奉的楷模。他的《四书章句集注》依旧是后人学习四书的最好教材，“博学之，审问之，谨思之，明辨之，笃行之”的为学之道具有永恒的生命力。“集大成而绪千百年绝传之学，开愚蒙而立亿万世一定之归。”评价朱熹一生，当是恰当之论。

朱熹的理学思想不只贯穿于他的哲学体系，也贯穿于他的诗文创作。他的诗文带有明显的理学思想，可谓冷峻有余，感性不足。即使是游记文字，也是理性为主、审美为辅。读《百丈山记》一文，可见一斑。

但看标题，只觉得似乎是一篇纪实文字，没有半点粉饰与虚夸。作者将百丈山的人文历史风物一概抛却，只写眼前所见，登临所感。

百丈山，是中国佛教“天下清规”发祥地；百丈禅寺，是中国佛教十大古寺庙之一。而在作者笔下，百丈山只是一个客观的存在，不带任何的人文特色；百丈禅寺，因其狭小而被排斥在作者的审美之外，并不因其著名而大书特书。一切留待读者自己去体悟，留待读者用自身的审美眼光去评判。于是，读《百丈山记》，就当作一次笔墨间的旅游，感想与品评是之后的功课。

朱熹著书图

三里山路，十级台阶，右临峡谷，左接峭壁。百丈山胜景，在此寥寥数字之间，在作者的笔尖，在读者的眼中，不需做过多的联想，一切只是自然呈现开来……

深山中，不止苍藤古木清幽，更有小桥流水萦回，即使盛夏亭午时分，亦是清凉如水了。溪流里，流水淙淙，飞泻而下，空明澄碧，即使心有挂碍，亦是心静如水了。峡谷间，石桥横跨，小则小矣，可通东西；山路弯曲，陡则陡矣，可供攀沿。涧水蜿蜒，夹带着山间的清凉。清风习习，夹带着山林的气息。寺庙突立，夹带着山民的祈愿。

曲径通幽处，又是一番胜景。入得寺门，别有洞天，石桥引领，石梯为路。入得山庵，只见低矮破败之处，狭小而古旧。正觉失望之时，却见一楼台掩映于古木之间，溪水潺潺，山石峻峭，水石相搏，逸趣横生。夜深人静时，独享这一片天地，独享这一份宁静。那一份清凉，在这个盛夏的夜晚，透入骨髓，直入心田，神清气爽。可看与不可看处，在此，全都化为虚无，化为心灵间最美丽的期待，化为文字间灵动的情愫。只是，这样的感觉，在朱熹的笔下，通过他深沉的哲思化为无形，只有真正心领神会者才能真正领略这一方神奇的山林胜景。

不仅在盛夏夜晚得一袭清凉，而且可在曙光初现时漫步于人间仙境。不仅那近处的山石泉流小桥倍觉可爱，还有那远树深山丛林引人遐想。峭立于灌木丛生悬崖峭壁之上的石台，可以带给人多少的遐想。飞泻于方岩石穴中散如珍珠的飞瀑，那波光粼粼的光彩将带来多少诗意。绵延数百里的山峰，在落日的余晖中，在云雾弥漫中，带给人多少的联想，似波涛汹涌，似万马奔腾，似小船荡漾，若隐若显，来来往往，变化万端。

其实，所有的联想也罢，所有的诗情也罢，所有的遐思也罢，不过是读者自己深入其中的感悟，而不是朱熹的心声。他无需道明这些，需要的是读者自己的思考与阅读体验。这就是朱熹的文风，一如他的哲学思想，需要“仁者见仁、智者见智”的，而不是被随意篡改之后，让朱熹背负改革者沉重的骂名。就像今天我们读《百丈山记》，读出了“俯仰契幽情，神襟顿飘洒”，依旧读出的只是某个读者自己的感受，却并不一定就是朱熹游览此山时的心境。

第六章

独抒性灵的明代遗风

清

道义与诗情相随的风雅

——《桃花涧修禊诗序》宋濂

桃花涧修禊诗序

浦江县北行二十六里，有峰耸然而葱蒨者，元麓山也。山之西，桃花涧水出焉。乃至正丙申三月上巳，郑君彦真将修禊事于涧滨，且穷泉石之胜。前一夕，宿诸贤士大夫。厥明日，既出，相帅向北行，以壶觞随。约二里所，始得涧流，遂沿涧而入。水蚀道几尽，肩不得比，先后累累如鱼贯。又三里所，夹岸皆桃花，山寒，花开迟，及是始繁。傍多髯松，入天如青云。忽见鲜葩点湿翠间，焰焰欲然，可玩。又三十步，诡石人立，高可十尺余，面正平，可坐而箫，曰凤箫台。下有小泓，泓上石坛广寻丈，可钓。闻大雪下时，四围皆璚树瑶林，益清绝，曰钓雪矶。西垂苍壁，俯瞰台矶间，女萝与陵苕轇轕之，赤纷绿骇，曰翠霞屏。又六七步，奇石怒出，下临小窪，泉冽甚，宜饮鹤，曰饮鹤川。自川导水，为蛇行势，前出石坛下，锵锵作环佩鸣。客有善琴者，不乐泉声之独清，鼓琴与之争。琴声与泉声相和，绝可听。又五六步，水左右屈盘，始南逝，曰五折泉。又四十步，从山趾斗折入涧底，水汇为潭。潭左列石为坐，如半月。其上危岩墙峙，飞泉中泻，遇石角激之，泉怒，跃起一二尺，细沫散潭中，点点成晕，真若飞雨之骤至，仰见青天镜净，始悟为泉，曰飞雨洞。洞傍皆山，峭石冠其巅，辽敻幽邃，宜仙人居，曰蕊珠岩。遥望见之，病登陟之劳，无往者。

还至石潭上，各敷茵席，夹水而坐。呼童拾断樵，取壶中酒温之，实髹觞中。觞有舟，随波沉浮，雁行下。稍前，有中断者，有属联者，方次第取饮。其时轻飙东来，觞盘旋不进，甚至逆流而上，若相献酬状。

酒三行，年最高者命列觚翰，人皆赋诗二首，即有不成，罚酒三巨觥。众欣然如约，或闭目潜思，或拄颊上视霄汉，或与连席者耳语不休，或运笔如风雨，且书且歌，可按纸伏岩石下，欲写复止，或句有未当，搔首蹙额向人，或口吻作秋虫吟，或群聚兰坡，夺觚争先；或持卷授邻坐者观，曲肱看云而卧，皆一一可画。已而诗尽成，杯行无算。迨罢归，日已在青松下。

又明日，郑君以兹游良欢，集所赋诗而属濂以序。濂按《韩诗内传》：三月上巳，桃花水下之时，郑之旧俗，于溱、洧两水之上，招魂续魄，执兰草以祓除不祥。今去之二千载，虽时异地殊，而桃花流水则今犹昔也。其远裔能合贤士大夫以修禊事，岂或遗风尚有未泯者哉？虽然，无以是为也。为吾党者，当追浴沂之风徽，法舞雩之咏叹，庶几情与境适，乐与道俱，而无愧于孔氏之徒。无愧于孔氏之徒，然后无愧于七尺之躯矣，可不勖哉！

濂既为序其游历之胜，而复申以规箴如此。他若晋人兰亭之集，多尚清虚，亦无取焉。郑君名铉，彦真字也。

宋濂，至少有这样的几件事情，是值得骄傲的：他少时家贫，但学富五车，全凭借书学习而得。“自少至老，未尝一日去书卷，于学无所不通。”这样的勤奋，令宋濂终成学问大家。他智慧过人，在社会动乱时期，选择退隐，专心学问终成大家，被推为明初开国文臣之首。他酷爱藏书，在明代，首开私家藏书之风，所藏典籍无人可比。

宋濂，至少有这样的几件事情，足以令他终身遗憾：他终生宣讲“文外无道，道外无文”，以继承儒家封建道统为己任，也自以为堪称大儒，可是，明初帝王朱元璋并不以“大儒”目之，而以“文人”待之。他为了迎合统治集团，唱了很多的赞歌，但是，朱元璋似乎也并不领情，一直没有让他进入核心政治领域。他固执己见，令自己走向死胡同，而完全脱离现实。

可以说，汉赋的抒写令文人的才华发挥到极致，魏晋文赋的抒写令文人的个性张扬到极致，唐宋古文运动令文人的内心丰满无比。到明一代，“文道合一”的思想被推到至高无上的位置，宋濂甚至认为孟子死后“世不复有文”，甚至认为贾谊、司马迁所得的仅是“皮肤”，韩愈、欧阳修所得的也仅是“骨骼”，只有

简介

▷ 宋濂：字景濂，号潜溪，元末明初文学家，曾被明太祖朱元璋誉为“开国文臣之首”，学者称“太史公”。宋濂与高启、刘基并称为“明初诗文三大家”。宋濂坚持散文要明道致用、宗经师古，内容比较充实，或质朴简洁，或雍容典雅，各有特色。

到了宋代几位大儒才“得其心髓”，固步自封最终难成气候。所以，明代文学最终沿着宋濂所希望的相反的方向发展，正统文学衰微，通俗文学开始兴盛。

其实文学不是哲学，也不是思想教科书，更不是政治的翻版，所以，文学性是首要的条件。宋濂虽然汲汲于他的道学思想，但是，他的文学作品最终还是以文学性取胜，而不是以他的道学思想取胜。《桃花涧修禊诗序》就是一篇文学色彩极为浓厚的散文。只是在篇末，遗憾地回到了他自己的道统思想中，令文章失色不少。

桃花涧，远离尘世，深藏茂林，山石林立，泉水叮咚，实乃人间胜景。

水随山势流，人随山形走。夹岸桃花，娇艳欲滴，挺拔青松，直入云霄。携酒遨游，嘉宾唱和，实乃人生极乐。

凤啸台上凤啸鸣，怪石如人相伴随。钓雪矶上赏雪景，小水潭边品玉松。只有心境融入景中，才会深味此番美景不可多得，才可深味此番意境与红尘远隔。凤啸台，多么富有诗意，似乎那凤啸台也是深通人性，可以与箫声唱和，那怪石也是人形所化，所以才会多情地留下一块供人休憩的平台。钓雪矶，多么富有灵性，似乎那小水潭也是懂得意趣之美，懂得凄清之美，满目只有玉松环绕，满耳只有清泉流淌。

翠霞屏风竞娇艳，饮鹤川水似超脱。翠霞屏，多么富有美感，松萝纵横，凌霄缠绕，生机勃发，山花妩媚，万绿丛中点点红，虽娇艳却不艳俗，虽满目苍翠却不单调。这是美的极致，是彩色的油画，是天造胜景，是任何画家都无法完成的自然界最美丽、最引人入胜的杰作，是上苍对人类的恩赐，是人类对自然爱怜的丰厚回报。饮鹤川，多么富有韵味，那清澈的不染一丝尘埃的所在，那明净的没有一丝杂念的所在，应该是闲云野鹤所需要的饮品，只有野鹤才配享有这样的清泉，只有心中毫无杂念才能深味其中韵味。

是啊，这是一个怎样的所在。你听，清泉流淌，声音悦耳如佩环。你再听，最精湛的琴艺与泉水之声相得益彰。你看，山中石头似乎也是有情的，它们懂得整齐地排列，等待着游人的来临；它们懂得如月儿盼月圆，又似乎知道人生古难

清・邹一桂《桃花图》

全，所以，只是以半圆的姿态呈现。你再看，那散落水潭的，不是泉水，是雨丝，是珍珠，是光晕，是水帘洞，是人间仙境。

这里，群山环绕，落英缤纷，苍翠欲滴，百花娇艳，泉水有情，怪石有意，更有美酒助兴。如此，多愁善感的文人，怎不诗情横溢，才情纵横？

多情的诗人啊，这样的场景，还不足以催生诗情吗？还要闭目深思，还要托腮望天，还要窃窃私语？善感的诗人啊，那流觞曲水的习俗，当想起了当年的兰亭相会，想起了羲之笔下的千古奇文，该有了诗情的灵感吧？于是，有人开始奋笔疾书，有人开始吟哦高唱，有人开始共赏诗赋。也有那不拘一格的旷达之人，姿态万千，心随意牵，一心顾着赏美景，一意想着饮美酒，一任随心乐逍遥，只待夕阳西下，依旧兴致不减。如此盛会，当是人生难得机遇，如此胜景，当是上苍的特别恩赐，如此幽静桃花涧，当是独一无二的所在吧！

若宋濂就此搁笔，那么，不乏王羲之的风范。但是，宋濂自称为一代大儒，是孔门忠实的信徒，他不会让自己的诗情在自然的天地任意恣意，不会令自己的心性在世外桃园中迷失，更不会随着王羲之的心情，随着道家清净无为的思路走下去，即使是在自然的天地间，依旧不忘那份沉重的社会担当。于是，他追求千年的足迹，到孔子那里去追寻遗风遗俗，到春秋时期去寻找诗歌的灵感，站在千年的桃花涧遥想两千年前诗人们祈福的虚拟。千年之后，我们遥想着宋濂的那一份迂腐，遥想着贤士大夫的那一份风雅，遥想着他们心醉痴迷不忘诗情与境界相生的文人情怀，遥想着他们乐而不忘诗情与道义相随的儒士之风。

衰草枯杨曾为歌舞场

——《司马季主论卜》刘基

司马季主论卜

东陵侯既废，过司马季主而卜焉。季主曰：“君侯何卜也？”东陵侯曰：“久卧者思起，久蛰者思启，久懑者思嚏。吾闻之：‘蓄极则泄，闷极则达，热极则风，壅极则通。一冬一春，靡屈不伸，一起一伏，无往不复。’仆窃有疑，愿受教焉。”季主曰：“若是，则君侯已喻之矣，又何卜为？”东陵侯曰：“仆未究其奥也，愿先生卒教之。”

季主乃言曰：“呜呼！天道何亲？惟德之亲；鬼神何灵？因人而灵。夫蓍，枯草也；龟，枯骨也：物也。人，灵于物者也，何不自听而听于物乎？且君侯何不思其者也！有昔者必有今日。是故碎瓦颓垣，昔日之歌楼舞馆也；荒榛断梗，昔日之琼蕤玉树也；露蛬风蝉，昔日之凤笙龙笛也；鬼燐萤火，昔日之金釭华蚀也；秋荼春荠，昔日之象白驼峰也；丹枫白荻，昔日之蜀锦齐纨也。昔日之所无，今日有之不为过；昔日之所有，今日无之不为不足。是故一昼一夜，华开者谢；一秋一春，物故者新；激湍之下，必有深潭；高丘之下，必有浚谷。群侯亦知之矣，何以卜为？”

刘伯温，当是奇才。据说他未卜先知，料事如神，能前知五百年、后知五百年。据说他是玉帝派往人间，辅助明君，一定天下，造福苍生。他无所不晓，却不能为自己的两个儿子打算，真是悲叹悲悯复悲凉。长子被之后的朝中新贵胡惟庸被逼投井；次子只因一句实话“殿下百世后，逃不得一篡字”而自缢狱中。可见，那所谓的前知五百年、后知五百年为虚妄。

刘伯温，自是良才。据说他博览群书，天文地理、兵法数学无一不精，而且过目不忘，才智超群。他的身上有着太多神秘色彩。五十岁，当是人生暮年了。可是，他的人生从五十岁开始辉煌，用七年时间，帮助朱元璋平定天下，然后用十五年时间完成从颠峰走向低谷。

《郁离子》，当是不可多得的奇文，假借寓言的外衣，揭示社会百态人生，感悟宇宙生命的深层思考；当是不可不读的奇书，假借隐者的隐喻，展示作者复杂的思想体系，哲学、经济、文学、道德无所不及。

刘伯温，在生命的壮年智慧地选择了逃避归隐山林，于是，没有与元末同消亡；在生命的中晚期智慧地选择出山，于是，成为了大明的开国功臣。《郁离子》，是他对自己一生学术思想的一次回顾、一次总结，是对自己出山为官的一次心灵的巡礼、一次精神皈依的准备。从此，他不会因为大起大落而身心疲惫，不会因为备受宠爱而骄纵，不会因为备受冷落而伤怀。《司马季主论卜》可以看作他思想体系中很重要的一次宣讲，因此，他才真正准备好了出山为官。

一方诸侯，曾经多么显赫与荣耀。一个山野农夫，以种瓜为生，多么拮据而卑微。如此悬殊、如此迥然不同的身份，集于一人之身，由王侯而农夫，这样的转变往往来得突然，来得迅疾。许多人，在这样的逆转中，失去了生存的勇气与生活的能力。但据说，东陵侯很快适应了这样的人生起落，他的瓜远近闻名，他的田园成为当时归隐之士的家园。这样的人，同样也有需要开悟的地方，同样也需要开启的智慧。

他以为，自己长久地安居乡野，应该还有可能回归富贵的一天吧？就如同，人不能永远只是清醒地躺着，不能永远生在尘世却闭门不出，不能永远淹没自己心中那些蠢蠢欲动的想法，不能永远在思绪凌乱的时候保持沉默吧。

他深知，万事万物，总是从一个极端走向另一个极端。自然如此，社会也如此。炎热消褪，寒冬就会来临。堵塞水流，蓄积的是喷发的力量。过度的闷热，最终将会有雷雨风暴来临。就

简介

▷ 刘基：字伯温，元末明初杰出的军事家、政治家、文学家。刘基通经史、晓天文、精兵法，以神机妙算、运筹帷幄著称于世，辅佐朱元璋开创明朝，被后人比作诸葛武侯。

如同百姓，不能永远被压抑，压抑久了终归要爆发，要反抗。就如同人生，不会只是一味的委曲求全，不会永远处于人生低谷。

他不解，为什么隐忍了这么久，依旧还是一介农夫；长久居于田园，依旧看不到自己伸展的机会，依旧看不到未来的希望。或许，这就是刘伯温此时心中最真实的想法与最真实的生活写照吧！刘伯温假托东陵侯之名，表达的是自己出山为官一展抱负的理想与愿望吧！这样的假设巧妙到不露一丝痕迹，这样的假设聪明到不会让元末的统治者看到任何的破绽。

于是，后面的回答思路可以汪洋肆意，思想可以纵横捭阖，文笔可以酣畅淋漓。

刘基小像

自古以来，君王将国运的盛衰兴亡看成天意，看成不为人力左右的天数。其实，历史的真实告诉我们，任何一个朝代最终的消亡都是统治者亲手葬送。君王登上帝位，往往自鸣得意地说来自天意。果真如此吗？天道只在人心，鬼神只在人心。心中敬重天道，那么一切都是井然有序的。心中敬重鬼神，那么，为官者不会胡作非为。所谓天道，当是自然规律。所谓神灵，当是心中的道德标杆。

司马季主真是懂得参透。他懂得，相信天意不如相信民意，相信鬼神不如相信自己的眼睛。他懂得，历史的演变是永恒不变的真理，从历史中可以看到我们的过去与未来，看到历史长河中永恒不变的发展规律。他懂得，所有的事物发展都有前因后果，种什么因得什么果，这样的占卜其实谁都是会的。所以，司马季主自己将那些神秘的外衣剥离了，让真相显露出来。于是，我们的眼前开始展示这样的一幅幅画面：

百花争艳中，我们似乎看到了那些枯草衰杨。若只是懂得欣赏百花的娇艳，那么，当花谢零落的时候，就不免伤怀。其实，花枝摇曳与荒棘丛生并没有什么区别。

歌舞楼台中，我们似乎看到了那些失宠女子哀怨的眼神，看到了在市井中衰败的碎瓦。若只是钟情于舞女柔媚的身姿与甜美的歌喉，那么，当繁华过后，席散人去时，就难免失落。其实，歌台暖响与曲终人静并没有什么分别。

蟋蟀哀鸣声中，似乎听到了玉箫声声。磷火闪烁中，似乎看到了华灯初上。曾经，在山珍海味面前，荒郊的野菜如何会成为富贵之家酒桌的佳肴？曾经，在丝绢美锦前面，湖滨的枫叶荻草如何会成为富贵之人眼中的美景？曾经，在春天新生的绿芽面前，凋谢的落花黄叶如何会成为哲人眼中最具意味的景致？

是啊，自然总是在这沧海桑田的巨变中完成造化，人生总是在这不知所措的变迁中完成使命，历史总是在这一成不变的轨道上完成轮回。

刘伯温明白了这样的人生本质，于是，他走出山林，看到了自己未来人生之路的轨道，他只要按照命定的目标去完成自己的宿命，达成自己的夙愿。于是，他成功了。于是，他在辉煌的时候，再次选择退隐，没有一句怨恨之语。在他身后，《郁离子》留下了看透人生的智慧。感谢刘伯温，给我们带来了这么多的思考，这么多的灵性，这么多的参悟。

千古奇冤千古才

——《指喻》方孝孺

指　喻

浦阳郑君仲辨，其容阗然，其色渥然，其气充然，未尝有疾也。他日，左手之拇有疹焉，隆起而粟。君疑之，以示人。人大笑，以为不足患。既三日，聚而如钱。忧之滋甚，又以示人，笑者如初。又三日，拇之大盈握。近拇之指皆为之痛，若剟刺状，肢体心膂，无不病者，惧而谋诸医。医视之，惊曰："此疾之奇者，虽病在指，其实一身病也。不速治，且能伤生。然始发之时，终日可愈。三日，越旬可愈。今疾且成，已非三月不能瘳。终日可愈，艾可治也；越旬而愈，药可治也；至于既成，甚将延乎肝膈，否亦将为一臂之忧。非有以御其内，其势不止；非有以治其外，疾未易为也。"君从其言，日服汤剂，而傅以善药，果至二月而后瘳，三月而神色始复。

余因是思之，天下之事，常发于至微，而终为大患；始以为不足治，而终至于不可为。当其易也，惜旦夕之力，忽之而不顾；及其既成也，积岁月，疲思虑，而仅克之，如此指者多矣。盖众人之所可知者，众人之所能治也，其势虽危，而未足深畏。惟萌于不必忧之地，而寓于不可见之初，众人笑而忽之者，此则君子之所深畏也。

昔之天下，有如君之盛壮无疾者乎？爱天下者，有如君之爱身者乎？而可以为天下患者，岂特疮痏之于指乎？君未尝敢忽之，特以不早谋于医，而几至于甚病。况乎视之以至疏之势，重之以疲敝之馀，吏之戕摩剥削以速其疾者亦甚矣，幸其未发，以为无虞而不知畏，此真可谓智也与哉？

余贱不敢谋国，而君虑周行果，非久于布衣者也。《传》不云乎："三折肱而成良医。”君诚有位于时，则宜以拇病为戒。洪武辛酉九月二十六日述。

谈明清文章，若绕开方孝孺，是一件很遗憾的事情；若纠缠方孝孺，又是一件很痛苦的事情。中国古代学子，到底是否应该坚守自己的操守与理想，是否应该坚守儒学思想的谆谆教诲，是否应该为巩固所谓的正统皇权而视死如归？从方孝孺的身上，我们很难得出一个可靠的结论。

方孝孺，在“靖难之役”中表现出的绝然与坚定，可谓古今独步；在株连十族的惨剧面前表现出的镇定与从容，可谓空前绝后；在学术思想的造诣方面表现出的多才与多识，可谓横贯古今。方孝孺，师从“开国文臣之首”宋濂，一生授徒无数，追随者无数，仰慕其才名者更是无数。

在信仰面前，一切都是微不足道的。生命，亲情，怜悯，善良，甚至人性，这一切，在信仰面前显示出全部的软弱与卑微。否则，很难理解，方孝孺怎么可以让八百七十三人在他面前被凌迟处死而面不改色，怎么可以让那些幼小无辜的生命，因为他的主张，因为他个人的坚持，而被挫骨扬灰。今天，我们已经无从知道方孝孺当时的心理活动，也无从知晓他如此坚定的信仰来自什么，是为了士为知己者死，是为了坚守皇权的正统，是为了扬名后世、立万世师表之楷模？

方孝孺小像

仅仅因为一纸不愿抒写的诏书，不愿承认已经入京登上帝位的朱棣的合法帝位，或许是过高地看待自己作为士子榜样在统治者心中的份量了，或许是过高地估计了自己一介文人身份在改朝换代中的号召力了，让无数无辜的生命牺牲在暴君的淫威下，直接的促成者是方孝孺。

如果历史可以假设，方孝孺若知道那必然的结果，为什么没有在得知建文帝自焚之时就成就大义，为什么不能在朱棣强命他起草诏书之前就义呢？面对七日七夜的屠杀，面对八百多鲜活的生命，我始终不能原谅方孝孺个人的坚持。他可以视死如归，但是，他不能让八百多人与他一起视死如归。方孝孺死后，青史留盛名。那么，那些孤魂呢？

所以，我读他的《指喻》，读到的是根深蒂固的思想形成的原因，读到的是学究之气的浓重，读到的是为人师表的迂腐，懂得了他坚守信仰是因为不愿为任何理由让自己有半点过错。即使是面对草菅人命者，他也可以视而不见。

简介

▷ 方孝孺：字希直，明代著名学者。主张作文要“神会于心”，其散文常以物喻理，直抒胸臆，文笔畅达，言简意明，为时人所传诵。著作今存《逊志斋集》及《方正学先生集》等。由于明朝永乐中凡藏有他文章的俱遭死罪，留传于世的诗文是由后人辑录的，因此其中难免杂有他人之作。

《指喻》，宣扬的是这样的道理：

在我们的身边，这样的例子其实很多。或者是以为小病不足忧，或者是没有能力看出小病之中隐藏危险，或者是以为小病最终是可以不治而愈的，本来一日可治之病，就是因为相信别人而没有相信自己的判断，最终失去了最佳治疗时间与最佳治疗药效；本来只是外科之病，最终酿成危及内脏之大病，最终需要两月方才脱离危险。

郑君应该是一个有分析、有头脑的人，最终却相信了一般人的分析与思维判断。或许，那一部分人的思维代表的是传统，代表的是一种视而不见的、事不关己的态度，所以，不是自己的事情，就显得那么的轻描淡写，总以为那些发生在别人身上的事情，是不必那么关心那么在意的。但是，更可悲的事情是，郑君居然相信了别人的判断，而没有相信自己的直觉，令自己深受其苦。所幸他迷途知返，没有再次听取外行的意见，而是找了专业人士。

在我们的生活与工作中，不是有着太多这样的事情吗？许多人，都是有着优柔寡断弱性的，总是宁愿相信别人，也不愿相信自己的判断，宁愿相信别人的信口雌黄，也不愿相信自己理智的负责任的判断，不愿相信自己真实的感受。

阅读《指喻》，仿佛进入一个哲学的迷宫，细细推究人生哲学历史规律，圣人不是一日成就的，恶人也不是一日成就的。

细微处的危机与丑恶总是以隐晦的方式存在，躲在阴暗的角落给人以诱惑，甚至包裹善良的外衣出现，若非有锐利的目光、理智的分析能力，往往是深陷其中难以自拔，成为助纣为虐之人也是极有可能的。清醒的认识只是处理问题的第一步。显见的危机并不可怕，可怕的是危机已经存在却没有人知道，或者清楚了但是不重视不处理，那么，危机终将酿成大祸。对个人，导致的是死亡；对国家，导致的是亡国。

对于那些深藏的危机，一般人不会察觉，也不会用心去观察探究，所以就往往被忽视。一个人由圣人走向魔鬼，只是在一些细微处慢慢养成的。一个国家由昌盛走向衰亡，也只是一些细节慢慢蜕变的。等到事情已经无可挽回，没有任何的余地了，多少怅恨都是枉费。一个人，病入膏肓了再去求医，为时已晚。一个国家，病入膏肓了再求整治，亡羊补牢为时已晚啊！

我不是一个复古主义者，但还是羡慕三皇五帝之时的单纯与和谐。虽然贫穷，但所有人都是圣人，没有私欲，没有倾轧，没有阴谋。天下是所有人的天下，每个人眼中看到的是自己的一片天，看到自己的天地也就看到了所有人的天地，看到自己的未来也就看到了天下人的未来。于是，他们爱惜自己就如同爱惜天下，爱惜天下也就如同爱惜自己的身体一般。那一段先民的生活是值得人留恋与尊崇的。

治身犹如治国，小患不治终成大祸。文章到此，还是打住吧！因为接着说的话，一定是落入老套而人云亦云了。因为现实总是那么的残酷，也是那么的逼真，是不需赘言的了。所幸，郑君最终醒悟而求名医医治，否则，后果可想而知。那么，他日为官，自然也会思虑周详、行事果敢的了。

任尔东西南北风

——《竹溪记》唐顺之

竹 溪 记

余尝游于京师侯家富人之园，见其所蓄，自绝徼海外奇花石无所不致，而所不能致者惟竹。吾江南人斩竹而薪之。其为园，必购求海外奇花石，或千钱买一石、百钱买一花，不自惜，然有竹据其间，或芟而去焉曰："毋以是占我花石地。"而京师人苟可致一竹，辄不惜数千钱。然才遇霜雪，又槁以死。以其难致而又多槁死，则人益贵之。而江南人甚或笑之曰："京师人乃宝吾之所薪。"

呜呼！奇花石诚为京师与江南人所贵，然穷其所生之地，则绝徼海外之人视之，吾意其亦无以甚异于竹之在江以南。而绝徼海外，或素不产竹之地，然使其人一旦见竹，吾意其必又有甚于京师人之宝之者。是将不胜笑也。语云："人去乡则益贱，物去乡则益贵。"以此言之，世之好丑，亦何常之有乎？

余舅光禄任君治园于荆溪之上，遍植以竹，不植他木。竹间作一小楼，暇则与客吟啸其中。而间谓余曰："吾不能与有力者争池亭花石之胜，独此取诸土之所有，可以不劳力而蓊然满园，亦足适也。因自谓竹溪主人，甥其为我记之。"

余以谓君岂真不能与有力者争，而漫然取诸其土之所有者，无乃独有所深好于竹，而不欲以告人欤？昔人论竹，以为绝无声色臭味可好，故其巧怪不如石，其妖艳绰约不如花，孑孑然有似乎偃蹇孤特之士，不可以谐于俗。是以自古以来，知好竹者绝少。且彼京师人亦岂能知而贵之，不过欲以此斗富，与奇花石等耳。故京师人之贵竹，与江南人之不贵竹，其为不知竹一也。君生长于纷华，而能不溺乎其中，裘马、僮奴、歌舞，凡诸富人所酣嗜，一切斥去。尤挺挺不妄与人交，凛然有偃蹇孤特之气，此其于竹，必有自得焉。而举凡万物，可喜可玩，固有不能间也欤？然则虽使竹非其土之所有，君犹将极其力以致之，而后快乎其心。君之力虽使能尽致奇花石，而其好固有不存也。

嗟乎！竹固可以不出江南而取贵也哉！吾重有所感矣！

江南才子的美名，或许是从明朝开始有的吧？明朝文坛独领风骚的人物，唐顺之、王世贞、归有光皆为江南人。太仓、常州今日依旧是江南的富庶之地，也是人才辈出的地方。真是人杰地灵，江南四大才子演绎的故事更是令无数外乡人神魂颠倒，即使是杜撰的故事，人们谈论起来也是那么的津津乐道。

唐顺之，他出身名门，其祖父、父亲皆为进士出身。他文采超群，在三年一次的会试中荣登第一，编写的《文编》一锤定音，奠定了唐宋八大家的历史地位。他恃才傲物，婉言谢绝权倾一时的主考官的特别栽培，有意疏远对他赏识有加的当朝宰相，因而错失仕途发展诸多良机，但毫无留恋，甘愿静心学问。他性格倔犟，幽居乡间，生活简朴到无以复加，用一种苦行僧的方式让自己忘掉欲望，以平常心对待一切。他武艺高强，再度出山，平定倭寇，威震四方，曾挥毫如飞，一剑封喉，令刺客毙命。

清·王翚《仿唐寅竹溪高逸图》

在明朝中叶的历史舞台上，唐顺之真是一个奇特的文化现象。他能文能武，并且都是超一流的。他能屈能伸，可以为朝中大臣，可以为乡间草民，每一种身份都做得那么坦荡，每一个人生阶段都是那么心平气和，不会因为被贬而伤怀，不会因为得势而自傲。

唐顺之或许深受儒学思想熏陶，但同时他的灵魂深处一定也有着道家的处世哲学，所以，他的美学思想超凡脱俗。看《竹溪记》，应该可以从一个侧面探究他复杂的人生经历的思想轨迹。

简介

▷ 唐顺之：字应德，号荆川，明代儒学大师、军事家、散文家，抗倭英雄。其文章文风简雅清深，间用口语，不受形式束缚。记叙散文《竹溪记》，本应约为园写记，而着眼于园名的由来，赞扬竹“孑孑然有似乎偃蹇孤特之士，不可以谐于俗”的品德，文笔清新流畅，别具一格，立意新颖。

爱竹之人有两种情况，或是因为懂得竹子高洁不俗的品性而真爱，懂得竹子的清瘦秉性而忘记贪欲。就如苏轼所言：“可使食无肉，不可居无竹。无肉令人瘦，无竹令人俗。人瘦尚可肥，俗士不可医。”那是一种心灵的交流，是融入其间，深爱其味。或是因为物以稀为贵，别人没有而自己拥有，代表了一种身份，满足了一种虚荣。比如京城无竹，于是，京城人喜欢竹子，并不是因为懂得所以喜欢，而是因为占有所以喜欢，不是因为竹子高洁的品格，而是因为竹子在北方之地难以成活，拥有了就是一种稀奇，可以满足猎奇之心。

不喜竹之人也有两种情况，或是因为竹子随处可见，太普通了，不能像奇花异石那样带给人们虚荣的满足，不能以怪异取胜，以奇巧博取眼球，以娇艳媚人，以柔美博得好感；或是因为不懂竹子，与竹子的品性相距太远，因为不懂所以厌恶，因为不是同类，所以远离，比如江南之俗人，比如京城之世宦之家。

京城人喜欢竹子就如同喜欢奇花异石，喜欢竹子就如同他们喜欢纵情于声色，沉溺于歌舞排场，痴迷于繁华喧闹。如此的审美情趣，如何懂得竹子，如何真的酷爱竹子？其实，他们心中并没有真正喜欢的东西，而只是占有的欲望；他们只知道享受一种外在的感官，而不会有任何的内心诉求。

江南人厌恶竹子就如同他们厌恶身份的卑微，厌恶竹子就如同他们厌恶身份卑微的人，他们只知道随波逐流，人云亦云。媚俗之风因此而生起，大众文化的品位因此千篇一律。

其实，若不是出于审美的需要。即使花费重金拥有的，也不能带来真正的审美享受。“人去乡则益贱，物去乡则益贵。”这是一种大众的审美标准。所以，不同层次的人，不同地方的人，不同时代的人，美与丑没有一定的界限。有人认为美的，别人或许就认为是丑的了。比如，唐代人以丰满为美，现代人以骨感为美。比如，有人以清净高洁为美，有人以繁华喧闹为美。不同的审美标准，代表着不同的秉性气质与不同的人格修为。

任君光禄不愿流俗，不愿以众人之美为美，虽贵为朝中大员，并不随流俗，不爱虚荣，也不讲排场。你看他的庭院，是江南最普通的范式，满目之间，翠竹掩映，林中小楼何等雅致。与友悠游其间，吟诗啸歌，何等潇洒，何等清绝。任君应该不是没有条件追求凡人追求的繁华，但是，或许因为他的秉性，想必为官也一定是清廉爱民之人吧！江南之人以竹为贱，而任君反以竹溪主人自居，这样的标新立异实在是大智慧、大彻悟。

唐顺之一定对这个舅舅格外喜欢，因为他们的秉性何其相似。唐君可以在为官与退隐之间游刃有余，不会因为囚居乡野而悲观，不会因为被排挤而心生怨恨。相比他在抗敌过程中表现出的杰出军事才能，我更慕他安居乡野，一饭食一瓢饮，一件旧衣一张门板，一支笔一本书，可以宴仰啸歌其间，面无愠色，心无挂碍。正因此，他懂得任君的选择，也懂得竹子的本质。他懂得任君选择竹子环抱，就是选择不与世俗合作，不与权贵攀比。任君可以深处繁华而心静如水，唐君可以深处荒野而雅趣不减。

只是懂得夸耀富贵的人，不可能真正能够喜欢竹子，也不可能有高雅的志趣。凡是富贵之人沉迷的、嗜好的、炫耀的，有多少是真正具有审美价值的呢？而世上之人，又有多少人可以不以他们的审美标准作为自己的审美标准呢？江南之人或许并不是真的不爱竹，唐君只是以此为自己的论调立论，只是为了与京城之无竹做对比。也或者，一般的百姓真没有这样的条件来谈论风雅，于是，他们只是喜欢竹子可以带来现实的效果。

竹子，你可以爱，可以不爱，其实并不真的就会有伤风雅。但是，文化品位的高低就不一样了。于是，我想起了今天的文化审美取向。

今天，任君是否太少，爱竹之人在哪里呢？唐君是否也太少，懂竹之人又在哪里呢？

退论书策以舒愤

——《蔺相如完璧归赵论》王世贞

蔺相如完璧归赵论

蔺相如之完璧，人皆称之，予未敢以为信也。

夫秦以十五城之空名，诈赵而胁其璧，是时言取璧者，情也，非欲以窥赵也。赵得其情则弗予，不得其情则予；得其情而畏之则予，得其情而弗畏之则弗予，此两言决耳，奈之何既畏而复挑其怒也？

且夫秦欲璧，赵弗予璧，两无所曲直也。入璧而秦弗予城，曲在秦；秦出城而璧归，曲在赵。欲使曲在秦，则莫如弃璧；畏弃璧，则莫如弗予。夫秦王按图以予城，又设九宾，斋而受璧，其势不得不予城。璧入而城弗予，相如则前请曰："臣固知大王之弗予城也。夫璧非赵璧乎？而十五城秦宝也。今使大王以璧故，而亡其十五城，十五城之子弟，皆厚怨大王以弃我如草芥也。大王弗予城，而绐赵璧，以一璧故，而失信于天下，臣请就死于国，以明大王之失信！"秦王未必不返璧也。今奈何使舍人怀而逃之，而归直于秦？

是时，秦意未欲与赵绝耳。令秦王怒，而戮相如于市，武安君十万众压邯郸，而责璧与信，一胜而相如族，再胜而璧终入秦矣。

吾故曰："蔺相如之获全于璧也，天也。若其劲渑池，柔廉颇，则愈出而愈妙于用，所以能完赵者，天固曲全之哉！"

明代历史，由嘉靖至万历年间，社会相对太平。王世贞，就是生活在这样一个相对稳定的历史时期，所以，他才可以静心做学问，生活也相对安稳。

王世贞被推为明代文坛盟主，对他的研究与评价贯穿明清学术研究始终。“上窥结绳，下穷掌故，于书无所不读，于体无所不谙”，当是最简洁，也是最全面的评价了。

他出身望族，一门四代八进士，科第蝉联，最终发展成横跨明清两朝、风流相承数百载的世家望族，其祖父两代皆为当朝名臣。

他精通诗文，独领文坛二十年，声望文名遍海内，追随者上至士子大夫下至山人僧道。

他仕途通达，一生没有多少坎坷，官刑部主事、刑部尚书，卒赠太子少保，不管实权还是虚名，位极人臣，备受恩宠。

他是藏书大家，家中藏书多达三万册，无一不是经典孤本。

他是戏曲大家，据说《金瓶梅》出自他笔下。

他是书画大家，在篆隶创作式微的明代，他对篆隶的鉴赏和品评弥足珍贵，重振后世篆隶创作和品评。

他是史学大家，因特殊的身份有了这个得天独厚的条件，朝家故典、内府档案秘籍无不熟知。于是，他的史学观成为许多人信奉的标杆，他的史学著作是后人了解明代历史的最佳资料。

所谓尽信书不如无书。王世贞对待学术的态度，对待历史的研究，是吾辈学习的榜样。《蔺相如完璧归赵论》可说是他史学论中一篇具有代表性的短文，从中，我们可以体味一个学问大家的考据精神。

简介

▷　王世贞：字元美，号凤洲，又号弇州山人，明代文坛盟主、史学巨匠。其文风恬淡，又有扎实的史学根基，在诗词、戏剧、史学上皆有建树，有《弇山堂别集》《嘉靖以来首辅传》《觚不觚录》《弇州山人四部稿》等。

不读《蔺相如完璧归赵论》之前，我们津津乐道于《史记》中完璧归赵故事的精彩，也津津乐道于蔺相如在秦王朝堂上的机智与骁勇，佩服于蔺相如自告奋勇、深陷险地的胆略，佩服于蔺相如完璧归赵、独临险境的担当，佩服于蔺相如斥骂秦王、舌战群雄的豪气。

读《蔺相如完璧归赵论》，许多的不解突然之间就顿悟了。原来，我们一直信奉司马迁所谓的不虚美不隐恶的精神，一直信奉《史记》就是一部信史，就是我们读历史、了解历史的必经之

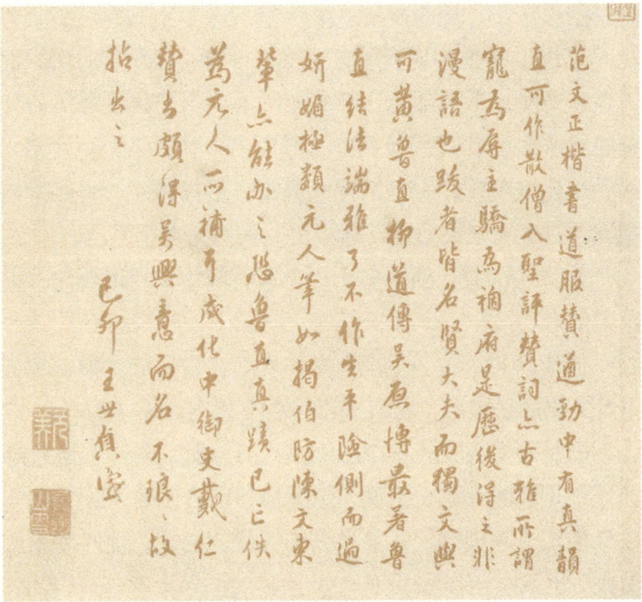

王世贞·跋范仲淹《道服赞》

路。我们研究《史记》，只是看到了司马迁所说的实录精神，但是，没有看到他也说过“退论书策以舒其愤，思垂空文以自见”。司马迁自身的经历，在写作《史记》之时的处境与心态，那么，他笔下的人物与历史是不可能不带有他个人的思想倾向的。何况，《史记》首先是一部文学作品，而不是首先是一部历史记载。

是的，迷信书，迷信前人，人云亦云，只能成为传声筒，而不能成为学问家的。王世贞不迷信，于是，他可以在历史的长河中发出自己独特的声音。

读《蔺相如完璧归赵论》，似乎觉得作者在饶舌一般。但是，饶舌的过程，其实就是推理的过程、思考的过程、质疑的过程。在这个过程中，许多问题被提出来了，许多想法成熟起来了。

作为一代文坛宗主，他不能随意表达自己的观点，不能为了引人耳目而故弄玄虚，不能因为博取声明而信口雌黄。这是一种负责任的态度，是一种真正的学术精神。于是，他不惜笔墨，反复陈述自己的观点，让阅读者无懈可击。或许正是这样的精神，于是，他成为了独领文坛二十年的博学家。

在不疑处见疑，是一种智慧，是一种学问的积淀，更是一种精神。挑战经典，挑战常识，挑战共识，就是一种真正的勇士精神。这样的精神，在当前学术界一团和气的氛围下，显得如此的特立独行、独树一帜。学术界，有了这样的精神，才是推动人类文明进程的真正动力。

王世贞质疑整个过程的可靠性：在秦国与和氏璧之间，赵国没有选择的余地，要么舍弃和氏璧而得秦国一时欢心，要么保全和氏璧而得罪秦国。但是，历史故事的生动性就是在偶然性驱使下演绎的。不可理解的情况是，蔺相如怀璧入秦，在充分地戏弄了秦王一番之后，却又失信于秦国，无疑是更加触怒秦王，如此，还不如当初直接拒绝秦王的要求。那么，何须要这一段历史的演说？若真的害怕秦国，那么，只有放弃和氏璧；若不惧秦国，想要主动挑起事端，那么，派蔺相如去示威去戏弄秦王，自然是可以的。

若这个历史是真实的，只能说当时秦王不想马上出兵攻打赵国，一定不是因为害怕赵国有一个无所畏惧的文臣就放慢侵略的脚步。

若这个历史是真实的，那么赵王应该责备蔺相如的鲁莽与冲动，因为秦王完全可以将蔺相如对自己的羞辱作为出兵的直接原因，因为蔺相如的无礼就代表赵王没有将秦王放在眼中。

若秦王果真有意要割让十五座城池给赵国，而蔺相如仅凭个人的判断，却让赵国放弃了扩张地盘的好时机。和氏璧，说到底不过是一玩物而已，何况也是掠夺而来，并非赵国特有。因一玩物而丧失可能得到的十五座城池，因一玩物而加快了秦兵侵略的步伐，自然不是明智之举。

相比秦国的十五座城池来说，赵国的和氏璧一文不值，这样的交易本身就不是对等的，那么，赵国君臣有理由怀疑秦王的诚心。既然如此，那么可以置之不理，何必多此一举？若秦国提出交换，赵国不同意，结局不会很糟。如今，蔺相如兴师动众地到秦国的朝堂上，让秦王在众臣面前出丑，让秦王在赵国的一介微臣面前出丑。这样的羞辱，可使双方成为死敌。秦国怎么会不了了之呢？历史果真如此，只能说是上苍在帮助蔺相如成名，而不是帮助赵国保全自己。

赵国若果真怕强秦，那么，只有被动接受交易。蔺相如自告奋勇地去了，就应该将事情做得更漂亮一些，而不是给赵王添堵；就应该真正地使秦王失信于天下，而不是让赵国失信。秦王不会因为玩物而抛弃他的百姓，也不会因为一个玩物而失信于天下。如此，蔺相如不必偷偷让和氏璧暗自送回国。这个举动，显示的是他内心的胆怯，显得不够光明正大。所以，这是一种政治欺骗，或者说是一种政治游戏。在这个游戏过程中，没有了是非，没有了道德的约束，只会采取对自己有利的方式方法去做。蔺相如在自己先失信于秦王的情况下，还强词夺理地将责任推卸给秦王，实在不够厚道。

读历史，读文典，不能只是看懂了，还要思考。“退论书策以舒其愤，思垂空文以自见。”这是司马迁的治学之道，也是他抒写历史的真实意图，不要只是看到他说的“不虚美不隐恶”。他抒写历史，也为抒写自己的人生，也为传达自己的心声。

完璧归赵的故事实在没有那么完美，司马迁的《史记》实在不是一部完全的信史，王世贞的《蔺相如完璧归赵论》给了我们阅读历史的另类思维。我相信，这应该是司马迁的希望，也是王世贞的希望，更是我们的追求。

独立书斋啸晚风

——《徐文长传》袁宏道

徐文长传

余一夕坐陶太史楼，随意抽架上书，得《阙编》诗一帙，恶楮毛书，烟煤败黑，微有字形。稍就灯间读之，读未数首，不觉惊跃，忽呼周望：“《阙编》何人作者？今耶？古耶？”周望曰：“此余乡徐文长书也。”两人跃起，灯影下读复叫，叫复读，僮仆睡者皆惊起。盖不妄生三十年，而始知海内有文长先生。噫，是何相识之晚也！因以所闻于越人士者，略为次第，为《徐文长传》。

徐渭，字文长，为山阴诸生，声名籍甚。薛公蕙校越时，奇其才，有国士之目；然数奇，屡试辄蹶。中丞胡公宗宪闻之，客诸幕。文长每见，则葛衣乌巾，纵谈天下事；胡公大喜。是时公督数边兵，威镇东南；介胄之士，膝语蛇行，不敢举头，而文长以部下一诸生傲之；议者方之刘真长、杜少陵云。会得白鹿属文长作表。表上，永陵喜。公以是益奇之，一切疏计，皆出其手。

文长自负才略，好奇计，谈兵多中，视一世事无可当意者。然竟不偶。文长既已不得志于有司，遂乃放浪曲蘖，恣情山水，走齐、鲁、燕、赵之地，穷览朔漠。其所见山奔海立，沙起雷行，雨鸣树偃，幽谷大都，人物鱼鸟，一切可惊可愕之状，一一皆达之于诗。其胸中又有勃然不可磨灭之气，英雄失路、托足无门之悲；故其为诗如嗔如笑，如水鸣峡，如种出土，如寡妇之夜哭，羁人之寒起。虽其体格，时有卑者；然匠心独出，有王者气，非彼巾帼而事人者所敢望也。文有卓识，气沉而法严，不以模拟损才，不以议论伤格，韩、曾之流亚也。文长既雅不与时调合，当时所谓骚坛主盟者，文长皆叱而怒之，故其名不出于越。悲夫！喜作书，笔意奔放如其诗，苍劲中姿媚跃出，欧阳公所谓“妖韶女，老自有余态”者也。间以其余，旁溢为花鸟，皆超逸有致。

卒以疑杀其继室，下狱论死。张太史元汴力解，乃得出。晚年愤益深，佯狂益甚，显者至门，或拒不纳。时携钱至酒肆，呼下隶与饮。或自持斧击破其头，血流被面，头骨皆折，揉之有声。或以利锥锥其两耳，深入寸余，竟不得死。周望言晚岁诗文益奇，无刻本，集藏于家。余同年有官越者，托以钞录，今未至。余所见者，《徐文长集》《阙编》二种而已。然文长竟以不得志于时，抱愤而卒。

石公曰：先生数奇不已，遂为狂疾。狂疾不已，遂为囹圄。古今文人牢骚困苦，未有若先生者也。虽然，胡公间世豪杰，永陵英主，幕中礼数异等，是胡公知有先生矣；表上，人主悦，是人主知有先生矣。独身未贵耳。先生诗文崛起，一扫近代芜秽之习，百世而下，自有定论，胡为不遇哉？梅客生尝寄予书曰："文长，吾老友，病奇于人，人奇于诗。"余谓文长无之而不奇者也；无之而不奇，斯无之而不奇也。悲夫！

纪录片《当卢浮宫遇见紫禁城》中这样描述："德拉克洛瓦，用死亡、屠杀来表达激情，他的激情成为浪漫派的写照，实际上，他是一个很安静的人。紫禁城里，收藏的徐渭画作尽是摒弃了色彩、只用水和墨的绘画。他给自己取名叫青藤，但他像老虎一样暴躁。他们在各自的国度开创了一个激情自我的时代。"

徐渭，一个独特的文化现象。

他的命运坎坷无人能比，就是想死也不那么顺利，九次自杀，哪一次不是身心忍受巨大伤痛和无路可走的绝望。可是，这样的精神折磨是那么的坚忍而长久。他的困厄无助无人可及，就是想要一支笔、一张纸，也是那么的困难，那些流传后世的诗文是用最粗劣的纸笔写下的。在那些劣质的墨香中，你可以想见文长捉襟见肘的狼狈。可是，就是无安身之地，就是衣食堪忧，就是饱受非议，依旧不改的是那一派天真纯净的心灵自持，依旧不变的是那种泼墨挥洒的浪漫气质。

由"独抒性灵，不拘格套"的袁宏道为徐渭叙写传记是最恰当不过的。袁宏道应该是一个纯粹的文人。他曾说，"恋躯惜命，何用游山""与其死于床，何若死于一片冷石也"。以文人的天性而成就了徐文长的秉性，以文人的笔法而更多地保留徐文长作为文人、作为书画家、作为诗人的最杰出的成就，以文人浪漫的情怀寄予徐文长生平最深切的哀鸣，以文人的丰富情愫给予徐文长最真诚的纪念。

徐渭八次乡试，以秀才终其一生。他始终闷闷不乐，天赋才情却无用武之地，无法释怀。人到中年，终于遇见了赏识他，给他机遇的胡宗宪。正当徐渭沾沾自喜的时候，胡宗宪死于一场政治阴谋，徐渭因此而精神大受刺激。追随胡宗宪做幕府，虽时间短暂，但那是他一生中最开怀的时候，是他才华得以显现的时候，也是他初步尝试成功的时候。但是，这样的美好生活太短暂了，短暂到他还没来得及回味就烟消云散了，短暂到他还来不及进一步打算后面的人生的时候，就一切已经成为过去了。

于是，他开始成为一个狂躁的人，也开始成为中国书画史上最杰出的人，他最著名、最有成就的书画皆是这一时期的作品。如此，我们不知道是否应该感谢那一场政治阴谋，是否应该感谢那些强加给徐渭的生活磨难。或许，上天本就是公平的，给了徐渭最原始、最横溢的才华，就要用苦难来磨练他的艺术细胞，磨练他的承受能力，并以此成为他取之不尽的创作灵感，成为他书画艺术的独特气质，成为他浪漫主义的源泉活水。

徐渭虽则穷愁潦倒，依旧心高气傲；虽则无路可走，依旧豪情万丈；虽则凄苦没落，依旧奔放浪漫。放眼世界，几乎无人可入他的法眼。他不屑于那些得意科场者的浅薄，不屑于那些阿谀之辈的猥琐，不屑与庸碌之辈为伍，凭借一世才华，孤芳自赏着自己的奇谋妙计。这样的人生注定是痛苦而曲折的。于是，他寄

明・徐渭《水墨花卉图》

情山水，游历荒漠枯杨，游历名山大川，去领略大漠风沙的粗野，去感受汹涌奔腾的汪洋，去体悟绵延千里的大山。于是，他的书画开始生动起来。于是，他的诗文开始丰富起来。于是，他的精神开始兴奋起来。

简介

▷ 袁宏道：字中郎，又字无学，号石公，又号六休，明代文学家。在文学上反对“文必秦汉，诗必盛唐”的风气，提出“独抒性灵，不拘格套”的性灵说，被称为“性灵派”。与其兄袁宗道、弟袁中道并有才名，合称“公安三袁”。

徐渭，一个独特的末路英雄。

他可以在无人唱和的情况下，将自己的诗歌写得那么出色，那么动听；可以独坐书斋，慢慢细品生命的苦难，而化为笔下的千秋文章，化为画中的墨色写意，化为书法中的灵魂飞动；可以在自己穷到没有立身之地的时候，不屑当时的文坛领袖，情愿不要名与利，宁愿受冻挨饿，也要高举性灵的大旗，独自行走在晚明的暮色中。他可以将穷途末路抒写出霸王之气，打破格律的同时，也打破了心灵的局限，悲鸣之声最后化为画作中的真正淡定。他的水墨画是用最简洁的笔墨抒写心中最复杂的情感，用简笔勾勒牡丹，抛却牡丹的雍容华贵，画牡丹却画出了水莲的神韵。这就是徐渭，这就是有着独特生命体悟的徐渭。

徐渭，一个独特的生命现象。

八次乡试不中，依旧初衷不改，直到黄河才死心。三次婚姻失败，一次不如一次，依旧执著痴迷其中。九次自杀未遂，那些自虐的方式令人惊心，那些疯狂的举动令人不安，但清醒时，又是激情四溢的艺术大师。或许是因为他的艺术生命还没有结束，所以，即使以斧击头，血流满面，也生命不止；即使以锥刺耳，也生命不息。或许这是上天对他更深的折磨吧，如此的求死不得，只是想要给后世留下更多的艺术品，只是为了挽回因误杀妻子而入狱的七年时间吧！

徐渭，他的生命是与他的艺术紧紧相连的。不幸在于，上天给了他艺术的才华，又给了他经世致用的才华；不幸在于，给了他绝世的才华，又令他科场如此坎坷；不幸还在于，他不只是一个简单的艺术家，而是一个具有真正浪漫气质的诗人、画家、书法家。他，是中国绘画史的骄傲。因为他，我们才有资格站在高处，与西方最伟大的艺术家交流。

在身后，他盛名远播，追慕之人无数，开创的绘画技法成为永恒的经典。他开创的青藤画风，影响深远，使得多少才子拜倒脚下，郑板桥自号“青藤门下走狗”，齐白石盛赞“青藤雪个远凡胎……我欲九原为走狗”。

此时，我们再看那首自题诗：“半生落魄已成翁，独立书斋啸晚风。笔底明珠无处卖，闲抛闲掷野藤中。”无限凄凉，却又无比骄傲……

痴人痴情说痴梦

——《湖心亭看雪》张岱

湖心亭看雪

崇祯五年十二月，余住西湖。大雪三日，湖中人鸟声俱绝。

是日，更定矣，余挐一小舟，拥毳衣炉火，独往湖心亭看雪。雾凇沆砀，天与云、与山、与水，上下一白；湖上影子，惟长堤一痕，湖心亭一点,与余舟一芥，舟中人两三粒而已。

到亭上，有两人铺毡对坐，一童子烧酒，炉正沸。见余，大喜，曰：“湖中焉得更有此人！”拉余同饮。余强饮三大白而别。问其姓氏，是金陵人，客此。

及下船，舟子喃喃曰：“莫说相公痴，更有痴似相公者！”

或许你没有读过张岱的《陶庵梦忆》，这没有关系，中国古典散文佳作如林不可尽玩。但是，《陶庵梦忆》的序文却不可不读，那份忆梦寻梦说梦犹如红楼梦魇，那种苦闷彷徨幻灭犹如梦断蓝桥。

张岱，好山水，好品茗，好戏曲，爱繁华，爱音乐，应该是一风流倜傥的贵族公子、多情才子。可惜生逢乱世，早年享尽荣华，晚年尝尽凄凉。

张岱，历经家园破灭，亡国之痛，披发入山林，终老一残生。但是，心内忧惧却可化为清淡天真之笔，遗世独立却可化为幽静深远之境，孤高自傲却可化为闲情逸致之趣。这是张岱与众不同处，也是他散文一时称雄的原因所在。单看《湖心亭看雪》，只觉境界全出，惊为神来之笔。

简介

▷　张岱：又名维城，字宗子，又字石公，号陶庵、天孙，别号蝶庵居士，晚号六休居士，明末清初文学家、史学家、散文家。精于茶艺鉴赏，爱繁花似锦，好山水，晓音乐戏曲，清建后不仕，入山著书以终。其最擅长散文，著有《琅嬛文集》《陶庵梦忆》《西湖梦寻》《三不朽图赞》《夜航船》等文。

崇祯五年十二月，余住西湖。大雪三日，湖中人鸟声俱绝。

是日，更定矣，余拏一小舟，拥毳衣炉火，独往湖心亭看雪。雾凇沆砀，天与云、与山、与水，上下一白；湖上影子，惟长堤一痕，湖心亭一点，与余舟一芥，舟中人两三粒而已。

张岱真乃痴人也。你看他，天寒地冻，夜阑人静之时，却偏要独自游西湖赏雪景。此时，做什么不好呢？或煮酒饮茶，或三两知己闲谈，或拥炉夜读，或登楼远眺亦可赏雪景，或安然就寝等天明亦可赏雪景。既然是三天三夜的大雪，当不会一夜之间就消散了去，该不会一夜之间就境界全无了吧？

张岱真乃痴情人也。你看他，冰天雪地，人迹罕至之地，却偏要独自乘小舟游湖心。我想，张岱也该是秉性独特之人，否则何来如此雅兴；也该是养尊处优之人，否则何来着皮衣拥炉火而出；也该是特立独行之人，否则何苦在深夜独自赏雪景，赏雪景又何至非要到西湖湖心呢？哪里不可赏景，哪里不可寄情，哪里不可消遣？

张岱真乃痴人说梦也。你看他，眼中所见，只是那云天相依，只是那云山相连，只是那山水相融，只是那天地相接。天地山水云皆为一色，如此纯净纯粹的景致。当真要独自一人前往的，如此静谧素净的天地，当真要深夜无人之时独自欣赏！张岱该是出色的水墨画派大师，只不知是否有画作流传后世。你看他，简单勾勒几笔，却已经境界顿生。天地山水之间，犹如洁白纯净的宣纸，而零星点缀其间的唯有那苏堤印痕，唯有那湖心一点，唯有那小舟一叶，天地之间唯有自己与舟子而已。如此境界，实在是可遇不可求，顿感天地万物皆为我所有，我与天地万物实难割舍。

到亭上，有两人铺毡对坐，一童子烧酒，炉正沸。见余，大喜，曰："湖中焉得更有此人！"拉余同饮。余强饮三大白而别，问其姓氏。是金陵人，客此。

及下船，舟子喃喃曰："莫说相公痴，更有痴似相公者。"

还以为这一片天地只属于我，以为在夜深人静之时不会有人也如我这般痴狂、这般痴迷，抬望眼，但见早已有人席地而坐，对饮而酌，相谈甚欢。出外有童子相随，自然也并非清寒之士，却也是这般超脱，却也这般风雅，却也这般在冰雪之间将那酒香播洒开来，将那热酒直煮得热气腾腾、烟雾缭绕。在这雪花飞舞的晚上，在这远离喧嚣的湖心，直将此一幅水墨山水点缀得不同凡响，余味无穷，令人想入非非，令人神思摇荡，唯有惊叹而已！

南宋·夏圭《雪堂客话图》

自古杭州繁华之地，外地人到此，大多或去烟花巷柳访佳人，或去欢会之地听小曲，或去酒肆楼台寻热闹。唯独这两人，独自在此品味寂静，玩味雪景，想来也是高洁之士，想来也是化外之人吧？想来是厌倦了金陵之地的繁华，想来是厌烦了歌舞升平的虚伪，想来是厌恶了推杯换盏的喧嚣，在此清静，独享云游西湖之时的片刻清闲，独味远离喧嚣的安静。

他们是幸福的，有良友相伴共游西湖，同赏佳景，共醉美酒。我是幸福的，在这样的天地之间，在这样的氛围之中，得遇此情此景此人，何其快哉！“酒逢知己千杯少”，即使不会饮酒，也要不醉不归了。如此人生际遇，实在可遇不可求啊！“相逢何必曾相识”，今日一别，只当是永别又何妨？何须问姓名，何须问来历，何须问行踪，有缘即会再见，无缘就此别过，无须遗憾。人生本就是踏雪无痕，了无踪迹可循。

读《湖心亭看雪》，你看不出他心内的忧惧与苦闷，看不出他离群独居的伤感与无奈，也看不出他幽居山林的穷愁与潦倒。可是，若读此文，你真的只看到那份闲适、那份淡雅、那份清静，也是妄读此文，妄议张岱了。

第七章 恣肆纵横的清代辞章

游历山川如会知己

——《徐霞客传》钱谦益

徐霞客传

徐霞客者，名弘祖，江阴梧塍里人也。高祖经，与唐寅同举，除名。寅尝以倪云林画卷偿博进三千，手迹犹在其家。霞客生里社，奇情郁然，玄对山水，力耕奉母。践更繇役，蹙蹙如笼鸟之触隅，每思飏去。年三十，母遣之出游。每岁三时出游，秋冬觐省，以为常。东南佳山水，如东西洞庭、阳羡、京口、金陵、吴兴、武林、浙西径山、天目、浙东五泄、四明、天台、雁宕、南海落迦，皆几案衣带间物耳。有再三至，有数至，无仅一至者。

其行也，从一奴或一僧、一仗、一襆被，不治装，不裹粮；能忍饥数日，能遇食即饱，能徒步走数百里，凌绝壁，冒丛箐，扳援下上，悬度绠汲，捷如青猿，健如黄犊；以峦岩这床席，以溪涧为饮沐，以山魅、木客、王孙、貜父为伴侣，儚儚粥粥，口不能道；时与之论山经，辨水脉，搜讨形胜，则划然心开。居平未尝鞶帨为古文辞，行游约数百里，就破壁枯树，燃松拾穗，走笔为记，如甲乙之簿，如丹青之画，虽才笔之士，无以加也。

游台、宕还，过陈木叔小寒山，木叔问："曾造雁山绝顶否？"霞客唯唯。质明已失其所在，十日而返。曰："吾取间道，扪萝上龙湫，三十里，有宕焉，雁所家也。扳绝磴上十数里，正德间白云、云外两僧团瓢尚在。复上二十馀里，其颠罡风逼人，有麋鹿数百群，围绕而宿。三宿而始下。"其与人争奇逐胜，欲赌身命，皆此类也。已而游黄山、白岳、九华、匡庐；入闽，登武夷，泛九鲤湖；入楚，谒玄岳；北游齐、鲁、燕、冀、嵩、雒；上华山，下青柯坪，心动趣归，则其母正属疾，啮指相望也。

母丧服阕，益放志远游。访黄石斋于闽，穷闽山之胜，皆非闽人所知。登罗浮，谒曹溪，归而追及石斋于云阳。往复万里，如步武耳。繇终南背走峨眉，从野人采药，栖宿岩穴中，八日不火食，抵峨眉，属奢酋阻兵，乃返。只身戴釜，访恒山于塞外，尽历九边厄塞。归，过余山中，剧谈四游四极，九州九府，经纬分合，历历如指掌。谓昔人志星官舆地，多承袭傅会；江河二经，山川两戒，自纪载来，多囿于中国一隅。欲为昆仑海外之游，穷流沙而后返。小舟如叶，大雨淋湿，要之登陆，不肯，曰："譬如涧泉暴注，撞击肩背，良足快耳！"

丙子九月，辞家西迈。僧静闻愿登鸡足礼迦叶，请从焉。遇盗于湘江，静闻被创病死，函其骨，负之以行。泛洞庭，上衡岳，穷七十二峰。再登峨眉，北抵岷山，极于松潘。又南过大渡河，至黎、雅，登瓦屋、晒经诸山。复寻金沙江，极于犛牛徼外。由金沙南泛澜沧，由澜沧北寻盘江，大约在西南诸夷境，而贵竹、滇南之观亦几尽矣。过丽江，憩点苍、鸡足。瘗静闻骨于迦叶道场，从宿愿也。

由鸡足而西，出玉门关数千里，至昆仑山，穷星宿海，去中夏三万四千三百里。登半山，风吹衣欲堕，望见方外黄金宝塔。又数千里，至西番，参大宝法王。鸣沙以外，咸称胡国，如迷卢、阿耨诸名，由旬不能悉。《西域志》称沙河阻远，望人马积骨为标识，鬼魅热风，无得免者，玄奘法师受诸磨折，具载本传。霞客信宿往返，如适莽苍。还至峨眉山下，托估客附所得奇树虬根以归。并以《溯江纪源》一篇寓余，言《禹贡》岷山导江，乃泛滥中国之始，非发源也。中国入河之水为省五，入江之水为省十一，计其吐纳，江倍于河，按其发源，河自昆仑之北，江亦自昆仑之南，非江源短而河源长也。又辨三龙大势，北龙夹河之北，南龙抱江之南，中龙中界之，特短；北龙只南向半支入中国，惟南龙磅薄半宇内，其脉亦发于昆仑，与金沙江相并南出，环滇池以达五岭。龙长则源脉亦长，江之所以大于河也。其书数万言，皆订补桑《经》郦《注》及汉、宋诸儒疏解《禹贡》所未及，余撮其大略如此。

霞客还滇南，足不良行，修《鸡足山志》，三月而毕。丽江木太守偫糇粮，具笋舆以归。病甚，语问疾者曰："张骞凿空，未睹昆仑；唐玄奘、元耶律楚材衔人主之命，乃得西游。吾以老布衣，孤筇双屦，穷河沙，上昆仑，历西域，题名绝国，与三人而为四，死不恨矣。”余之识霞客也，因漳人刘履丁。履丁为余言：“霞客西归，气息支缀，闻石斋下诏狱，遣其长子间关往视，三月而反，具述石斋颂系状，据床浩叹，不食而卒。”其为人若此。

梧下先生曰：“昔柳公权记三峰事，有王玄冲者，访南坡僧义海，约登莲花峰，某日届山趾，计五千仞为一旬之程，既上，煹烟为信。”海如期宿桃林，平晓，岳色清明，伫立数息，有白烟一道起三峰之顶。归二旬而玄冲至，取玉井莲落叶数瓣，及池边铁船寸许遗海，负笈而去。玄冲初至，海渭之曰：“兹山削成，自非驭风凭云，无有去理。”玄冲曰：“贤人勿谓天不可登，但虑无其志尔。”霞客不欲以张骞诸人自命，以玄冲拟之，并为三清之奇士，殆庶几乎？霞客纪游之书，高可隐几。余属其从兄仲昭雠勘而艳情之，当为古今游记之最。霞客死时年五十有六。西游归以庚辰六月，卒以辛巳正月，葬江阴之马湾。亦履丁云。

在在常熟虞山南麓，静卧着钱谦益的陵墓，荒凉而荒芜。不远处，柳如是的陵墓更是凄凉无比。当年，柳如是钦慕于钱谦益的才华与浪漫，义无反顾地以身相许，却看不清这个男人复杂多变的思想。当年，钱谦益倾慕于柳如是的美艳与才情，痴迷于柳如是的香艳与温柔，却看不懂这个女子深沉的情感追求与坚贞的民族气节。于是，他们的故事在悲欢离合中演绎得令人心痛、令人伤怀。

若南明不会亡，若清兵不入关，那么，钱谦益就不会让柳如是看到他真实而复杂的内心世界，柳如是就不会让钱谦益看到她艳丽的外表下深藏的思想。那么，这个故事，就只是一个才子佳人的故事。

不管历史对于他的降清如何看待，但是，作为明末清初的主要诗人与文章大家，开创一代诗风，钱谦益是功不可没的。

不管世事如何弄人，令柳如是陪酒为自己博取官职实在斯文扫地，但是，依旧不妨碍他成为一个文人的执著，钱谦益依旧酷爱书籍到无以复加的地步，为藏书而不惜重金。

不管常熟人如何认为这位同乡人品低劣，但是，他依旧是常熟历史上最富有盛名的大家，是他第一次将文人之文与学者之文有机结合，而成为明清之际一道最为靓丽的风景。

他的藏书之地“绛云楼”，曾经是天下读书人神往而不可得的地方，他晚年定居之所“红豆山庄”，因为有了柳如是的演绎，而成为文坛说之不尽的话题，甚至柳如是相约与他自沉之处，也成为后世文学题材用之不尽的源泉。

当他用了毕生精力与财力广搜天下书籍的藏书楼被毁于大火之中，那种痛心疾首何人理解？他只有浩叹：“天能烧我屋内书，不能烧我腹内书。”

当无奈周旋于官场各派势力的较量而无力左右自己命运时，当在人生最辉煌的时候远离政治中心时，他的内心一定是凄凉无比的。于是，当看到希望的时候，他显得有点不择手段了，他内心的痛苦与挣扎何人可解？他只有悲鸣：“门外天涯迁客路，桥边风雪蹇驴情。”

当终于要在晚明与清初的历史漩涡之中作出选择时，当无数次被无缘无故投入监狱时，当亲见爱妾柳如是为他奔走呼告时，他想到了自己一生的追求与选择原来只是一场空，最终换得的是历史的骂名，既为明朝遗民所斥责，又为清朝皇帝所憎厌。他只有叹息：“耦耕旧有高人约，带月相看并荷锄。”

一个是江南的第一才子，一个是江北的第一旅行家，他们的相遇，一定可以演绎最动人的篇章。可是，他们没有过多的时间相交相谈。徐霞客一生几乎是在漂游中度过，从22岁到54岁，几乎没有停止自己的脚步。他游历之处，填补了中国古代地理史的许多空白，260万字的记游文字是中国游记文学中内容最完备、最真实、最生动的记载。

钱谦益无疑是一位文章大家，可以用自己的如椽大笔为徐霞客做最精彩的勾勒与铺陈，可以抒写他游历过程的艰辛与困苦，可以摹写他内心的孤独与思情难排，可以渲染他身处险境生命堪忧与举步维艰，可以想见老母的担忧与妻儿的牵挂。

但是，钱谦益没有让他的感情迷离在这样的氛围之中，只是让自己的笔为徐霞客做了一个最忠实的记录，只是记录了徐霞客游历的经过，记录了无数次历险途中最为惊险的一次经历，记录了无数次遭遇中最常见的一次经历，记录了无数次独身前往荒僻之地中最普通的一次经历。

面对徐霞客这样丰富的人生经历，如何在短小的篇幅中完成如此浩大的工程？于是，只有选择最为简洁的方式，只是用一点实录的精神，而让自己的才华隐藏起来，让自己个人的情感退居幕后，让徐霞客自己的经历说话，让徐霞客用自己的脚步为自己作传，这样的传记才是最真实的，这样的传记方式才是有意义的，也才是最聪明的化繁为简的方式。

简介

▷ 钱谦益：字受之，号牧斋，人称“虞山先生”。学问渊博，泛览子、史、文籍与佛藏。作为诗人，他开创了有清一代诗风；作为史学家，早年撰《太祖实录辨证》，立志私人完成国史；作为文章家，号称“当代文章伯”；作为收藏家，构筑“绛云楼”，收藏宋元孤本书于其上，“所积充牣，几埒内府”。

钱谦益确实能堪称大家，没有让自己的思路被徐霞客惊人的经历所牵引，而是带领读者沿着他既定的思路，跟随徐霞客走完其一生游历的大部分地方，单是那些用脚步丈量的长度与厚度，就足以令后人肃然起敬，单是那些用绳索与铁锥开辟的悬崖峭壁，就足以令后人叹为观止，单是耗用毕生经历亲自验证修补历史记载的精神，就足以令后人视为楷模。

历史上，自古至今，真正“读万卷书，行万里路”的恐怕只有徐霞客了吧！因为他，我们知道了长江黄河的发源地。因为他，我们知道了昆仑山的巍峨苦寒。因为他，我们知道了西部边陲的人文风貌。因为他，我们知道了唐古拉山脉的地形与走向。因为他，我们开阔了自己的视野。因为他，我们才知道世界之阔大，物产之丰饶。这些本来需要借助现代的测量仪器才能完成的浩大工程，徐霞客，凭借个人的力量，坚毅的性格，涉险的精神，完成了260万字考察日记。深为遗憾的是，如今，我们所见的《徐霞客游记》只剩下了60万字，遗失了200多万字，那些遗失的部分成为中国文化史上永远的遗憾。

徐霞客是幸福的，有一个开明的父亲与一个见识非凡的母亲。他的父亲让他自由地选择了未来人生之路，而不是强求他走那条仕途经济的道路。母亲让他自由地行走江湖，去闯荡，去开辟生活的广阔天地，而不是让儿子囚居在方寸之间。

徐霞客是幸运的，内心所想的，内心所愿的，钱谦益深悟其中滋味。徐霞客将自己比肩西汉的张骞，比肩唐朝的玄奘，比肩元朝的耶律楚材，认为魂灵能与他们相伴，无怨无悔。而钱谦益由衷地赞美徐霞客实在堪比仙人奇士，堪比飞檐走壁、不食人间烟火的王玄冲，否则，他何以徒步游历中国版图上大部分地区，而所到之处都是人迹罕至，甚或荒无人烟的所在。

徐霞客是单纯的。口讷的他不善与人交际，但是，他善于同大山，同江河，同飞禽走舍做最亲密的接触，能够看懂它们的表情，能够听懂它们的声音。

徐霞客是成功的。他的人生丰富多彩，用毕生时间做着自己喜欢的事情，于是，虽苦尤甜，一生死而无憾。

一篇直刺权利真相的檄文

——《原君》黄宗羲

原　君

有生之初，人各自私也，人各自利也；天下有公利而莫或兴之，有公害而莫或除之。有人者出，不以一己之利为利，而使天下受其利；不以一己之害为害，而使天下释其害；此其人之勤劳必千万于天下之人。夫以千万倍之勤劳，而己又不享其利，必非天下之人情所欲居也。故古之人君，量而不欲入者，许由、务光是也；入而又去之者，尧、舜是也；初不欲入而不得去者，禹是也。岂古之人有所异哉？好逸恶劳，亦犹夫人之情也。

后之为人君者不然。以为天下利害之权皆出于我，我以天下之利尽归于己，以天下之害尽归于人，亦无不可；使天下之人，不敢自私，不敢自利，以我之大私为天下之大公。始而惭焉，久而安焉。视天下为莫大之产业，传之子孙，受享无穷；汉高帝所谓"某业所就，孰与仲多"者，其逐利之情，不觉溢之于辞矣。此无他，古者以天下为主，君为客，凡君之所毕世而经营者，为天下也。今也以君为主，天下为客，凡天下之无地而得安宁者，为君也。是以其未得之也，屠毒天下之肝脑，离散天下之子女，以博我一人之产业，曾不惨然。曰："我固为子孙创业也。"其既得之也，敲剥天下之骨髓，离散天下之子女，以奉我一人之淫乐，视为当然。曰："此我产业之花息也。"然则，为天下之大害者，君而已矣，向使无君，人各得自私也，人各得自利也。呜呼！岂设君之道固如是乎？

古者天下之人爱戴其君，比之如父，拟之如天，诚不为过也。今也天下之人怨恶其君，视之如寇仇，名之为独夫，固其所也。而小儒规规焉以君臣之义无所逃于天地之间，至桀、纣之暴，犹谓汤、武不当诛之，而妄传伯夷、叔齐无稽之事，乃兆人万姓崩溃之血肉，曾不异夫腐鼠。岂天地之大，于兆人万姓之中，独私其一人一姓乎！是故武王圣人也，孟子之言，圣人之言也；后世之君，欲以如父如天之空名，禁人之窥伺者，皆不便于其言，至废孟子而不立，非导源于小儒乎！

虽然，使后之为君者，果能保此产业，传之无穷，亦无怪乎其私之也。既以产业视之，人之欲得产业，谁不如我？摄缄縢，固扃鐍，一人之智力，不能胜天下欲得之者之众，远者数世，近者及身，其血肉之崩溃在其子孙矣。昔人愿世世无生帝王家，而毅宗之语公主，亦曰："若何为生我家！"痛哉斯言！回思创业时，其欲得天下之心，有不废然摧沮者乎！

是故明乎为君之职分，则唐、虞之世，人人能让，许由、务光非绝尘也；不明乎为君之职分，则市井之间，人人可欲，许由、务光所以旷后世而不闻也。然君之职分难明，以俄顷淫乐不易无穷之悲，虽愚者亦明之矣。

由先秦文学思想的活跃，到两汉散文的文字华美，到魏晋南北朝文学的风骨，到唐宋文学复古运动的探索，到明清文学理性的张扬，思想探索的不断尝试，使得清代文学的理性色彩越加浓厚。

黄宗羲，被誉为"忠臣孤子"，对待杀父仇人的态度与对待自杀身亡的崇祯的态度是如此相似，同样的坚决而不计后果；被誉为"中国思想启蒙之父"，他的民主思想影响深远；被誉为"清初三大儒"之一，渊博的学识令康熙帝对他爱恨交加。

黄宗羲，自称是"不事王侯，持子陵之风节"的孤臣遗老，被认为是秦以后两千年间"人格完全，可称无憾"的先觉者。

他是一个性情中人，为了复明，奔走呼号，组建军队。其实，以他的智慧，不可能不知道这样的努力只是徒劳。

他是一个伟丈夫，明亡之后，甘愿隐居山林，专心学问，虽经康熙帝两次亲自征召，仍然不为所动。

他的思想与行为矛盾着，既看透了封建君王体制下的专制政治，又积极为崇祯的江山奔走呼号，与清政府绝不合作。

黄宗羲自云一生："初锢之为党人，继指之为游侠，终厕之于儒林。"这

黄宗羲小像

样的人生，其实是充满矛盾与挣扎的一生，晚年看似归隐，内心或许并不平静。从激进的思想中，从过激的行为中，可以看出，这是一个思想着、矛盾着、挣扎着、痛苦着的灵魂。他的思想过程，体现在那些鸿篇巨著中，体现在那部著名的《明夷待访录》中。

“明夷于飞，垂其翼。君子于行，三日不食。”黄宗羲，经历了朝代的更替、皇权的交换、社会的动荡，于是，看到了剥离神圣光环之后皇权的真相；经历了身份的转换、生活的逆转、环境的巨变，于是，懂得了权力背后的真实目的，懂得了权力与民主、帝皇与民众、国家与皇族的关系。他可以一针见血地指出，那些冠冕堂皇的真相背后的心态心理，甚至灵魂深处不可言说的秘密。

所以，黄宗羲的思想其实是极为激进的，他的民主思想，今天，依旧可以成为民主斗士最可靠最有力的武器，是让统治者胆寒的理论，是让一切谎言显出原形的利器，是直指专制集团心脏的匕首。读懂了《原君》，就读懂了专制制度的内在本质，读懂了那些谎言背后的真实目的，读懂了那些伟大而崇高的理想原来不过是一个借口，一个令热血青年成为工具的幌子，一个更具有欺骗性的寓言故事而已。几千年的历史，证明了黄宗羲的伟大，证明了他大胆说出的话是具有震撼力的。

是的，自从有了人类，自从有了社会的组成，人就开始懂得了自私。被历代统治者宣称的三皇五帝，当神圣的光环被剥离之后，我们看到了事实的真相。在那个物质贫乏的时代，身为帝王，不可能有什么享受，只能努力的付出。于是，我们看到的是逃兵，看到的是许由、务光为求个人的快乐而逃离，是尧、舜努力摆脱皇权束缚的努力，是大禹想逃离而不能的无可奈何。此时的皇权，没有诱惑力，只是沉重的负担，是辛苦的付出，是精神的枷锁。也或许，他们并没有意识到，权力代表的是一种特权，代表的是一种常人无权享受的天下为己而不是己为天下的哲学。

后世的君主开始明白，开始懂得，有了权力就有了利益，有了最大的权力就有了最大的利益。天下的利益是君主的，天下的祸害是百姓的。比如战争，上战场牺牲的是百姓，国土扩大了，皇权巩固了，得利的是君主。比如农夫种田，辛苦耕作的是农夫，田地收获了，收成是君主的。比如高祖皇帝，天下是众人帮他打下的，打下天下后，他将天下看成刘家的产业。享受的是上位者，吃苦的是草民，这样的交易自然是合算的，这样的君王自然是人人皆愿为之的。

任何一个政权的交替，在革命之初，都是高唱要天下为公的，要为子孙后代创业的，要打破专制统治的，要有福同享的。但是成功之后，夺取天下之后，往往是重复地走到老路上去。因为，他们骨子里还是以为，谁得天下，谁坐天下，谁就可以享有天下，所有的草民都不过是垫脚石而已。

若没有君主，那么天下就是天下人的天下，没有皇权，那么，所有的人都是可以在付出的时候享受权利，就不会为一人的利益或者为一家利益而奋斗牺牲。但是，这样的想法似乎是很天真的。

三皇五帝将天下看成大家的，今天，君王将天下看成自己的。所以，古时，他们不愿为君不想操劳，今天，他们争做君王捞取政权，以为天下之人不足贵，只有爱君王，才是忠贞，才是民族英雄，才是爱国行为。

古时，权力是一种义务；今天，权力是一个享受。古时，权力是一种负担；今天，权力是一种荣耀。古时，权力是一种枷锁；今天，权力是一种护身符。所以，古时，人们避之唯恐不及；今天，人们趋之若鹜。

那些迂腐的儒生，迂腐的文人，却在那里叫嚣着，编造伯夷叔齐的故事，说暴君也是不可违背的，说什么要敬尊君王如同敬尊父亲敬尊上苍一样。统治者害怕自己的帝位不稳，唆使这些小人鼓噪学舌，教唆这些小人不辨青红皂白，叫嚣着，天下只有君王才是唯一需要尊崇的，百姓皆

简介

▷ 黄宗羲：字太冲，人称梨洲先生。学问极博，思想深邃，著作宏富，与顾炎武、王夫之并称明末清初三大思想家（或清初三大儒），亦有“中国思想启蒙之父”之誉。一生著述多至五十余种、三百多卷，其中《明儒学案》《宋元学案》这两部著作在中国史学史上有非常重要的地位，开创了中国史学上的新体裁，即“学案体”，其后成为编写中国古代学术史的主要方式。

为蝼蚁；叫嚣着，暴君夏桀商纣也不应该被杀戮；叫嚣着，孟子之言也被称为是虚妄之语。是的，只要可以维护统治，只要可以达到愚民目的，没有什么谎言是不能说的，没有什么假象是不能编造的，没有什么手段是不能用的。这就是一直以来的历史真相，贯穿政治哲学的皇权思想。

那些得天下者，其实不可能不战战兢兢，不可能不寝食难安，不可能不忧心忡忡，因为想要得天下的人太多了，想要造反夺权的人太多了，想要获取特权的人也太多了。于是，纷争永远不会停止，矛盾永远不会化解，江山不会永远不朽。遥想那些末代君王，国破家亡一朝沦为阶下囚，何其凄凉。遥想那些走投无路的君主，一朝亡国身死人手祸及子孙，何其悲惨。有许多悔恨的灵魂在哭泣，在哀嚎，在悲鸣，那凄惨的呻吟响彻历史的长空，回荡在无数代君王的陵墓上。在这些血迹斑斑的荒野上，依旧有无数的崛起者，义无反顾，依旧在这种历史的怪圈中越走越远。

是的，许由、务光的时代一去不复返了，他们不是真的绝尘而是不愿谋天下之利；唐尧、虞舜的时代早已经绝响在历史的风尘之中，他们不是真的超脱而是不愿为权位所累。

是的，许多人都知道，任何的特权，任何的享受，最终都是要付出代价的，但是，有多少人真正在事情没有到达不可收拾的地步，就知道收敛，就知道悔改，就知道不要以百姓为愚弄对象的？

为逝去王朝尽忠的守望者

——《复庵记》顾炎武

复庵记

旧中涓范君养民，以崇须十七年夏，自京师徒步入华山为黄冠。数年，始克结庐于西峰之左，名曰复庵。华下之贤士大夫多与之游，环山之人皆信而礼之。而范君固非方士者流也。

幼而读书，好《楚辞》诸子及经史，多所涉猎。为东宫伴读。

方李自成之挟东宫二王以出也，范君知其必且西奔，于是弃其家走入关中，将尽厥职焉。乃东宫不知所之，而范君为黄冠矣。

太华之山，悬崖之巅，有松可荫，有地可蔬，有泉可汲，不税于官，不隶于宫观之籍。华下之人或助之材，以创是庵而居之。有屋三楹，东向以迎日出。

余尝一宿其庵，开户而望大河之东，雷首之山，苍然突兀，伯夷、叔齐之所采薇而饿者，若揖让乎其间，固范君之所慕而为之者也。自是而东，则汾之一曲，绵上之山，出没于云烟之表，如将见之。介于推之从晋公子，既反国而隐焉，又范君之所有志而不遂者也。又自是而东，太行、碣石之间，宫阙山陵之所在，去之茫茫而极望之不可见矣。相与泫然。

作此记，留之山中。后之君子登斯山者，无忘范君之志也。

沿着石级慢慢寻访，走过那些充满商业气息的古镇石级小道，沿河垂柳迎风吹拂，春光明媚之际，顾炎武故居深藏于千灯古镇深处，幽静而幽深。若不是特别的日子，这里寻访之人极少，朱漆铁门深锁，令慕名而来的游子产生无数遐思，也顿生几许失落。那些深藏的屋舍，随着岁月的流逝，显示几许苍凉与荒芜。或许，所有外在的纪念都只是一种形式的存在，而真正的精神是留存在记忆深处的，真正的怀念是来自灵魂深处的认同，真正的纪念是思维方式的传承。也或者，故居也好，寝陵也好，首先应该是一个清静的所在。所以，昆山人并没有将顾炎武故居打造成一个热闹的所在。

在江南古镇，在顾炎武曾经生活的地方，这个今日经济飞速发展的长江三角洲的中心地带，你依然可以在经济大潮的汹涌中，慢慢品味由明清之际文化巨人不断积淀的深厚文化底蕴与深远文化背景。在江南，你不只是感觉到飞速奔跑的汽车，也可以在小桥边、溪流旁、垂杨下，体味古琴悠悠、书香满怀，体味夹杂物质文明之后的文化气息。

生于明清易帜的顾炎武，这位清朝“开国儒师”“清学开山始祖”，这位博学家，一生不与清朝合作，一生为恢复大明江山社稷而奔波，一生在颠沛流离的生活中研究学问，一生都是在家国双重灾难中苦度余生。一方面是被人侵吞家产，遭杀手追杀；一方面是朝代更替，因积极参加反清复明而遭官府通缉，自45岁始，此后20余年，孑然一身，游踪不定，在漂泊之中苦度时日。

顾炎武小像

“我虽妇人，身受国恩，与国俱亡，义也。”这位刚强的女子，炎武嗣母王氏，绝食殉国，她的坚韧培养了顾炎武的刚烈，甘受牢狱之灾，也不愿拜已仕清廷的当朝文坛领袖钱谦益为师，并且还要托人在通衢大道上四处张贴，声明自己从未列于钱氏门墙，令钱谦益大为尴尬。

这就是顾炎武，若不是耿直的性格与坚守的节操，单凭杰出的学识与纵横的才华，单借深得爱惜人才的康熙帝的亲睐，是可以飞黄腾达的。这位杰出的政治家，因为生活于朝代的更替之际，于是，一生经世致用的理想抱负只能成为流亡生涯中永远的痛。这位杰出的博学家，因为不愿抛弃自己作为忠臣遗民的节

简介

▷ 顾炎武：本名绛，字忠清，后名炎武，字宁人，亦自署蒋山佣，学者尊为“亭林先生”。学问渊博，开清代朴学风气，在经学、史学、音韵、小学、金石考古、方志舆地以及诗文诸学上，都有较深造诣，建树了承前启后之功，成为开启一代学术先路的杰出大师。

烈，于是，将如水才华挥洒在流亡与抗争的艰难路途上。于是，我们从这篇《复庵记》中，看出他的思维方式与生命轨迹，似乎听到了两个痛苦的灵魂在深夜相契相诉，似乎听到了他们在华山之巅倾心交谈，也似乎看到了他们推杯换盏间，吞下的杯杯苦酒，化作浓浓愁绪。

生活于乱世的臣子，内心总是多了几许挣扎与苦楚。或许，范养民，其实根本就是作者自身的心灵写照。深受传统文化熏陶与培养的范养民，虽出身低微，却也博览群书，虽只是以太监身份伴读太子，却也忠诚无二。或许屈原的英灵指引着范养民，让他在兵荒马乱的战火中，一路追寻旧主人的足迹。今天，我们已经无法知晓这样的过程是如何的艰辛，由京城而华山，由皇宫而复庵，由太监而道士，其间的变迁，其间的辛酸，其间的困苦，或许并不是常人可以想象的。其间，支撑他的一定是屈原宁为玉碎的精神，是诸子百家坚韧的学说，是经书史书经典的范例。

正因为如此，范养民身为道士，得到了华山下贤士大夫的敬佩，得到了周围人的信任，得到了许多人的友谊。身为一个独行客，一个亡国之臣，一个亡命之徒，在那个纷乱的时代，他可以寻得一块净土，自耕自足，自食其力；可以有一块安宁的所在，以山泉为饮，以松树为荫，日出而作，日落而栖；可以有一块心灵的乐园，尽情亲近雷首山，不必担心因此而株连九族；可以随时与伯夷、叔齐对话，追随他们的精神，仰慕他们的节操；可以尽情地亲近云霞之中的绵山，介子推一定是先生心中的楷模，是他一生效仿的贤士。

那个在危难之时为重耳割股充饥的介子推，那个在重耳亡命天涯默默跟随的介子推，那个在重耳登上帝位之后抱树而死也不愿享受荣华富贵的介子推，那个“士甘焚死不公侯，满眼蓬蒿共一丘”的介子推，此时，一定是先生心中追摹的榜样。于是，他将自己的居处建立在可以遥望古圣贤的地方，即使相隔遥远，即使相隔久远，但心意是相同的，灵魂是相融的。

在清朝已经蒸蒸日上的日子里，在大明早已经烟消云散的日子里，依旧有这些旧臣为他们尽忠，为他们坚守节操，中国历史真是一部非常奇特的历史。在朝代更替的时期，每一时期，都会出现如伯夷叔齐式的人物，都会出现如介子推式的人物，也总是会出现如范养民式的人物。比如顾炎武，所有颠沛流离的痛苦都来自于与新朝的不合作，内心所有的寂寞也都来自于对旧朝的怀念。

在明代的皇陵与宫殿之间，在历史与地理的融合之间，在时间与空间的交错之中，在这个华山之巅，在这个小小的复庵，我们的思绪也开始飞升，开始飞跃，开始有了高山流水般的交汇，耳边似乎传来了那一声横越古今的传唱："天下兴亡，匹夫有责。"

那一段尘封的往事

——《李姬传》侯方域

李 姬 传

李姬者名香，母曰贞丽。贞丽有侠气，尝一夜博，输千金立尽。所交接皆当世豪杰，尤与阳羡陈贞慧善也。姬为其养女，亦侠而慧，略知书，能辨别士大夫贤否，张学士溥、夏吏部允彝急称之。少风调皎爽不群；十三岁，从吴人周如松受歌玉茗堂四传奇，皆能尽其音节。尤工琵琶词，然不轻发也。

雪苑侯生，已卯来金陵，与相识。姬尝邀侯生为诗，而自歌以偿之。初，皖人阮大铖者，以阿附魏忠贤论城旦，屏居金陵，为清议所斥。阳羡陈贞慧、贵池吴应箕实首其事，持之力。大铖不得已，欲侯生为解之，乃假所善王将军，日载酒食与侯生游。姬曰："王将军贫，非结客者，公子盍叩之？"侯生三问，将军乃屏人述大铖意。姬私语侯生曰："妾少从假母识阳羡君，其人有高义，闻吴君尤铮铮，今皆与公子善，奈何以阮公负至交乎！且以公子之世望，安事阮公！公子读万卷书，所见岂后于贱妾耶？"侯生大呼称善，醉而卧。王将军者殊怏怏，因辞去，不复通。

未几，侯生下第。姬置酒桃叶渡，歌琵琶词以送之，曰："公子才名文藻，雅不减中郎。中郎学不补行，今琵琶所传词固妄，然尝昵董卓，不可掩也。公子豪迈不羁，又失意，此去相见未可期，愿终自爱，无忘妾所歌琵琶词也！妾亦不复歌矣！"

侯生去后，而故开府田仰者，以金三百锾，邀姬一见。姬固却之。开府惭且怒，且有以中伤姬。姬叹曰："田公岂异于阮公乎？吾向之所赞于侯公子者谓何？今乃利其金而赴之，是妄卖公子矣！”卒不往。

若不是朝代更替，侯方域的生活一定是平静而幸福的；若不是天意弄人，侯方域与李香君的故事一定会完美无缺。但是，历史总是无情地将美好的生活打碎，然后站在高处俯瞰人类，让芸芸众生演绎种种可悲抑、或可笑抑、或可怜的故事。

侯方域，凭借自己的才情，博得秦淮八艳之首李香君的亲睐，博得了美人始终不渝的至深情爱。但是，出身名门的侯方域，既没有能力保护深爱自己的女人，也没有能力给这个女人一个安宁的生活空间，更没有坚守节操给自己的女人安放灵魂的地方。

看那些在杂乱的世道不知所措的文人，那些迷失在末世王朝孤独的行者，那些在世事交替变迁过程中惶恐不安的灵魂，那些在新朝旧朝间挣扎抉择的孱弱身影，凄凉之情自心底深处阵阵袭来。

这是一个享有盛名的才子，这是一个才貌双全的歌姬；这是一个在社稷倾圮的时代孱弱的灵魂，这是一个在乱世中寻求生存空间坚守节操的灵魂；这是一个最终没有抵挡住诱惑的背叛者，这是一个在皇权之下始终不屈坚守爱情的殉道者，他们的故事演绎着人间最动人也是最悲情的情感故事，一起唱出了末世王朝的哀音，流溢末世文人的破败、失落、无奈、忧患……

据说，李香君最后客死异地，身后无人料理。据说，李香君似乎与侯方域有过一段琴瑟友和的生活，也在河北商丘留下了李氏后代，因为不被侯氏家族认可，她的子嗣只能以李姓延续后代。据说，侯方域与李香君，在朝代更替的最后时刻看破红尘，遁入空门。据说，李香君最终以26岁的年轻生命终于没有抵挡住生存困顿而香消玉损，侯方域最终以37年的年轻生命追随香君而相伴黄泉。这所有的结局，对于一个旧时代的读书人来说，都是无能为力的，无法改变的；对于

简介

▷ 侯方域：字朝宗，明末清初著名文人。少年即有才名，擅长散文，以写作古文雄视当世，与方以智、冒襄、陈贞慧合称“明末四公子”，与魏禧、汪琬合称“清初三大家”。著作有《壮悔堂文集》《四忆堂诗集》。清初作家孔尚任撰《桃花扇》传奇剧本，即是写侯方域与秦淮名妓李香君的爱情故事。

一个旧时代的歌姬来说，是一个无法逃脱的悲剧，几乎是与生俱来相伴相随的悲剧。

侯方域在37年的生命历程中，经历新旧朝代的更替，经历战乱纷飞的考验，经历新朝科考竟以失败告终的伤痛，这样的人生经历让他的生命孤独更痛楚。至此，悔恨贯穿了他生命的始终。

若不是李香君，想必侯方域的人生一定没有这么动人。若不是侯方域，李香君的人生一定没有这么精彩。

李香君，一个歌姬，一个侠女，一个才女，一个艳压群芳的女子，一个在旧时代不卑不亢的烈女子。她，才情横溢，琴棋书画，无所不精，可以将汤显祖的“四梦”演绎得惟妙惟肖，可以深得《琵琶记》神韵，可以与当朝才子诗文相和。她，气质丰盈，虽寄身香楼，却韵致超群，善辨正邪，颇具任侠之风。她，血溅桃花扇，力拒奸臣要挟，令多少男儿汗颜。她，饯别桃叶渡，深情款款，令多少男子情痴神迷。

清・陈清远《李香君小像》

侯方域，一个翩翩才子，一个多情公子，一个亡国贱臣，一个在新旧朝代更替中沉浮的读书人。他，无法决定命运的捉弄，却令一代优伶为他生、为他死、为他痴情、为他空哀怨。他，无法摆脱权臣的周旋，却令一个弱女子给他坚毅、给他力量、给他智慧。他，无法在黑暗之中看到人性辉煌的灿烂，却令后人在这个实录的记述中感佩那一份难得的自省勇气。

若没有侯方域后来的悔恨，就没有桃花扇故事的美艳凄婉。若没有侯方域冷静的反省，就没有李香君怒斥权贵的艺术再现。若没有侯方域生也艰难死也艰难的孤独人生，就没有李香君为爱痴狂为爱坚守一生的哀婉凄绝。

当年，秦淮夹岸桃柳，风姿绰约，风吹花瓣，随水漂流，满目娇艳。如此场景，如此胜景，如此情景，真是良辰美景奈何天，却是才子佳人伤别地。那一首送别的《琵琶记》，至今，似乎依旧飘荡在秦淮河畔，只是至此竟成绝唱。那一番谆谆告诫，但愿君郎才高品亦高，切不可学蔡邕依附董卓令晚节不保。此一节，至今读来依旧犹如天籁之音。

侯生，在以后无数孤独的岁月，想起那一次饯别，自会是悲从中来，想一介女流，想出入风尘的歌姬，竟是如此高雅、如此超脱尘世。

侯生，在以后的夜夜相思中，一定难忘，当年李香君为他破解奸臣阮大铖的居心，为保他名节而变卖所有资产，为开解他而款款而谈的大气与侠义。

《李姬传》，没有那种才子佳人的风流情韵，有的是浩然正气，于是，李香君的形象生动备至，超出了香艳与猎奇的层次；没有那种故作轻松的诙谐与调侃，有的是深思反省，于是，侯方域的形象因此也高大了许多；没有一般文人雅士的言情故事的媚俗，于是，《桃花扇》因此而一时洛阳纸贵。

因了侯方域，李香君将流芳百代。因了李香君，《桃花扇》将名垂千古。因了《桃花扇》，我们记住了那一段尘封的往事，也记住了那些曾经活跃在历史舞台上许多难以忘怀的面孔与难以忘怀的故事。

百无一用是书生

——《论梁元帝读书》王夫之

论梁元帝读书

江陵陷，元帝焚古今图书十四万卷。或问之，答曰："读书万卷，犹有今日，故焚之。"未有不恶其不悔不仁而归咎于读书者，曰："书何负于帝哉？"此非知读书者之言也。帝之自取灭亡，非读书之故，而抑未尝非读书之故也。取帝之所撰著而观之，搜索骈丽，攒集影迹，以夸博记者，非破万卷而不能。于其时也，君父悬命于逆贼，宗社垂丝于割裂；而晨览夕披，疲役于此，义不能振，机不能乘，则与六博投琼、耽酒渔色也，又何以异哉？夫人心一有所倚，则圣贤之训典，足以锢志气于寻行数墨之中，得纤曲而忘大义，迷影迹而失微言，且为大惑之资也，况百家小道，取青妃白之区区者乎？

呜呼！岂徒元帝之不仁，而读书止以导淫哉？宋末胡元之世，名为儒者，与闻格物之正训，而不念格之也将以何为。数《五经》《语》《孟》文字之多少而总记之，辨章句合离呼应之形声而比拟之，饱食终日，以役役于无益之较订，而发为文章，侈筋脉排偶以为工，于身心何与耶？于伦物何与耶？于政教何与耶？自以为密而傲人之疏，自以为专而傲人之散，自以为勤而傲人之惰。若此者，非色取不疑之不仁。好行小慧之不知哉？其穷也，以教而锢人之子弟；其达也，以执而误人之国家；则亦与元帝之兵临城下而讲《老子》，黄潜善之虏骑渡江而参圆悟者奚别哉？抑与萧宝卷、陈叔宝之酣歌恒舞，白刃垂头而不觉者，又奚别哉？故程子斥谢上蔡之玩物丧志，有所玩者，未有不丧者也。梁元、隋炀、陈后主、宋徽宗皆读书者也，宋末胡元之小儒亦读书者也，其迷均也。

或曰："读先圣先儒之书，非雕虫之比，固不失为君子也。"夫先圣先儒之书，岂浮屠氏之言，书写读诵而有功德者乎？读其书，察其迹，析其字句，遂自命为君子，无怪乎为良知之说者起而斥之也。乃为良知之说，迷于其所谓良知，以刻画而仿佛者，其害尤烈也。

夫读书将以何为哉？辨其大义，以立修己治人之体也；察其微言，以善精义入神之用也。乃善读者有得于心而正之以书者鲜矣，下此而如太子弘之读《春秋》而不忍卒读者鲜矣，下此而如穆姜之于《易》，能自反而知愧者鲜矣。不规其大，不研其精，不审其时，且有如汉儒之以《公羊》废大伦，王莽之以讥二名待匈奴，王安石以国服赋青苗者，经且为蠹。而史尤勿论已。读汉高之诛韩、彭而乱萌消，则杀亲贤者益其忮毒；读光武之易太子而国本定，则丧元良者启其偏私；读张良之辟谷以全身，则炉火彼家之术进；读丙吉之杀人而不问，则怠荒废事之陋成。元高明之量以持其大体，元斟酌之权以审于独知，则读书万卷，止以导迷，顾不如不学无术者之尚全其朴也。

孔子曰："吾十有五而志于学。"志定而学乃益，未闻无志而以学为志者也。以学而游移其志，异端邪说，流俗之传闻，淫曼之小慧，大以蚀其心思，而小以荒其日月，元帝所为至死而不悟者也。恶得不归咎于万卷之涉猎乎？儒者之徒，而效其卑陋，可勿警哉？

明亡之时，他才三十岁，从这一年开始，他始终留着汉民族的发型，直到生命的最后时刻。四十四年的时光，整个华夏民族，只有这一孤魂，依旧徘徊在南明昔日的余辉中；只有这一个幽灵，依旧生活在那与世隔绝的方寸之间，做着自己的学问，做着自己的美梦，做着一个亡国之臣最后的努力，维护着一个亡国之臣最后的尊严，坚守着一个知识分子最执着的信念。

王夫之，著作等身，却从来不求任何回报，不求任何名利；思想激进，成为后世革新派的楷模，却在当朝寄身窑洞，蛰伏深山；贫寒至极，以文字换取纸笔，却依旧楷书手录，卷帙浩繁，"败叶庐"至今依旧可见当年夫子在此授课的情景，"湘西草堂"至今依旧可想见他在此孜孜不倦潜心著述的身影。

王夫之，是中国古代知识分子最独特的典范，始终如一的忠君思想与激进超绝的改革思想相伴相随，孜孜以求的学术追求与对自己文字散漫不经的态度如影随形。他的孤高耿介，直令后人难以望其项背。他可以将自己经天纬地之才付诸文字的叙述而四十年志趣不减，可以将自己的满腔抱负付诸瑶琴而一生安之若素，可以将自己的青春年华耗费在古籍典章之间而终生心驰神往。

“六经责我开生面，七尺从天乞活埋。”很难理解如此固执的夫子灵魂深处的创新意识与求实思想，以独特的眼光考察中国几千年的文化史，可最终始终没有走出迈向新朝的步伐。“万物招苏天地曙，要凭南岳一声雷。”谭嗣同认为他是五百年来真正天地古今第一人，他的启蒙思想留给民国初年的改革家们许多思考与启发。“清风有意难留我，明月无心自照人。”即使是在贫病交加的时候，与清朝依旧是不合作，与明朝依旧是心如明鉴，给自己却早已经安排了最后的归宿。

读史不一定令人明理，就如同我们阅读王夫之，感觉很茫然。读书不一定令人聪慧才华横溢，就如同我们读梁元帝，感觉更是茫然。

王夫之清醒地看出，梁元帝的读书早已经走入误区，但是，我们今天依旧有多少人在这样的盲道上踽踽独行而不知归路。

贵为帝胄的太子，一般是纵情酒色而误国误民，而萧绎是连老婆也可以不要的人。贵为一国之君，一般是纲纪伦常治国安邦，而萧绎是可以在大兵压境之时，仍尽情显示自己一介书生的风雅与才情，与众臣漫谈老子诗文唱和。

萧绎，他的博学多才堪称古代帝王之首，他的儒雅之风堪称文士之极，他的藏书之丰堪称文化之最，他的礼仪孝道堪称世人楷模。可是，当一朝被俘，将一生藏书命人尽毁；当觊觎帝位，对待兄弟亲人的行为如此彻底如此残酷；当王朝面临生死关头，依旧空谈诗书，何其荒唐？

萧绎，可以因为读书而废寝忘食，但是，当那一场大火焚毁了无数珍贵典籍时，我们看到了他内心的虚弱与迂腐、虚伪与矫情、野蛮与无知。

许多时候，书籍并不一定令人更聪明。许多时候，书籍并不一定令人更智慧，也并不一定令人更明理。那些反面的例子往往成为一知半解者犯错的缘由。历史总是在很大程度上显示相似性，功臣往往遭猜忌，开国君王往往杀功臣。许多时候，是一种无师自通的真实，是一种约定俗成的定律。

梁元帝以为读书误国，人们从常理出发，以为元帝焚书实在是大错特错，国亡与书籍并不相干，政治的无能与书何干，亡国与书籍何干，果真如此耶？

若书籍只是一个文化的符号，只为标榜风雅，只为博取名头，那么，这样的读书又有何益？那些只讲究文字技巧，卖弄辞藻，附庸风雅，即使读书万卷，又有何益？若只懂文字技巧，却不懂文字的微言大义，如此读书，多有何益？若只是沉迷辞藻的香艳，这与沉迷酒色有何分别？如此读书，那么圣贤之书只会禁锢思想，不会令你走出书斋。

简介

▷　王夫之：字而农，号姜斋。晚年居南岳衡山下的石船山著书立说，故世称“船山先生”。中国朴素唯物主义思想的集大成者、启蒙主义思想的先导者，与黑格尔并称“东西方哲学双子星座”。一生著述甚丰，其中以《读通鉴论》《宋论》为其代表之作。

推演文字的来龙去脉，如此考据工作，繁琐而沉闷，意义何在呢？揣摩经书的字词结构，如此研究，繁复而琐碎，意义何在呢？如同老学究一般去研读文章，显示自己的精密与勤奋，如同儒夫子一般去考究字句，显示自己的专业与精进，这样的读书真的有益于身心，有益于人伦，有益于教化吗？这样的读书，只是一种卖弄小聪明，何谈智慧，何谈德行呢？

若这样的人为官，一定是愚不可及，也一定是误国误民的。比如南宋黄潜善，金兵入关时，身为宰相，依旧高谈阔论参禅圆悟。比如南齐萧宝卷，梁兵围城，身为君侯，依旧夜夜笙歌吟诗作赋。比如宋徽宗，金兵南犯，依旧沉迷诗词书画，最终身死人手。比如陈叔宝，隋军南下，依旧沉迷艳词新声，最终国灭身俘。哦，这样的事例太多太多，这样的悲剧在历史的长河中总是不断重演着。

读书之人，不只看什么书值得读，还得看书该如何读。若舍本逐末，若只知皮毛而不知本质，那真的是小智成大患，不但无益，反是有害的了。历史有着许多惊人的相似，往往将皮毛当成真理，当成历史的真相，而竟相效仿。先圣先贤之书，若没有读懂就胡乱猜测，那自然只会沦为雕虫小技，最终误国误民也误己。

读书之人，首要的不是为博取名利，当是要明立身之本、修身之德、学问之根，以此才可真正将读书之精髓融会贯通，才会真正付诸实践，才会懂得反躬自省，才会鉴别是否合乎时宜，是否合乎人情。否则，只会令恶行更为猖獗，令私心大行其道，令弊害毫无顾忌，就如同看汉儒曲解史论，如同高祖诛杀功臣，如同张良学道避祸。若没有真正读懂史论，而只是一味效仿，只会是悲剧的不断重演，历史的不断重复，思想越加迷茫，人性越加险恶。如此读书，多又何益？

引人深思的另类呐喊

——《醉乡记》戴名世

醉乡记

昔众尝至一乡，辄颓然靡然，昏昏冥冥，天地为之易位，日月为之失明，目为之眩，心为之荒惑，体力之败乱。问之人："是何乡也？"曰："酣适之方，甘旨之尝，以徜以徉，是为醉乡。"

呜呼！是为醉乡也欤？古之人不余欺也，吾尝闻夫刘伶、阮籍之徒矣。当是时，神州陆沉，中原鼎沸，所天下之入，放纵恣肆，淋漓颠倒，相率入醉乡不已。而以吾所见，其间未尝有可乐者。或以为可以解忧云耳。夫忧之可以解者，非真忧也，夫果有其忧焉，抑亦必不解也。况醉乡实不能解其忧也，然则入醉乡者，皆无有忧也。

呜呼！自刘、阮以来，醉乡遍天下；醉乡有人，天下无人矣。昏昏然，冥冥然，颓堕委靡，入而不知出焉。其不入而迷者，岂无其人音欤？而荒惑败乱者率指以为笑，则真醉乡之徒也已。

戴名世，20岁开始授徒养家，27岁开始文章为天下传闻，31岁开始入仕途，因不愿依附权贵，过着凄苦冷寂的生活；52岁入乡试，56岁入殿试，以榜眼授翰林院编修，参与明史馆的编纂工作；58岁因为《南山集》而获罪，60岁因此被送上断头台。这样的人生经历，充满坎坷与悲剧意味。没有显赫的家世让他静心读书，没有杰出的才智让他英年成名，没有安宁的环境让他实现理想。本以为经过半生努力，终于可以进入翰林院任编修，实现自己一生的理想愿望了。却不料，这样的生活仅仅过了两年，就被彻底打破了。

这样的一生，是充满艰辛与困苦的一生。生活在朝代更替时期的文人，内心总是多了一层灵魂深处的孤独与痛苦，多了一层人生之路的迷茫与难以抉择，多了一层相伴始终的无奈与困惑。

作为深受儒学影响的读书人，戴名世的思想深处同样有着深层的民族意识。他的《南山集》，极力赞扬抗清义士，表彰隐居不仕的仁人，记左光斗宁死不屈事，赞史可法死守扬州事，叙清兵扬州屠城事，皆直书其事，毫不避讳。这是个人的思想矛盾，也是转折时期的社会矛盾。

《南山集》问世之时，曾经洛阳纸贵，风行江南，戴名世因此流芳文坛，也因此遭致杀身大祸，株连数百人，震动儒林。这样的结局，不是个人的原因，也不是简单的统治者的独裁与暴政。许多时候，文字狱的兴起是政治的需要，历史上这样的事件从来就没有真正消失过。

“视治理天下为己任”的戴名世，从年轻时起，就发愿要将一部明史写成如《史记》一般的鸿篇巨著，于是他访问故老，考证野史，搜求逸事，不遗余力。积极进取的生活方式，使他不可能如那些真正的明朝遗老一样隐居山林，与清廷拒不合作，逍遥地过自己的日子。

在朝代最黑暗或最混乱的时期，总是需要一些志士仁人来拯救天下苍生，需要一些革命者力挽狂澜，也需要清醒者振臂高呼，开启新的时代，带来新的希望，也需要一种新的价值观、道德观，带给新时代一种新的理念、新的思想行为方式，而不是整日沉醉，终日无所事事。

若所有有见识的人都如刘伶、阮籍一般沉迷沉醉，那么，清醒者将不会有任何作为，糊涂者将永远糊涂，卑鄙者将为所欲为，欺世盗名者将被打造成圣人，独裁专制者将被美化成救世主。于是，当许多明朝的封建遗老在山林、在醉乡中终老的时候，戴名世发出了另类的声音。

若果真有一个醉乡，那么，我们是否会沉迷其中？我们是否会很清醒地从那些日日沉醉的迷糊中走出来，保持自己的清醒呢？因为日日沉醉是具有诱惑力的，可以带来精神的麻木，让你忘

简介

▷ **戴名世**：在文学、史学方面都有相当大的成就。他的散文风格沿着明代唐宋派的道路在发展，首推史传文学和游记，其中《画网巾先生传》堪称史传文学中的佳作，笔法生动洗练而又述事周详，故梁启超称赞他“史才特绝”；《南山集》中的一些游记散文，如《游天台山记》《龙鼻泉记》《雁荡记》《游大龙湫记》等，“空灵超妙”，写山川景色颇细，文笔清丽生动。

却痛苦，忘却现世的烦恼；可以带来物质的享受，让你满足一时的美味；可以闲散地生活，不必为将来考虑；可以最大限度的明哲保身，断不会有飞来横祸。

当国土丢失，当道德沦丧，当价值混乱，当良心泯灭，当人性异化，糊涂着，沉醉着，或许比清醒着少了许多当下的忧患与沉重。但是，如此，果真可以忘却一切，果真可以超脱现世的一切羁绊，果真可以长久在醉乡中醉生梦死吗？那借助杜康可以解忧的，一定不是来自灵魂深处的深层孤独与烦忧。那借助醉酒可以忘却的烦恼，一定是浅薄而庸人自扰的。

刘伶，“有酒以来第一饮者”的刘伶，放浪形骸，终年鹿车挟酒，小童背锹相随，称“死便埋我”，一生不以文翰为意，也不以官场为荣，仅以《酒德颂》传世，将绝世的才华消耗在醉酒之中，将自己最智慧的头脑沉迷在醉乡之中。醉乡人多，清醒者少，于是，司马王朝肆无忌惮地为所欲为。

阮籍，曾有济世之志，观楚、汉古战场，慨叹“时无英雄，使竖子成名”，何等意气风发，何等豪情壮志！可是，造化弄人，在司马氏最黑暗的时期，深感世事不可为，于是采取不涉是非、明哲保身的消极避世态度，或闭门读书，或酣醉不醒，或缄口不言，将一世的抱负托付山林、托付醉酒之中。于是，生活于西晋初年的百姓看不到希望。

刘伶、阮籍，果真是生活于乱世之人效法的楷模吗？我们真的要沿着他们的足迹相约入醉乡吗？杜康果真是可以解忧的吗？

或许，我们可以暂时忘却个人的忧患，暂时获得精神的麻木，暂时得到灵魂的安稳，那么，谁来关注天下，谁来关注我们民族的未来，谁来拯救日益颓废的伦理价值，谁来为民请命，谁来改变我们日益艰难的生存状态与日益狭小的生活空间？

可怕的是，有品者、有德者沉醉信奉老庄心灰意冷，卑鄙者、篡位者汲汲功名倒行逆施无所不为。那么，我们的未来希望何在，民族将走向何方？

红颜薄命，一生才情终付水

——《祭妹文》袁枚

祭　妹　文

乾隆丁亥冬，葬三妹素文于上元之羊山，而奠以文曰：

呜呼！汝生于浙而葬于斯，离吾乡七百里矣。当时虽觭梦幻想，宁知此为归骨所耶！

汝以一念之贞，遇人仳离，致孤危托落。虽命之所存，天实为之；然而累汝至此者，未尝非予之过也。予幼从先生授经，汝差肩而坐，爱听古人节义事；一旦长成，遽躬蹈之。呜呼！使汝不识诗书，或未必艰贞若是。

予捉蟋蟀，汝奋臂出其间；岁寒虫僵，同临其穴。今予殓汝葬汝，而当日之情形，憬然赴目。予九岁憩书斋，汝梳双髻，披单缣来，温《缁衣》一章。适先生奓户入，闻两童子音琅琅然，不觉莞尔，连呼则则，此七月望日事也。汝在九原，当分明记之。予弱冠粤行，汝掎裳悲恸。逾三年，予披宫锦还家，汝从东厢扶案出，一家瞠视而笑，不记语从何起，大概说长安登科、函使报信迟早云尔。凡此琐琐，虽为陈迹，然我一日未死，则一日不能忘。旧事填膺，思之凄梗，如影历历，逼取便逝。悔当时不将婴婗情状，罗缕记存。然而汝已不在人间，则虽年光倒流，儿时可再，而亦无与为证印者矣。

汝之义绝高氏而归也，堂上阿奶，仗汝扶持，家中文墨，眣汝办治。尝谓女流中最少明经义、谙雅故者。汝嫂非不婉嫕，而于此微缺然。故自汝归后，虽为汝悲，实为予喜。予又长汝四岁，或人间长者先亡，可将身后托汝，而不谓汝之先予以去也。前年予病，汝终宵刺探，减一分则喜，增一分则忧。后虽小差，犹尚殗殜，无所娱遣，汝来床前，为说稗官野史可喜可愕之事，聊资一欢。呜呼！

今而后，吾将再病，教从何处呼汝耶？

汝之疾也，予信医言无害，远吊扬州。汝又虑戚吾心，阻人走报。及至绵惙已极，阿奶问："望兄归否？"强应曰："诺。"已予先一日梦汝来诀，心知不祥，飞舟渡江。果予以未时还家，而汝以辰时气绝。四支犹温，一目未瞑，盖犹忍死待予也。呜呼痛哉！早知诀汝，则予岂肯远游？即游，亦尚有几许心中言，要汝知闻，共汝筹画也！而今已矣！除吾死外，当无见期。吾又不知何日死，可以见汝；而死后之有知无知，与得见不得见，又卒难明也。然则抱此无涯之憾，天乎人乎！而竟已乎！

汝之诗，吾已付梓；汝之女，吾已代嫁；汝之生平，吾已作传；惟汝之窀穸，尚未谋耳。先茔在杭，江广河深，势难归葬，故请母命而宁汝于斯，便祭扫也。其傍葬汝女阿印，其下两冢，一为阿爷侍者朱氏，一为阿兄侍者陶氏。羊山旷渺，南望原隰，西望栖霞，风雨晨昏，羁魂有伴，当不孤寂。所怜者，吾自戊寅年读汝哭侄诗后，至今无男；两女牙牙，生汝死后，才周晬耳。予虽亲在未敢言老，而齿危发秃，暗里自知，知在人间，尚复几日？阿品远宦河南，亦无子女，九族无可继者。汝死我葬，我死谁埋！汝倘有灵，可能告我？

呜呼！生前既不可想，身后又不可知；哭汝既不闻汝言，奠汝又不见汝食。纸灰飞扬，朔风野大，阿兄归矣，犹屡屡回头望汝也。呜呼哀哉！呜呼哀哉！

总是在失意或者沦落之时，想到归隐的自在或者放浪形骸的洒脱，其实这样的归隐不是真正的归隐，这样的洒脱也不是真正的洒脱。而袁枚却是发自灵魂的对于自在生活的向往，是发自内心的对于生活情趣的追求，是来自诗人气质的对于散淡生活的热爱。于是，他可以在人生最辉煌的时候，选择离开官场；可以在盛年之时，选择隐居闹市；可以在文名极盛之时，选择一方净土怡情怡性。

他，因为喜欢金陵的灵秀而选择金陵，因为喜欢园林的自然而选择荒废的织造园，因为喜欢诗情画意的天然而选择了开放式的生活场景。"放鹤去寻山鸟客，任人来看四时花。"多么令人心旷神怡的邀请函，多么豪爽大气的主人，多么富有生活情趣的随园。随园，一切随着园林自然取景自然建造。随缘，一切随缘，没有刻意的安排，没有刻意的隔离。这与袁枚一生的追求相通相连，他可以在随园生活五十年而心意不改，可以生活于闹市却从不为外在的喧哗所动。这是真正的心灵宁静，也与袁枚一生的艺术追求相联相随，他的真性情是真正的心灵呼唤，他的率真天真一派自然，充满童稚之气。生活于乾隆盛世，文名远播，可他只钟情山水，钟情随园，这是真正的性情中人。

这个多情的诗人，这个多情的才子，这个一生充满赤子之心的大家，他的笔下，流淌出来的一定是千古文章。那篇著名的《祭妹文》，想来一定曾经令无数善感的心灵在无人的夜晚泪洒纸巾，一定曾经令无数痴男怨女在飘落的梨花中暗自伤怀难禁，一定曾经令无数阴阳相隔的多情人在细雨纷飞的每一个黄昏、每一个黎明遥思难忘。《祭妹文》，字字含泪，句句含悲，情深意重，痛悔交错。

素文啊，若非生于那个思想禁锢的时代，又如何会有如此凄苦的命运；若非天生爱读诗书，又如何会令自己沦落到如此悲惨的境地？素文啊，凭借你的聪明与智慧，又如何不知道，以自己出众的容貌与才华，嫁给一个无赖浪子会是怎样的命运？

袁枚小像

本是为了报恩而指腹为婚，高家并不知道，儿子会是禽兽不如之人，而素文因为曾经的指腹为婚，却一定要明知是火坑也甘愿往里跳。想来，深爱着这个妹妹的袁枚，当初，是如何的心如刀割万般痛楚而又无可奈何啊！

面对妹妹的不幸，袁枚无能为力，悔不该当初与妹妹共读诗书，而令妹妹思想固执；悔不该让妹妹知道那些所谓的贞节文字，而令妹妹误入迷途；悔不该令妹妹深信节义之故事，而自己没有早一日与她开启。袁枚，空有满腹才华，空有满腹经纶，却无法让一个迷失的灵魂找寻到正确的方向。难道真的是经书害人？难道真的是妹妹固执己见？自己当初为何不能早一日告诉妹妹，那些只是一种禁锢思想的武器，那些禁锢人们思想的理论只是统治者欺骗的手段，那些政治家要的是臣子对皇室的忠贞，而女子对男子的守节只是附带的内容而已啊！

耳边似乎依旧还能听到，与妹妹共读诗经，老师闻声笑语盈盈。眼前似乎依旧可见，当年抢捕蟋蟀，寒冬里掩埋蟋蟀，嬉笑玩耍一派天真童稚。还记得，我离家，你泪眼迷蒙，牵衣难舍；我归家，你步履轻盈，笑语盈耳。还记得，我生病，你侍奉左右，寸步不离；你生病，我却云游远方。你病危，我魂梦见你来诀别。我归家，你已命丧黄泉。

简介

▷ 袁枚：字子才，号简斋，晚年自号仓山居士、随园主人、随园老人。清代诗人、散文家，与赵翼、蒋士铨合称“乾隆三大家”，与赵冀、张问陶合称“性灵派三大家”。代表作品有《小仓山房诗文集》《随园诗话》《随园随笔》等。

人生之憾，何其多？平日里不愿说出口的话，今日阴阳两隔已经无从说。当初，明知你错误选择，心中虽有千万的想法，却无力阻止你，只能无力地责怪你所接受的教育。今日，你英年早逝，因路途遥远，却又无力让你魂梦归故里。

那些美好的生活片段依稀还在眼前。当年，那美丽的微笑，那温文尔雅的举止，那朗朗书声至今依旧难忘，今日，却只见你独赴黄泉，痛感你死不能瞑目，唯见你将一生才华付流水，一生幸福付瑶琴，一生才德空付浪子无法回首。

难道真是上天安排，多才多情的女子总是命运凄苦。难道真是造化弄人，温婉贤惠的女子总是多灾多难。难道真的是经书弄人，让人心智迷茫。妹妹啊，凭借你的才情，凭借你的聪慧，凭借你的成熟，又如何不知道嫁给一个浪子就等于葬送一生的幸福？妹妹啊，你为何要如此固执，明知夫婿不可靠，却偏要坚守所谓的从一而终的古旧思想，那所谓的指腹为婚又何谈要守节呢？妹妹啊，你为何固执到病重而不愿就医，一任生命慢慢消失以此来惩罚自己。妹妹啊，你为何不给为兄最后的见面机会，让我尽吐心声。妹妹啊，本以为我比你年长，可以向你交代生前身后事。已是花甲之年的我，没有子祠，以为我死之后，有妹妹你为我安排后事，我当可瞑目。可如今，你却先行一步，那么，我死之后，谁为我料理后事，谁为我照顾家人？

或许是死后有魂灵，也或许是死后亲人真可想见，那么，那些还来不及言说的话语，在黄泉之下当还有可以言说的机会？而今日，我痛哭英魂远去，祭奠亡灵来食，可是，唯有魂梦相牵，又如何真能阴阳相通啊？

妹妹啊，若你不是如此命苦，我又如何会因你死而如此痛悔？妹妹啊，若你不是如此多才，我又如何会因你固执而如此自责？妹妹啊，若你不是如此温婉，我又如何会因你早逝而如此伤悲？妹妹啊，为兄如今唯一可以告慰亡灵的是，你的书稿我已经付梓，你的女儿我已经帮她安排归宿，你的一生痛苦我已经用文字祭奠，你的身后事我将会尽力安排。妹妹啊，为兄唯有做这些事情，来弥补当初的悔恨。妹妹啊，袁氏家族香火不旺，九族之内没有可以传宗接代的人，你死由我安葬，我死将有谁来安葬啊？

妹妹啊，安息吧，在钱纸的余灰中，我还得重新走向生活，还得完成自己未尽的义务，还得好好地活着。

“不作高官，非无福命祇缘懒；难成仙佛，爱读诗书又恋花。”他爱随园，爱山水，爱名茶，于是，他的笔墨是最真诚的情感，他的文字是最动人的歌谣，他的才思是最纯粹的诗情，这是一个纯粹的诗人。中国古代文学史上，很少有文人可以这样，真正将自己的文才与政治剥离开来，因此而保留了更多纯粹的质地。

一场意义深远的学术论争

——《与余存吾太史书》纪昀

与余存吾太史书

昀再拜启，存吾太史阁下：承示《戴东原事略》，具见表章古学之深心，所举著书大旨，亦具得作者本意。惟中有一条，略须商榷。

东原与昀交二十馀年，主昀家前后几十年，凡所撰录，不以昀为弇陋，颇相质证，无不犁然有当于心者。独《声韵考》一编，东原计昀必异论，竟不谋而付刻。刻成昀乃见之，遂为平生之遗憾。

盖东原研究古义，务求精核，于诸家无所偏主。其坚持成见者，则在不使外国之学胜中国，不使后人之学胜古人。故于等昀之学，以孙炎反切为鼻祖，而排斥神珙反纽为元和以后之说。夫神珙为元和中人，固无疑义，然《隋书·经籍志》明载梵书以十四字贯一切音，汉明帝时与佛经同入中国，实在孙炎以前百馀年。且《志》为唐人所撰，远有端绪，非宋以后臆揣者比，安得以等韵之学归诸神珙，反谓为孙炎之末派旁支哉！东原博极群书，此条不应不见；昀尝举此条诘东原，东原亦不应不记。而刻是书时仍讳而不言，务伸己说，遂类西河毛氏之所为，是亦通人之一蔽也。

若始置此书不言，而括其与江慎修论古音者为一条，则东原平生著作遂粹然无瑕，似亦爱人以德之一端。昀于东原交不薄，尝自恨当时不能与力争，失朋友规过之义。故今日特布腹心于左右，祈刊改此条，勿彰其短，以尽平生相与之情。刍荛之言，是否可采，惟高明详裁之。

一个是风流倜傥的君王，一个是温文尔雅的学士，一起主持朝政，于是演绎出许多生动的故事；一起畅游江南，于是碰撞出许多智慧的火花；一起即景吟诗，自然也是悦耳动听的。乾隆君臣，一路行走一路歌，一路游玩一路情，那脱口而出的楹联是最美的风景，那一路诗情的勃发是最佳的景观。

“贫莫断书香”，羡慕纪晓岚，因为他生活在一个七世以读书为荣的家族，这是一种真正的高贵血统，他身上的儒雅之风是积淀了几代人的努力而成就的。

“敏而好学可为文，授之以政无不达。”佩服纪晓岚，因为他可以将学问与经世致用结合得完美而运用到极致，既实现自己的人生价值，深得君王恩宠，又开创乾隆盛世令百姓受益。

他的才华，可以在经、史、子、集中纵横而游刃有余，也可以在妖怪鬼狐之中嬉笑怒骂，可以令君王的出行之旅充满风雅，也可以令乾隆朝的殿堂充满生机，更可以在一家天下的时代，开创一个文化盛世，开创一个政治清明的盛世。

他可以静坐书斋，惨淡经营十三年，在故纸堆中默默耕耘，成就《四库全书》的浩繁；也可以在闾巷田间寻找创作的灵感，成就《阅微草堂笔记》的诙谐。这是两种风格截然不同的著作，但是，他同样可以信手拈来，挥洒自如。纪晓岚，是文人追求的一种至高的境界，是政治家追求的至高的巅峰。

他一生仕途顺利，这与其超群的政治才华不无关系。他一生成就斐然，这与其终其一生的孜孜努力不无关系。他一生享尽盛名，这与其杰出的智慧不无关系。文坛泰斗、学界领袖、一代文学宗师、文化巨人、政治精英，这所有的最高级别的评价全都集于一身，也并不为过。

或许只有真正的文化巨人，才真正可以天地无私心底宽，才可以在学术上保持最纯粹的节操，才不会因为有所顾忌而弄虚作假，才懂得在学术上保持一种严谨而公正的评价标准的深远意义。

《与余存吾太史书》，今天，我们读这样的文章，或许真的觉得很枯燥，对于其中的一些专业术语与专业研究也很陌生，但是，这不是我们的阅读目的，也不是我们的阅读重点。

《与余存吾太史书》，真的是值得每一个想要在学术上有所作为的人认真阅读的文章，我们可以从中看到文化大师真正的学术争鸣，看到纪大学士在对待学术上哪怕是一点点小小的瑕疵也绝不放过的精神，看到纪大学士在处理不同的学术纷争时以事实说话据理力争，而严词恳切毫不含糊的耿直，看到纪大学士唯学术至尊的科学精神。

余存吾，相对于当时的学术泰斗纪晓岚与一代考据大师戴东原而言，只是一个晚辈，而且是修史书的晚辈。在这个晚辈面前，在太史面前，纪晓岚毫不隐讳自己的观点：对于《声韵考》中一个关于等昀之学缘起问题进行考据，严词激烈地指出，作为一代考据大师，戴东原不可能不知道这样的简单事实，但是，因为先入为主而不愿顾及事实。因为成见，“其坚持成见者，则在不使外国之学胜中国，不使后人之学胜古人”，一代大师宁愿一生英名带上瑕疵，也不愿承认一个简单的事实。

当然，若没有这个较真的朋友，若纪晓岚不“布腹心于左右”，不是一定要为朋友努力剪除病枝败叶，不是一定要印证智者的那一失，不是认为只有直言才是“以尽平生相与之情”， 那么，后人也不会知道考据大师戴东原的错误，或许因为迷信戴东原而又展开一场关于起源说的种种考证与猜测。

纪晓岚真的是太较真了，这样较真的秉性在今天不知道是否还有市场，这样的较真不知道在今天是否还有生存的空间与留存的舞台。

若纪晓岚也懂得“讳而不言”，让戴东原“务伸已说”，那么，戴东原自然是完美的，那么，纪晓岚自然也是懂得人情世故的，后人对于这样的公案自然也是少有人较真的去分析考据。

但是，这只是假设。《与余存吾太史书》已经陈述了一个事实：交友之道不是相互护短，修史不能有半点含糊，学问不能有半点虚假。这样的文化大师才是真正的文化大师，这样的学术争鸣才是真正有意义的争鸣，这样的典籍才是对后人有裨益的资料。

中华文明几千年，若没有这样秉笔直书的精神，若没有如此坦荡无私的胸怀，若没有这样直率耿直的个性，那么，我们今天看到的典籍还有多少是可以相信的，我们所研究的学术还有多少是有价值的呢？今天，身处学术中心的学者，是否也应该设想一下，百年之后的情景呢？

悲天悯人怜苍生

——《哀盐船文》汪中

哀盐船文

乾隆三十五年十二月乙卯，仪征盐船火，坏船百有三十，焚及溺死者千有四百。是时盐纲皆直达，东自泰州，西极于汉阳，转运半天下焉。惟仪征绾其口，列樯蔽空，束江而立，望之隐若城廓。一夕并命，郁为枯腊，烈烈厄运，可不悲邪！

于时，玄冥告成，万物休息，穷阴涸凝，寒威凛慄，黑眚拔来，阳光西匿。群饱方嬉，歌咢宴食，死气交缠，视面惟墨。夜漏始下，惊飙勃发，万窍怒号，地脉荡决。大声发于空廓，而水波山立。

于斯时也，有火作焉。摩木自生，星星如血。炎火一灼，百舫尽赤。青烟睒睒，熛若沃雪。蒸云气以为霞，炙阴崖而焦爇。始连楫以下碇，乃焚如以俱没。跳踯火中，明见毛发。痛暑田田，狂呼气竭。转侧张皇，生涂未绝。倏阳焰之腾高，鼓腥风而一吷。洎埃雾之重开，遂声销而形灭。齐千命于一瞬，指人世以长诀。发冤气之焄蒿，合游氛而障日。行当午而迷方，扬沙砾之嫖疾。衣缯败絮，墨查炭屑，浮江而下，至于海不绝。

亦有没者善游，操舟若神。死丧之威，从井有仁，旋入雷渊，并为波臣。又或择音无门，投身急濑。知蹈水之必濡，犹入险而思济。挟惊浪以雷奔，势若阶而终坠；逃灼烂之须臾，乃同归乎死地。积哀怨于灵台，乘精爽而为厉。出寒流以浃辰，目睊睊而犹视。知天属之来抚，憖流血以盈眦；诉强死之悲心，口不言而以意。若其焚剥支离，漫漶莫别。圜者如圈，破者如玦。积埃填窍，擺指失节。嗟狸首之残形，聚谁何而同穴！收然灰之一抔，辨焚馀之白骨。

呼呜哀哉！且夫众生乘化，是云天常。妻孥环之，绝气寝床。以死卫上，用登明堂。离而不惩，祀为国殇。兹也无名，又非其命。天乎何辜，罹此冤横！游魂不归，居人心绝。麦饭壶浆，临江呜咽。日堕天昏，悽悽鬼语。守哭迍邅，心期冥遇。唯血嗣之相依，尚腾哀而属路。或举族之沈波，终狐祥而无主。悲夫！丛冢有坎，泰厉有祀。强饮强食，冯其气类。尚群游之乐，而无为妖祟。

人逢其凶也邪？天降其酷也邪？夫何为而至于此极哉！

简介

▷ 汪中：清代哲学家、文学家、史学家，与阮元、焦循同为“扬州学派”的杰出代表。遍读经史百家之书，能诗，工骈文；精于史学，曾博考先秦图书，研究古代学制兴废。著有《述学》《广陵通典》《容甫遗诗》等。

中国文化蔚为壮观，几千年的文明发展史，留下了多少才子佳文，留下了多少文坛佳话，也留下了多少令人叹为观止的美文。今天的人很难想象，一个人，仅仅凭借一篇文章、一首诗歌甚至一句诗，可以在青史留名，可以在千年的文坛占有一席之地，比如曹雪芹，比如张若虚，比如张先。我们灿烂而辉煌的文明，精深而博大的文化，丰富而多彩的文学，因为这样的积淀而熠熠生辉，因为这样的才华而生机勃勃，也因为这样的沈静而源远流长。

汪中，或许不是一个最为出色的才子，但相比今天的任何一个才子来说，却都不知要高出几筹。他不借才华博名利，不借博学博荣华，不借文名博地位。他博览群书，遍读经史百家之书，而无意仕进。他至情至性，敢与主考官开玩笑，幸亏这个主考官也是一个正人君子，不仅没有计较他的无理，反而推举他为第一等举人。他率性而为，自负才华，睥睨当世文人，安定书院每一个新“校长”，几乎都在他的刁钻问题下落荒而逃。他恃才傲物，以为扬州城中，书读通的人只有三人，而他排列第一。

汪中，又绝不是读书坐书斋的迂腐文人，如同许多明清时期的文人，相比前朝更多了一点历史的责任，他们的视野开始更多地关注社会人生，而不只是个人的建功立业，也不只是皇家王朝的长盛不衰。汪中的《哀盐船文》就是这一类文章的典范。从中，我们深感作者悲天悯人的情怀，深感作者为苍生说话，为苍生哀鸣，为苍生求福祉的愿望。

多么希望，今后的媒体能将目光投向那些呻吟着的灵魂，让我们的心灵被那些苦难的生命震憾，就如同汪中在《哀盐船文》中所记录的所描述的那样，让我们的心灵多一点最真实的悲悯，让我们的灵魂接受一次最真实的灾难的记忆。

1400多条生命，在一夜之间化为灰烬，化为烧焦的肉干，这是与我们一样的血肉之躯，是与我们一样向往着美好生活的生灵。那个繁华扬州，曾经因为盐商而天下闻名，也因为盐商而富甲天下，一场大火，将一切化为乌有。

在这个宁静的夜晚，在这个残冬时节，在夕阳西下，人们围桌而坐享受天伦之乐之时，死神却在慢慢逼近，江水开始汹涌，狂风开始怒吼，船只烧焦的爆炸声震憾在旷野长空。

霎时间，火光中，浓烟滚滚，盐船犹如沸水浇灌，晚霞犹如烈火燃烧，崖岸犹如高温烤炙。船民在这突然发生的灾难中手足无措，出于本能逃生，奔窜于烈火中，他们的头发在火光中燃烧，他们的痛苦万状无以言表，他们声嘶力竭响彻云霄。

死于非命是一种最为痛苦的死亡方式，而死于活活烧死，那更是一种最为悲惨的死亡方式。

在烟灰尘雾中，1400多船民一齐在这一场突如其来的大火中声销迹匿，天空中，似乎游荡着那些冤死的鬼魂，回荡着他们临死之时的痛苦挣扎。曾经繁华的江面，如今随处可见的，是那些漂浮的碎衣和破絮，是烧焦的木渣与炭屑。这些善良的百姓，生活于斯，只是为了谋取一个可以生活的方式，但是，一场大火，将他们的家庭，将他们的希望，随着生命一起葬送在这个茫茫大江上，随水而逝，飘流入海。

每一个特别的场景，人类的本性就会不自觉地显露出来。那些本可以逃生的人，为救同伴而被卷入水底；那些离生存一线之遥的人，在将要上岸之时被汹涌的波涛重新卷入急流；那些被大火所逼者，明知跳入大江同样是死却无路可走。我们或许无法身临其境的设想，他们在死亡即将来临时的绝望与凄惨，他们

汪中小像

心中一定想起了家人，想起了父母，想起了妻儿，他们对死亡一定充满着恐怖，对死于非命一定充满怨恨，对不能给亲人最后的交代而抱憾无穷。

当那些死尸漂浮在江面的时候，我们似乎看到了他们的死不瞑目，他们的眼中充满血水，他们的肢体被烧得面目全非，或是模糊不清，或是尸体蜷曲，或是尸体破损，或是七窍充塞着尘埃，或是被折断的手指脱离了骨节……仅仅是一种实录的方式，就是一种最好的祭奠；仅仅是客观的记叙，就是一种最真的怀念。

这样的描写是震撼人心的，这样的悲惨场景是触目惊心的，这样的悲剧是感天动地的。

让我们祈祷吧，面对灾难，我们不需要的是直面灾难的勇气与胆识，是直面真相的责任与担当，多一点对生命的尊重，多一点人性的光辉！

后　记

人与书的相遇是一种缘分。诵读从先秦到明清时期的古典散文，似乎看到了先贤穿越时空，带着他们的忧伤，带着他们深沉的思绪，踏着古典的韵律走向新的时代。那些闪耀着光芒的思想，从来没有因为时间的推移而褪色，也没有因为时间的久远而被人遗忘。我只是从那些散落在历史的故纸堆中寻寻觅觅，重拾那些美丽的瞬间，倾诉对五千年华夏古典散文的浪漫情怀。

以兼有唯美与理性的姿态进入千年文学的堂奥，会是一次愉快的旅程。这是我想努力告诉读者的真实感受。我知道，自己只是站在窗外眺望风景，这本书只能算是管窥蠡测。

当这本书可以面世的时候，我想到了自己应该感谢的一切：

感谢流传千年积淀深厚的古老文明，让我可以徜徉其间，探幽寻宝，自由地穿行于古典与现代之间，穿行于文化之林，而不受时空阻隔，终至集腋成裘而有了这一本书稿。

感谢我的恩师邹贤敏教授，是他孜孜不倦的教诲，让我从懒惰开始勤奋，让我开始真正触摸到文学的神奇与神秘；是他的无私提携，让我从硕士论文开始起步，寻找自己的文学之路。在这条路上，恩师一直关注着我的点滴进步。当初稿完成之后，恩师用了大量的时间，阅读手稿，给予了高度的评价，这是出于一个前辈对晚辈的提携与鼓励。恩师始终站在前方，等待着我的前行。

感谢我的亲人张大风老先生，是他以独特的人格魅力、渊博的文化知识、坎坷的人生经历，让我懂得生命的苦难、历史的厚重、文学的永恒，让我懂得古典的情怀、文学的浪漫可以让苦难的人生变得富有诗意，让我懂得，抛弃世俗的繁华，寻求文字的美妙，回归心灵的安宁。

感谢《中学语文》杂志社的主编熊显长教授。当我的散文化赏析文字在这个平台上不断发表的时候，当我得知那些文字得到了首肯，得到读者认同的时候，我知道自己的文学批评之路是对的。

感谢踽踽独行在寂寞的文学之路上，一直陪伴我的所有人。湖北教育报刊社总策划胡良君老师，他渊博的学识与开阔的思维，给我许多启发。感谢我的文友们，是他们的默默坚守，让我看到了侍奉文字的快乐。

感谢江苏省常熟市中学的各位领导与同仁，感谢江苏凤凰教育出版社、北京凤凰师轩文化发展有限公司的各位同仁，是他们的无私帮助，让这本书得以顺利出版，得以推广。

感谢我众多的学生，他们发自内心的对知识的渴求，成为我创作的动力。许多学生怀抱着文学之梦，陪伴在我的身边。当他们将一篇篇稚嫩而充满真情的文章放在我的书桌上时，我知道，在文学之路上，始终会有志同道合者与你一路前行。于此，我看到了未来光明的前景。

感谢我的父母，是他们默默无言的支持与鼓励让我懂得了坚持，是他们开阔的视野让我透过世俗的纷纭醉心于文字而无怨无悔，是他们优雅的言行与美好的修养给了我一个良好的成长环境，让我懂得知识才是终生的财富。同时，也要感谢我的爱人、儿子以及所有爱我的家人，没有他们的理解与支持，我或许不会坚持这么久，或许我早已经被家庭所累而不会走得这么久这么浪漫这么轻松这么快乐！

感恩一切，永葆不忧不喜，不迎不拒，不敌不友，平常之心！